UNGEFRAGT

Über Literatur und Politik

GEGRÜNDET 1999

UNGEFRAGT

Über Literatur und Politik

Im Auftrag
der Internationalen Erich Fried Gesellschaft
für Literatur und Sprache

herausgegeben
von
Klaus Amann, Heinz Lunzer, Ursula Seeber

Czernin Verlag, Wien

Eine Publikation der Dokumentationsstelle für neuere österreichsche Literatur/ Österreichische Exilbibliothek und der Internationalen Erich Fried Gesellschaft für Literatur und Sprache aus Anlaß der Erich Fried Tage 2005.

Gefördert durch das Bundeskanzleramt, Sektion Kunst, und die Kulturabteilung der Gemeinde Wien, MA7

Bibliografische Information Der Deutschen Bibliothek
Amann, Klaus / Lunzer, Heinz / Seeber, Ursula (Hg.): Ungefragt – Über Literatur und Politik / Klaus Amann / Heinz Lunzer / Ursula Seeber
Wien: Czernin Verlag 2006
ISBN: 3-7076-0079-3

Auf dem vorderen Umschlag:
André Malraux als Redner beim Ersten Internationalen Schriftstellerkongreß zur Verteidigung der Kultur, Paris, Palais de la Mutualité, 21. bis 25. Juni 1935. Foto: Gisèle Freund. © Gisèle Freund Estate, Paris. Abdruck mit freundlicher Genehmigung der Galerie Clairefontaine, Luxemburg.

Auf dem hinteren Umschlag:
Erich Fried beim Ersten Österreichischen Schriftstellerkongreß, Wien, Altes Rathaus, 5. bis 8. März 1981 [Gruppenbild mit Franz Schuh, Johannes Vyoral, Günther Nenning, Wolfgang Kudrnofsky (v. l. n. r.)]. Foto: ©Heide Heide. Abdruck mit freundlicher Genehmigung der Dokumentationsstelle für neuere österreichische Literatur, Wien, Bildarchiv.

Umschlaggestaltung: Ulrich Schueler
Satz und Layout: Elisabeth Natz
Lektorat: Teresa Haider
Druck: Druckerei Dimograf
ISBN: 3-7076-0079-3

Inhalt

Vorwort

Zeichen

Zerbrochen sind die harmonischen Krüge,
die Teller mit dem Griechengesicht,
die vergoldeten Köpfe der Klassiker –

aber der Ton und das Wasser drehen sich weiter
in den Hütten der Töpfer[1]

Ein poetologisches Gedicht allemal, ein politisches auch? Immerhin nennt sein Verfasser zwei Autoren seine Lehrmeister, die zu den bekanntesten Vertretern politischer Lyrik des 20. Jahrhunderts zählen, er selbst hat sein frühes Gedicht selbstkritisch auf eine Traditionslinie gebracht:

> „Andere Augen", mein erstes Buch, erschien 1956 [im Wiener Bergland Verlag, in der von Rudolf Felmayer herausgegebenen Reihe „Neue Dichtung aus Österreich"] in einer Auflage von 1000 Stück [...] und erhielt in Österreich einige passable Rezensionen, war aber insofern ein Fehlschlag, als es die Grenzen zum größeren deutschsprachigen Raum bloß in einem einzigen Exemplar überschritt, das ich den Suhrkamp Verlag an seinen Autor Bertolt Brecht zu befördern bat, den ich für dieses Buch zu meinen Lehrmeistern zählte, und der, wenn es ihn je erreicht haben sollte, gerechterweise nie darauf reagierte. Als weiteren Lehrmeister hätte ich Carl Sandburg und Gottfried Benn nennen können, Jacques Prévert in der Übersetzung von Kurt Kusenberg, ja sogar Erich Fried, dem ich etwas an Knappheit in meinem Gedicht „Zeichen"

[1] Ernst Jandl: Zeichen. In: EJ: Andere Augen. verstreute gedichte 1. deutsches gedicht. München: Luchterhand 1997 (poetische werke 1), S. 46.

(1953 in England geschrieben) verdankte, dessen Titel ich selbst als Titel des Buches gewählt hatte, ehe mir Felmayer „Andere Augen“ vorschlug [...].[2]

Ernst Jandl, Autor von „Zeichen“, aber auch von „wien: heldenplatz“, „schtzngrmm“ oder „vater komm erzähl vom krieg“, hat so eindringlich wie ironisch vorgeführt, daß das politische Lied „nicht allzusehr im rechten Schritt und Tritt“ laufen, sondern wie jede andere Gattung auch teilhaben soll an den ästhetischen Innovationen der Epoche; daß ihm mehr zugewiesen werden kann als Ironie, Resignation und Pathos, nämlich „Geist und Kunst, die Kraft des Witzes, Vollmacht und Bedeutung, Freude am Spiel und Achtung vor dem Wort, eine Zustimmung wünschend, die über bloße Stimmung wesentlich hinausreicht.“[3]

Ernst Jandl und Bertolt Brecht, Elfriede Jelinek, Julia Franck, Reto Hänny, Ruth Schweikert, Peter Schneider, Gaston Salvatore, Erich Fried und Yaak Karsunke, der Träger des Erich Fried Preises 2005, und viele mehr sind die Autorinnen und Autoren dieses Bandes, in dem Vorgeschichten wie auch Rezeptionen und Positionen einer „engagierten Literatur“ zur Sprache kommen.

Sie beschäftigen sich mit den Strategien und Problemen des politisch engagierten Schreibens: mit der Rolle des Schriftstellers als eines gesellschaftlichen Seismographen und intellektuellen Kommentators, aber auch als Instanz beharrlicher Erinnerung und polemischer Einmischung. Die zentralen Fragen sind: Für wen spricht der Schriftsteller, die Schriftstellerin, wem und wofür fühlten und fühlen sie sich verantwortlich?

2005 waren es 70 Jahre her, daß im Palais de la Mutualité in Paris der Erste Internationale Schriftstellerkongreß zur Verteidigung der Kultur stattfand, auf dem sich im Angesicht von Faschismus und Nationalsozialismus die Elite der europäischen Autoren (einschließlich der sowjetischen) diesen Fragen stellte.

„Der große Saal mit 3.000 Plätzen ist überfüllt“, erinnert sich an die Eröffnung am 21. Juni 1935 eine Augenzeugin im wahrsten Sinn

---

2 Ernst Jandl: Anmerkung des Autors zu Band 1. In: Ebd., S. 175.

3 Alexander von Bormann: Lieder gegen den Tritt. In diesem Band, S. 15.

des Wortes, die junge Berliner Fotografin Gisèle Freund, damals selbst schon im Exil,

> draußen drängen sich Massen um die Lautsprecher, die aufgestellt worden sind, damit alle, die der Saal nicht faßt, wenigstens die Vorträge hören können. Der Eintritt ist nicht frei – das Publikum besteht zum großen Teil aus Schriftstellern und Intellektuellen, die den verschiedensten politischen Parteien und Geistesrichtungen angehören. Fast 250 Schriftsteller aus 38 Ländern sind eingeladen worden; sie bilden das brillanteste Auditorium, das sich jemals hier versammelt hat. Und sie treffen sich fünf Tage lang um drei Uhr nachmittags und um neun am Abend.
> Auf dem Podium befinden sich André Gide, E. M. Foster, Julien Benda, Robert Musil, Jean Cassou, E. E. Kisch, Jean Guéhenno, Edouard Dujardin und André Malraux. [...] Der berühmteste der anwesenden Franzosen ist zweifellos André Gide mit seinem glatten, asketischen Kopf [...]. Ich erinnere mich an Henri Barbusse, dessen Gesichtszüge schon damals von der Krankheit gezeichnet waren; an Aldous Huxley, hinter seinen dicken Brillengläsern schon halb erblindet; an Bertolt Brecht mit seinem schüchternen Lächeln, kahlrasiert wie ein Gefangener; an Ilja Ehrenburg mit seiner Löwenmähne; an Heinrich Mann, der wie ein zufriedener Bürger aussah, und an Anna Seghers mit den Augen einer Träumerin.[4]

Brecht traf auf dem Kongreß „Eine notwendige Feststellung zum Kampf gegen die Barbarei", Max Brod referierte über „Heine und die deutsche Romantik", Lion Feuchtwanger sprach „Vom Sinn und Unsinn des historischen Romans", Klaus Mann über den „Kampf um den jungen Menschen", Ernst Bloch über „Dichtung und sozialistische Gegenstände", Anna Seghers über „‚Vaterlandsliebe'", und Egon Erwin Kisch referierte über „Reportage als Kunstform und Kampfform".

An die divergierenden Antworten von damals zu erinnern und zu prüfen, wie weit sie in den folgenden Jahrzehnten sich als prophetisch

---

[4] Gisèle Freund: Photographies. Fotografien. 1. Internationaler Schriftstellerkongreß zur Verteidigung der Kultur, Paris 1935. Luxemburg: Galérie Clairefontaine 1996, S. 9.

oder als ideologisch befangen herausgestellt haben, ist eine lohnende Aufgabe, ebenso wie die Frage nach den Modellen und Ritualen von intellektueller Intervention im 20. und 21. Jahrhundert überhaupt. Die atomare Wiederaufrüstung in den 50er Jahren, der Ungarnaufstand 1956, der Prager Frühling 1968, die Studentenbewegungen der späten 60er Jahre, die Schweizer Jugendprotestbewegung zu Beginn der 80er Jahre, die Wiedervereinigung Deutschlands, die Balkankriege und die aktuelle Osterweiterung der Europäischen Union, das sind Wegmarken, die oft durch die politischen Positionen und Perspektiven der Intellektuellen, durch ihre literarischen Entwürfe und Wahrnehmungen mitbestimmt wurden.

Die Frage nach „Natur und Grenze des Einflusses der Schriftsteller" (Aldous Huxley am Pariser Kongreß 1935) wird in diesem Buch nicht nur auf politische Schlüsselereignisse der jüngeren Geschichte hin gestellt, sondern bezieht sich, vor allem im zweiten Teil, auch auf tagespolitisch nicht festzulegende, keineswegs weniger relevante Szenarien, auf politisch, ethnisch oder sprachlich marginalisierte Gruppen, auf die Schauplätze von Flucht, Exil und Asyl in Europa.

Dieses Lese- und Arbeitsbuch, in dem sich literarische und analytische Texte gegenseitig kommentieren und erschließen, möge über den Anlaß hinausweisen, im Sinne Frieds, auf daß die Welt „bleibt", aber „nicht so bleibt, wie sie ist".

Die Herausgeber
Wien, im September 2005

Lieder gegen den Tritt

Beispiele

Alexander von Bormann

Lieder gegen den Tritt

„Lieder gegen den Tritt" hat Annemarie Stern 1972 eine Sammlung von politischen Liedern aus fünf Jahrhunderten genannt. Sie setzt bei den deutschen Bauernkriegen 1526 ein, berühmt geworden sind z. B. die Verse: „Als Adam grub und Eva spann, / Wo war denn da der Edelmann?", und sie reicht bis in die aufgeregten sechziger Jahre des letzten Jahrhunderts. Der Titel ist auch ein Versprechen: Aufmüpfige Lieder dürfen nicht allzusehr im rechten Schritt und Tritt laufen. Die Neueinrichtung der Welt, die meistens vollmundig gefordert wird, müßte auch ästhetisch reflektiert sein, die politische Lyrik müßte wie keine andere teilhaben an den Innovationen jeder Epoche. Das ist in vielen Ländern und Kulturen in der Tat so, im deutschen Sprachraum freilich nur gelegentlich. Diesen Gelegenheiten wollen wir nachgehen und Höhepunkte der politischen Lyrik herausheben.

Sie wendet sich ganz allgemein gegen die beschränkende These, daß ein politisch Lied „ein garstig Lied" sei (Faust I, v. 2092). Es hat vielmehr zu allen Zeiten seine Kraft und Schönheit bewiesen und hat als Gattung auch vielfältigen Mißbrauch überlebt. (Der blieb ja auch der „reinen" Kunst nicht erspart.) Wie heikel die Gattung ist, machen die vielen Ausrutscher deutlich: vom Kampflied und Agitprop bis zur Nazi- und KP-Lyrik, oder neuerdings dem aggressiven HipHop von Aggro Berlin u. a.

Mit vielen Beispielen vor allem aus dem 20. Jahrhundert sollen die Kraft und die Schönheit der politischen Lyrik (und ihre Verschwisterung mit der Avantgardekunst) aufgerufen werden. Zugleich sei überlegt, welche Reichweite, welche Plausibilität, vielleicht auch: welches Publikum sie heutzutage noch oder wieder hat, und ob stimmt, was Christoph Meckel schon 1967 befand: „Wir sitzen bös in unsern Versen fest." Oder was Erich Fried so ironisch wie treffend als *Lebensaufgabe* beschrieb:

So hinter dem Unrecht herzujapsen
wie ich
kann einen mit tiefer
Befriedigung erfüllen

Wenn ich ihm nachhumple
kann ich sagen: „Es flieht vor mir!"

Vielleicht, ja gewiß wird sich mehr als Ironie, Resignation und hohles Pathos der politischen Lyrik zuweisen lassen, nämlich Geist und Kunst, die Kraft des Witzes, Vollmacht und Bedeutung, Freude am Spiel und Achtung vor dem Wort, eine Zustimmung wünschend, die über bloße Stimmung wesentlich hinausreicht. So sei, in dieser Auswahl, das politische Gedicht aufgefaßt, indem wir von den vielen Wechselbälgen, die es in jeder Gattung gibt, beherzt didaktisch absehen.

Erich Fried

Artfremd

Nach dem Regen
fielen vom Himmel
die Hände
klatschten aufs Pflaster
und spreizten gebrochene Finger

Unsere Füße kommen
und treten auf sie
und weichen nicht aus
denn es sind Hände
nicht Füße

Bertolt Brecht

[Kälbermarsch]

Hinter der Trommel her
Trotten die Kälber
Das Fell für die Trommel
 Liefern sie selber.
 Der Metzger ruft. Die Augen fest geschlossen
 Das Kalb marschiert mit ruhig festem Tritt.
 Die Kälber, deren Blut im Schlachthof schon geflossen
 Sie ziehn im Geist in seinen Reihen mit.

Sie heben die Hände hoch
Sie zeigen sie her
Sie sind schon blutgefleckt
Und sind noch leer.
 Der Metzger ruft. Die Augen fest geschlossen
 Das Kalb marschiert mit ruhig festem Tritt.
 Die Kälber, deren Blut im Schlachthof schon geflossen
 Sie ziehn im Geist in seinen Reihen mit.

Sie tragen ein Kreuz voran
Auf blutroten Flaggen
Das hat für den armen Mann
Einen großen Haken.
 Der Metzger ruft. Die Augen fest geschlossen
 Das Kalb marschiert mit ruhig festem Tritt.
 Die Kälber, deren Blut im Schlachthof schon geflossen
 Sie ziehn im Geist in seinen Reihen mit.

Bertolt Brecht

An die Nachgeborenen

I

Wirklich, ich lebe in finsteren Zeiten!
Das arglose Wort ist töricht. Eine glatte Stirn
Deutet auf Unempfindlichkeit hin. Der Lachende
Hat die furchtbare Nachricht
Nur noch nicht empfangen.
Was sind das für Zeiten, wo
Ein Gespräch über Bäume fast ein Verbrechen ist
Weil es ein Schweigen über so viele Untaten einschließt!
Der dort ruhig über die Straße geht
Ist wohl nicht mehr erreichbar für seine Freunde
Die in Not sind?

Es ist wahr: ich verdiene noch meinen Unterhalt
Aber glaubt mir: das ist nur ein Zufall. Nichts
Von dem, was ich tue, berechtigt mich dazu, mich sattzuessen.
Zufällig bin ich verschont. (Wenn mein Glück aussetzt, bin ich
verloren.)

Man sagt mir: Iß und trink du! Sei froh, daß du hast!
Aber wie kann ich essen und trinken, wenn
Ich es dem Hungernden entreiße, was ich esse, und
Mein Glas Wasser einem Verdurstenden fehlt?
Und doch esse und trinke ich.

Ich wäre gerne auch weise.
In den alten Büchern steht, was weise ist:
Sich aus dem Streit der Welt halten und die kurze Zeit
Ohne Furcht verbringen
Auch ohne Gewalt auskommen

Böses mit Gutem vergelten
Seine Wünsche nicht erfüllen, sondern vergessen
Gilt für weise.
Alles das kann ich nicht:
Wirklich, ich lebe in finsteren Zeiten!

II

In die Städte kam ich zur Zeit der Unordnung
Als da Hunger herrschte.
Unter die Menschen kam ich zu der Zeit des Aufruhrs
Und ich empörte mich mit ihnen.
So verging meine Zeit
Die auf Erden mir gegeben war.

Mein Essen aß ich zwischen den Schlachten
Schlafen legte ich mich unter die Mörder
Der Liebe pflegte ich achtlos
Und die Natur sah ich ohne Geduld.
So verging meine Zeit
Die auf Erden mir gegeben war.

Die Straßen führten in den Sumpf zu meiner Zeit.
Die Sprache verriet mich dem Schlächter.
Ich vermochte nur wenig. Aber die Herrschenden
Saßen ohne mich sicherer, das hoffte ich.
So verging meine Zeit
Die auf Erden mir gegeben war.

Die Kräfte waren gering. Das Ziel
Lag in großer Ferne
Es war deutlich sichtbar, wenn auch für mich
Kaum zu erreichen.
So verging meine Zeit
Die auf Erden mir gegeben war.

III

Ihr, die ihr auftauchen werdet aus der Flut
In der wir untergegangen sind
Gedenkt
Wenn ihr von unseren Schwächen sprecht
Auch der finsteren Zeit
Der ihr entronnen seid.
Gingen wir doch, öfter als die Schuhe die Länder wechselnd
Durch die Kriege der Klassen, verzweifelt
Wenn da nur Unrecht war und keine Empörung.

Dabei wissen wir doch:
Auch der Haß gegen die Niedrigkeit
Verzerrt die Züge.
Auch der Zorn über das Unrecht
Macht die Stimme heiser. Ach, wir
Die wir den Boden bereiten wollten für Freundlichkeit
Konnten selber nicht freundlich sein.

Ihr aber, wenn es so weit sein wird
Daß der Mensch dem Menschen ein Helfer ist
Gedenkt unsrer
Mit Nachsicht.

Yaak Karsunke

ziemlich frei. nach Brecht

als das haus einstürzte vor dessen
baufälligkeit sie gewarnt worden waren
seit langem & mehrfach & immer vergeblich

klammerten sich einige von ihnen
noch im fallen an einzelne balken
& lobten die pläne der architekten

rühmten auch das fundament in dessen
sich rasch verbreiternden rissen
sie am ende verschwanden

& priesen noch aus der tiefe
das schützende dach dessen trümmer
sie schließlich erschlugen

Ernst Jandl

Zehn-Jahre-Pamphlet

Zehn Jahre sind es her
seit dem großen Kehraus.
Damals war es für uns
aus mit dem Militär.

Seither wurden manche reich
viele wurden weniger unzufrieden
einzelne wurden sogar glücklich
und einige gingen leer aus.

Die hatten sich mit dem Militär
zu gut ausgekannt.

Die sagen sich jetzt:
zehn Jahre sind eine lange Zeit
manche werden in zehn Jahren reich
viele werden in zehn Jahren weniger unzufrieden
einzelne werden in zehn Jahren nahezu glücklich
nur wir gehen schon seit zehn Jahren leer aus
denn wir kennen uns mit dem Militär und mit nichts sonst
ausgezeichnet aus.

Die sagen sich weiter:
zehn Jahre sind eine lange Zeit
und den meisten wird in zehn Jahren so viel egal
daß wir beginnen können, ein neues Heer aufzubauen
aus den Söhnen der gleichen Männer, die vor zehn Jahren
Uniformen verbrannten, Gewehre zerschlugen, den Krieg
  verfluchten und sagten: uns
bringt nie wieder einer zum Militär,
denn ein Militär ist das Werkzeug zum Krieg.

Der Hunger gab ihnen Zungen, aber in zehn Jahren
sind sie fett geworden und sprachlos vor Glück
sprachlos vor Reichtum, sprachlos auch bloß
vor verminderter Unzufriedenheit.

Das sagen sich die bisher leer Ausgegangenen
und verkünden das gleiche in einer zweiten Version
durch Rundfunk und Presse in patriotischem Jargon
und bewegen sich mit so großer Schnelligkeit
daß die ganze quallige Opposition
auf den Federn des Reichtums
unter den Käseglocken des Glücks
und im Fett verminderter Unzufriedenheit
feststellt: es rührt sich noch nichts.

Oder sollten zehn Jahre eine zu kurze Zeit gewesen sein
um sämtliche Straßen von Invaliden zu säubern
aus sämtlichen Zimmern die zuletzt in Uniform
  Photographierten zu entfernen
und in sämtlichen Empfängern der lakonischen Mitteilung
das Gesicht den Kuß die Hände den Gang
des nicht mehr Wiedergekehrten zu tilgen?

Hans Magnus Enzensberger

Verteidigung der Wölfe gegen die Lämmer

Soll der Geier Vergißmeinnicht fressen?
Was verlangt ihr vom Schakal,
daß er sich häute, vom Wolf? Soll
er sich selber ziehen die Zähne?
Was gefällt euch nicht
an Politruks und an Päpsten,
was guckt ihr blöd aus der Wäsche
auf den verlogenen Bildschirm?

Wer näht denn dem General
den Blutstreif an seine Hose? Wer
zerlegt vor dem Wucherer den Kapaun?
Wer hängt sich stolz das Blechkreuz
vor den knurrenden Nabel? Wer
nimmt das Trinkgeld, den Silberling,
den Schweigepfennig? Es gibt
viel Bestohlene, wenig Diebe; wer
applaudiert ihnen denn, wer
steckt die Abzeichen an, wer
lechzt nach der Lüge?

Seht in den Spiegel: feig,
scheuend die Mühsal der Wahrheit,
dem Lernen abgeneigt, das Denken
überantwortend den Wölfen,
der Nasenring euer teuerster Schmuck,
keine Täuschung zu dumm, kein Trost
zu billig, jede Erpressung
ist für euch noch zu milde.

Ihr Lämmer, Schwestern sind,
mit euch verglichen, die Krähen:
ihr blendet einer den andern.
Brüderlichkeit herrscht
unter den Wölfen:
sie gehn in Rudeln.

Gelobt sein die Räuber: ihr,
einladend zur Vergewaltigung,
werft euch aufs faule Bett
des Gehorsams. Winselnd noch
lügt ihr. Zerrissen
wollt ihr werden. Ihr
ändert die Welt nicht.

Ernst Jandl

the flag

a fleck
on the flag
let's putzen

a riss
in the flag
let's nähen
where's the nadel

now
that's getan
let's throw it
werfen

into a dreck

that's
a zweck

Hans Magnus Enzensberger

Middle Class Blues

Wir können nicht klagen.
Wir haben zu tun.
Wir sind satt.
Wir essen.

Das Gras wächst,
das Sozialprodukt,
der Fingernagel,
die Vergangenheit.

Die Straßen sind leer.
Die Abschlüsse sind perfekt.
Die Sirenen schweigen.
Das geht vorüber.

Die Toten haben ihr Testament gemacht.
Der Regen hat nachgelassen.
Der Krieg ist noch nicht erklärt.
Das hat keine Eile.

Wir essen das Gras.
Wir essen das Sozialprodukt.
Wir essen die Fingernägel.
Wir essen die Vergangenheit.

Wir haben nichts zu verheimlichen.
Wir haben nichts zu versäumen.
Wir haben nichts zu sagen.
Wir haben.

Die Uhr ist aufgezogen.
Die Verhältnisse sind geordnet.
Die Teller sind abgespült.
Der letzte Autobus fährt vorbei.

Er ist leer.

Wir können nicht klagen.

Worauf warten wir noch?

Yaak Karsunke

aufruf in letzter minute

glaubt der regierung! weil: sie ist die beste
– ihr selber habt sie schließlich seinerzeit gewählt –
was nützen euch jetzt zweifel & proteste?
so glaubt gefälligst, was sie euch erzählt!

sie ist korrupt? wißt ihr das erst seit heute?
(schon goethe schrieb doch: alles drängt nach gold)
& sie belügt euch? seid ihr wirklich sicher, leute
daß ihr die ungeschminkte wahrheit wissen wollt?

was heißt hier: sie verharmlost die gefahren
verkleinert sie, verschleiert & vertuscht?
wärs anders, brächtet ihr euch um in scharen
so sehr ist alles längst schon ausweglos verpfuscht.

item
glaubt der regierung. nichts sonst kann euch frommen
nach ihr: die sintflut. (sie wird vorher kommen)

Erich Fried

Status quo

zur Zeit des Wettrüstens

Wer will
daß die Welt
so bleibt
wie sie ist
der will nicht
daß sie bleibt

Literarisches Engagement: ein alter Hut?

Historische und aktuelle Fragestellungen

Klaus Amann

Robert Musil und der „Internationale Schriftstellerkongreß zur Verteidigung der Kultur" 1935 in Paris

Der „Internationale Schriftstellerkongreß zur Verteidigung der Kultur" führte vom 21.–25. Juni 1935 mehr als 250 Autoren und Intellektuelle aus fast 40 Ländern in Paris zusammen. Er gilt als die bedeutendste Manifestation einer antifaschistischen kulturellen Sammlungsbewegung in den dreißiger Jahren.[1] Das, was sich unter der Bezeichnung „Volksfront" ab Ende 1935 auf Empfehlung der Komintern (Kommunistische Internationale) unter Generalsekretär Georgi Dimitrov parteioffiziell realisieren sollte: die aus taktischen Erwägungen angestrebte Koalition von Kommunisten, Sozialisten und bürgerlicher Linke im Kampf gegen Faschismus und Nationalsozialismus, nahm auf diesem Kongreß gewissermaßen die Literatur vorweg – wenn man von einigen individualistischen und bekenntnisscheuen Teilnehmern wie Robert Musil absieht, die nicht ohne weiteres bereit waren, die unausgesprochenen Prämissen der Veranstaltung zu akzeptieren. Die Differenz der Auffassungen, die in der Position Musils auf diesem Kongreß exemplarisch sichtbar wird, ist von historischer und von prinzipieller Bedeutung.

Die Vorgeschichte: Auf dem Moskauer Allunions-Kongreß der sowjetischen Schriftsteller im August 1934, an dem zum ersten Mal auch nicht-kommunistische Autoren wie Albert Ehrenstein, Oskar

[1] Vgl. Albrecht Betz: Exil und Engagement. Deutsche Schriftsteller im Frankreich der dreißiger Jahre. München: edition text+kritik 1986, S. 107 f. Vgl. zum Folgenden auch Michael Rohrwasser: Robert Musil auf dem Pariser Schriftstellerkongreß (1935). In: Marek Zybura (Hrsg.): Geist und Macht. Schriftsteller und Staat im Mitteleuropa des „kurzen Jahrhunderts" 1914–1991. Dresden: Thelem bei w.e.b 2002, S. 227–240; sowie David Pike: Deutsche Schriftsteller im sowjetischen Exil 1933–1945. Frankfurt/M.: Suhrkamp 1981; Dieter Schiller/Karlheinz Pech/Regine Hermann/Manfred Hahn: Exil in Frankreich. Leipzig: Reclam 1981 (= Kunst und Literatur im antifaschistischen Exil 1933–1945, Bd. 7), S. 138 und 202 ff.; Sandra Teroni/Wolfgang Klein (Hrsg.): Défense de la culture. Les textes du Congrès des écrivains. Paris, juin 1935. Dijon 2005.

Maria Graf und Klaus Mann teilgenommen hatten, waren die bis dahin erbittert verteidigten Fronten zwischen kommunistischen, sozialistischen und bürgerlich-liberalen Schriftstellern erstmals aufgeweicht worden. Die neue Strategie lautete, bürgerliche und sozialistische Autorinnen und Autoren als Bündnispartner im Kampf gegen Nationalsozialismus und Faschismus zu gewinnen. Erst dadurch wurde möglich, was Bertolt Brecht schon kurz nach der „Machtergreifung" gefordert hatte, nämlich eine „autorisierte Konferenz" der in alle Windrichtungen zerstreuten antifaschistischen Schriftsteller, um „Methoden unserer künftigen Arbeit endgültig" festzulegen. Unter „autorisiert" ist in diesem Zusammenhang die Legitimierung durch die kommunistische Parteiführung zu verstehen.[2] Der Pariser Kongreß von 1935, der ursprünglich für den 10. Mai 1935, den „Tag des verbrannten Buches" geplant war,[3] verstand sich als Fortsetzung dieser seit dem Allunions-Kongreß verfolgten literarischen Einigungsbemühungen. Er sollte die Notwendigkeit und die Möglichkeit eines Bündnisses im Kampf gegen Faschismus und Nationalsozialismus nachdrücklich und unter Aufbietung größtmöglicher internationaler Prominenz aus dem bürgerlichen Lager öffentlich unter Beweis stellen.

Die Planung des Kongresses ging von dem 1933 unter kommunistischer Führung im Pariser Exil neu gegründeten Schutzverband Deutscher Schriftsteller (SDS) aus, der sich jedoch aus taktischen Gründen, weil er als politisch neutral gelten wollte, im Hintergrund hielt.[4] Dessen Vorstandsmitglied Johannes R. Becher, der zugleich Mitglied des Zentralkomitees der DKP war, stimmte als treuer „Parteisoldat"[5], so seine Eigendefinition, die trojanische Taktik mit den französischen, den sowjetischen und den deutschen Genossen ab und arbeitete diskret an

[2] Bertolt Brecht: Briefe I (1913–1936). Bearbeitet von Günter Glaser. Berlin/Weimar: Aufbau und Frankfurt/M.: Suhrkamp 1998 (= Bertolt Brecht: Werke. Große kommentierte Berliner und Frankfurter Ausgabe Bd. 28), S. 362 (Brecht an Johannes R. Becher, 28. 6. 1933).

[3] Vgl. Johannes R. Becher: Briefe 1909–1958. Hrsg. von Rolf Harder. 2 Bde., Berlin/Weimar: Aufbau 1993, Bd. 1, S. 194 (Becher an Bertolt Brecht, 21. 12. 1934).

[4] Vgl. ebd., S. 191 f. (Becher an die Internationale Vereinigung Revolutionärer Schriftsteller, 15. 12. 1934), sowie Pike (Anm. 1), S. 135 f.

[5] Vgl. Georg Lukács/Johannes R. Becher/Friedrich Wolf u. a.: Die Säuberung. Moskau 1936: Stenogramm einer geschlossenen Parteiversammlung. Hrsg. von Reinhard Müller. Reinbek b. Hamburg: Rowohlt 1991, S. 49.

der möglichst effizienten Umsetzung der propagandistischen und politischen Ziele einer literarischen Einheitsfront.[6] In die Vorbereitungen in Paris waren auf französischer Seite u. a. Henri Barbusse, Ilja Ehrenburg, André Gide, Jean-Richard Bloch, André Malraux, Léon Moussinac und Paul Nizan involviert. Daß die Kommunistische Internationale den Kongreß nicht nur nach Kräften unterstützte, sondern mit hoher Wahrscheinlichkeit auch finanzierte,[7] hatte mit den außenpolitischen Interessen der Sowjetunion zu tun, die seit der Machtergreifung Hitlers eine Annäherung an Frankreich und an England anstrebte. Schließlich fand dann die Veranstaltung nur wenige Wochen nach der Unterzeichnung des sowjetisch-französischen Beistandspaktes (16.5.1935) statt.

Von Seiten der Organisatoren war man bestrebt, den Eindruck politischer Abhängigkeit und ideologischer Einseitigkeit zu vermeiden, um die heftig umworbene bürgerliche Prominenz nicht kopfscheu zu machen. Der Aufruf zum Kongreß, der am 5. April 1935 in „Le Monde" und in der Folge auch in anderen Blättern publiziert wurde, ist sachlich-neutral und, nicht einmal drei Monate nach der Abstimmungsschlacht um die Rückgliederung des Saargebietes an Hitler-Deutschland, von geradezu demonstrativer politischer Harmlosigkeit.[8] Er war von 25 französischen Schriftstellern und Intellektuellen unterzeichnet, darunter Louis Aragon, Henri Barbusse, Emmanuel Bove, René Crevel, André Gide, Jean Giono, André Malraux und

---

6 Becher hatte schon vor dem Pariser Kongreß für das Projekt einer literarischen Einheitsfront geworben; u. a. unternahm er von Juli bis September 1933 eine Reise von Prag über Wien und Zürich nach Paris, um im Exil lebende Schriftsteller für die Idee eines gemeinsamen Kampfes gegen Faschismus und Nationalsozialismus zu interessieren. Für den Pariser Kongreß hatte er seit November 1934 bei Prominenten sondiert, u. a. bei Thomas und Heinrich Mann, Lion Feuchtwanger, Stefan Zweig u. a. Vgl. Jens-Fietje Dwars: Abgrund des Widerspruchs. Das Leben des Johannes R. Becher. Berlin: Aufbau 1998, S. 366 ff.

7 Vgl. ebd., S. 392.

8 „Angesichts der Gefahren, die in einer Anzahl von Ländern die Kultur bedrohen, haben einige Schriftsteller die Initiative zur Einberufung eines Kongresses ergriffen, um die Mittel zu ihrer Verteidigung zu prüfen und zu diskutieren. Ihr Ziel ist es, die Bedingungen des literarischen Schaffens und die Beziehungen des Schriftstellers zu denen, an die er sich wendet, genauer zu bestimmen." Vgl. Paris 1935. Erster Internationaler Schriftstellerkongreß zur Verteidigung der Kultur. Reden und Dokumente. Mit Materialien der Londoner Schriftstellerkonferenz 1936. Hrsg. von der Akademie der Wissenschaften der DDR. Zentralinstitut für Literaturgeschichte. Einleitung und Anhang von Wolfgang Klein. Berlin: Akademie-Verlag 1982, S. 18 und 36 f. (Text des Aufrufs).

Romain Rolland. Der Öffentlichkeit und auch Robert Musil blieben die politischen Hintergründe der Veranstaltung dennoch nicht verborgen. Nach dem Eindruck von Freunden hat Musil den Kongreß als „krypto-kommunistisch“ eingeschätzt[9] und Alfred Döblin berichtete, Musil habe sich im nachhinein geärgert, dort überhaupt „gesprochen zu haben, weil er erst zu spät erfuhr, wer eigentlich die Drahtzieher des Congresses waren“.[10] Der Kongreß-Bericht der auflagenstärksten deutschsprachigen Exilzeitschrift, des Pariser „Neuen Tage-Buchs“, sprach vom „kommunistische[n] Timbre des Arrangements und der Zuhörerschaft“. Die Absicht sei gewesen, „nach dem Eintritt Rußlands in die europäische Politik auch Brücken zwischen der kommunistischen und der bürgerlichen Intelligenz zu schlagen“. Die Funktion solcher Veranstaltungen seien die „Additionen gewisser Bekenntnisse“ und diese hätten im Verlauf des Kongresses „den Charakter einer einhelligen Proklamation gegen den Nationalsozialismus“ angenommen.[11]

In diesem Punkt war die Veranstaltung also zweifellos ein großer Erfolg. Sie blieb andererseits jedoch weit davon entfernt, eine Verständigung, geschweige denn eine Einigung darüber zu erzielen, welche Kultur denn verteidigt werden müsse, wie, mit welchen Mitteln, von wem und auch gegen wen sie denn zu verteidigen wäre. Gerade dazu aber, zu einer komplexen Sicht auf die zentralen Fragen des Kongresses, die alle vorschnellen Gewißheiten ausschloß, hat Musil das Seine beigetragen. Er stand damit jedoch ziemlich allein da. Unabhängig davon aber hat es weder vorher noch nachher eine ähnlich mächtige Demonstration von Schriftstellern und Intellektuellen gegen Faschismus und Nationalsozialismus gegeben. Neunzig Redner aus zwanzig Nationen traten in neun Sitzungen auf,[12] darunter neben den bereits Genannten auch Martin Andersen Nexö, Louis Aragon, Isaac Babel, Julien Benda, Bertolt Brecht, Ernst Bloch, André Breton, Max Brod, Karel Čapek, Ilja Ehrenburg, Lion Feuchtwanger, E. M. Forster, Waldo Frank, Aldous

---

[9] B II, S. 375.

[10] T II, S. 203.

[11] Schriftsteller in Paris. In: Das Neue Tage-Buch, Nr. 26/1935, S. 622. Zit. nach: Paris 1935 (Anm. 8), S. 455.

[12] Vgl. Dwars (Anm 6), S. 392. Unter den Rednern waren 20 deutsche, 30 französische und 15 sowjetische Autoren. Die Textdokumentation umfaßt mehr als 400 Druckseiten. Vgl. Paris 1935 (Anm. 8).

Huxley, Alfred Kantorowicz, Alfred Kerr, E. E. Kisch, Heinrich Mann, Klaus Mann, Ludwig Marcuse, Boris Pasternak, Anna Seghers, John Strachey, Ernst Toller und Tristan Tzara. Nach dem Zeugnis Heinrich Manns haben sich an den fünf Nachmittagen und Abenden des Kongresses „jeweils mehrere tausend Personen" im Palais de la Mutualité, in der Rue Saint-Victor 24, versammelt.[13]

Daß dies alles sich vor dem Hintergrund wiederholter demonstrativer Lobpreisungen der vorbildlichen kulturellen und politischen Errungenschaften der Sowjetunion und unter einem Dutzend Anrufungen Stalins vollzog, schien sogar dem ideologischen Strategen Johannes R. Becher nicht ganz unbedenklich. In einer internen Kritik hielt er fest, daß sich „die Gefahr eines *Linksabrutschens* deutlich gezeigt" habe. Es müsse aber unter allen Umständen vermieden werden, daß „der Kongreß [...] als kommunistisch denunziert" werden könne. Im Ganzen aber war er für Becher „ein voller Erfolg der eingeschlagenen literaturpolitischen Linie".[14] Die spektakuläre und im Sinne der Organisatoren propagandistisch jedenfalls erfolgreiche Inszenierung endete mit einer Abschlußerklärung, die in ihrer forcierten Harmlosigkeit offenbar bereits den Bedenken Bechers Rechnung trug. Außerdem wurde die Gründung einer „Internationalen Schriftstellervereinigung zur Verteidigung der Kultur" bekanntgegeben. Deren 12köpfigem Präsidium gehörten neben André Gide, Henri Barbusse, Romain Rolland, E. M. Forster, Aldous Huxley, George Bernard Shaw, Sinclair Lewis, Selma Lagerlöf und Ramón del Valle-Inclán als Vertreter der deutschsprachigen Literatur Thomas und Heinrich Mann an, nicht aber, und dies war zweifellos ein Affront, Robert Musil.[15] Wieder zu Hause in Wien resümierte er:

---

[13] Zit. nach: Exil in Frankreich (Anm. 1), S. 208. Vgl. auch Paris 1935 (Anm. 8), S. 10.

[14] Bechers Bericht an die Leitung der „Internationalen Vereinigung Revolutionärer Schriftsteller" unmittelbar nach Beendigung des Kongresses (Becher, Briefe [Anm. 3], S. 212-216, Zit. S. 214 und S. 217, Hervorhebung von Becher). Vgl. auch Paris 1935 (Anm. 8), S. 459.

[15] Vgl. Paris 1935 (Anm. 8), S. 376 f. Für das „Büro" dieser Schriftstellervereinigung, das 120 Mitglieder aus 36 Staaten bilden sollten, waren auch drei Vertreter Österreichs vorgesehen. Über eine Beschickung ist nichts bekannt. Vgl. ebd., S. 378 f. und S. 399, Anm. 528.

> Der Kongreß war ziemlich eindeutig politisch und wird mich wohl in die unangenehme Lage gebracht haben, meine Gastgeber enttäuschen zu müssen, weil ich die Einladung angenommen habe, ohne mir der daraus resultierenden Erwartungen bewußt zu sein.[16]

Musil hat, lange vor dem Aufstieg des Nationalsozialismus schon, die politischen Handlungsmöglichkeiten des Schriftstellers mit großer Skepsis beurteilt. So schätzte er unmittelbar nach dem Ersten Weltkrieg die Position des „Dichters in politicis" als die eines „machtlosen Zuschauers" ein.[17] Kunst und Leben, Literatur und Politik sind für Musil funktional getrennte Bereiche. Zustimmend zitiert er in einer, zu seinen Lebzeiten nicht veröffentlichten „Vorrede zu einer zeitgenössischen Aesthetik" (vermutlich aus der Mitte der dreißiger Jahre stammend) an zentraler Stelle eine Passage aus Friedrich Nietzsches „Götzendämmerung" (1888): „Die Kultur und der Staat – man betrüge sich hierüber nicht – sind Antagonisten."[18] Politik, so Musils Auffassung, hat mit dem Vorhandenen, mit der Wirklichkeit, Geist und Kunst aber haben mit dem Möglichen, mit Theorie, mit Experiment und Exploration zu tun. Das Politische ist „Wille zur Macht", es ist der Praxis des alltäglichen Handelns mit all seinen partiellen Interessen, Zufälligkeiten und Irrationalismen unterworfen. Kunst und Literatur hingegen gehören dem Bereich des Geists an, der auf Erkenntnis, auf Objektivität gerichtet ist. Sie verfahren experimentierend, mit den Instrumenten des „Möglichkeitssinnes" wie er im vierten Kapitel des „Mann ohne Eigenschaften" [MoE] programmatisch vorgestellt wird.[19] In den Entwürfen für einen Essayband aus den frühen zwanziger Jahren heißt es im Kapitel *Der Dichter und diese/seine Zeit*:

> Was im Leben gut ist, ist es noch lange nicht in der Kunst. Leben ist etwas Praktisches, ein Kompromiß, etwas, das sich begrifflich

---

[16] Musil an Bernard Guillemin, 24. 8. 1935 (B I, 655).

[17] T I, S. 409.

[18] GW 8, S. 1435–1437, Zit. S. 1436. Dasselbe Nietzsche-Zitat findet sich auch in dem dreißig Jahre früher entstandenen Tagebuchheft 4. Vgl. T I, 33 f.

[19] MoE, 16–18, Kap. 4, „Wenn es Wirklichkeitssinn gibt, muß es auch Möglichkeitssinn geben".

gar nicht fassen läßt, durchaus nicht restlos rationalisierbar ist u.[nd] darum Gewalt setzen muß, Postulate, Moral. Kunst aber ist etwas theoretisches [sic], d. h. wörtlich übersetzt: Spähendes. Moral ist das Abstraktum des Handelns, Kunst ein Morallaboratorium, an einzelnen Fällen werden hier neue Analysen u.[nd] Zusammenfassungen probiert. Sie liefert keine seelischen Kleider, sondern jene Untersuchungen auf Grund deren für spätere Generationen welche gemacht werden.[20]

Die funktionale Trennung der Bereiche von Literatur und Politik schließt eine Vermischung politischer und schriftstellerischer Tätigkeit aus. In den dreißiger Jahren hat Musil die Überzeugung, daß ein Schriftsteller glaube, „zur Politik berufen zu sein", schlicht als eine „Täuschung" qualifiziert.[21] Es ist deshalb auch wenig überraschend, daß er in den Entwürfen und Vorarbeiten für die Rede in Paris immer wieder auf das für ihn zentrale Problem des Verhältnisses von Literatur und Politik zu sprechen kommt. Eine Trennung der beiden Sphären sei, so Musil, zwar vom Gegenstand her kaum durchzuführen, umso wichtiger sei es jedoch, die „Verschiedenheit der Funktion, der Methode hervorzuheben."[22] Diese Verschiedenheit gelte es anzuerkennen. „Der Dichter muß als Gleichgestellter mit der Politik gehen [...] er darf nicht der Hanswurst der Politik (oder des Glaubens) werden."[23] Deshalb hält Musil auch den Begriff einer engagierten Literatur, einer Literatur also, die sich in Funktion und Methode an die Politik angleicht, die also gleichsam die „seelischen Kleider" für den politischen Alltag liefert, für einen Widerspruch in sich. Schon 1933 notiert er: „Es gibt ebensowenig eine nationale Geometrie wie es eine proletarische gibt"[24], woraus logischerweise folgt: „Es gibt keine bolschewistische Geometrie u[nd] keine bolschew.[istische] Dichtung".[25] Fazit: „Nicht die ‚Gesinnung'

[20] T II, S. 1173.

[21] T I, S. 894.

[22] M VI/1/24.

[23] M VI/1/59.

[24] GW 8, S. 1433.

[25] M VI/1/24.

entscheidet in der Kunst."[26] Es ist durchaus anzunehmen, daß Musil hier auf den deutschen Physiker Philipp Lenard (Nobelpreis 1905), den Antipoden Albert Einsteins anspielte, der nach dem Ersten Weltkrieg unter breiter öffentlicher Zustimmung mit antisemitischen und rassistischen Argumenten die Theorie einer „arischen" bzw. „deutschen" Physik vertrat. Auch in seiner Wiener Festrede zum zwanzigjährigen Bestehen des „Schutzverbandes deutscher Schriftsteller in Österreich" im Dezember 1934, also etwa ein halbes Jahr vor dem Pariser Auftritt, hatte Musil, wohlgemerkt an jenem Ort und zu jener Zeit, wo das Katholische im sogenannten Christlichen Ständestaat sich aufgrund politischer Protektion besonderer Geltung erfreute und in künstlerischen Dingen sich zunehmend als Scheidemünze erwies, auf die Unvereinbarkeit von Kunst und Gesinnung hingewiesen. Die Literaturgeschichte, so Musil, sei zwar „eine merkwürdige Belohnungsanstalt für Tote", es habe sich aber „trotz aller Irrtümer, die auch der Literaturgeschichte anhaften", doch merkwürdig übereinstimmend gezeigt, daß „die gute Gesinnung" auf einen gewissen „Zug von Größe" keinen Einfluß habe.[27] Natürlich wußte Musil, daß es das, was er mit guten Gründen verwarf, in der Praxis sehr wohl gab, doch er maß ihm keine Bedeutung bei: „Selbst wenn Dichtung auch propagatorisch ist: wie gering ist dieser Effekt! Er kann vernachlässigt werden." Die Sphäre der Kunst sei eine andere als die der Wirklichkeit, eine andere als die der Politik, deshalb seien auch ihre Methoden, Funktionsweisen und Ziele andere.[28] Nun sei es aber vielerorts so, daß der Staat die Dichter für sich reklamiere,

> die Klasse tut es, die Nation, die angebliche Rasse, ja sogar mit großem diplomatischem Geschick die Religion. [...] sie haben unter uns zwischen weißen u.[nd] schwarzen Schafen geschieden; und sie haben ihre eigenen Künstler mitgebracht [...] von denen viele es nur dank ihnen sind [...].

---

[26] M VI/1/19.

[27] Robert Musil: Der Dichter in dieser Zeit [Vortrag in Wien zur Feier des zwanzigjährigen Bestehens des Schutzverbandes deutscher Schriftsteller in Österreich. 16. Dezember 1934. Korrigierte Reinschrift]. In: GW 8, S. 1243–1256, Zit. S. 1252.

[28] M VI/1/24 f.

Gegen diese Zugriffe verteidigen wir uns, das ist die schlichteste Formel; aber wir sind überzeugt, daß wir mit uns ein wesentliches Stück dessen, was Kultur zu heißen hat, verteidigen.[29]

Genau das tat er in Paris: Er verteidigte die Autonomie der Kunst und der Künstler gegen politische Zugriffe, gegen die Ansprüche von Staaten, Nationen, Klassen, Parteien und Religionen. Er begann seine Rede mit einem zweifachen Affront. Die Kultur, sagte er, werde nicht nur von ihren Feinden geschädigt, sondern auch von ihren Freunden. Waren aber nicht sie, die Freunde der Kultur, die Veranstalter und die Teilnehmer des Kongresses? Und zweitens erklärte er, „unpolitisch" reden zu wollen, was für ihn nichts anderes bedeutete, als daß er in der ihm gemäßen Rolle als Schriftsteller und nicht in der Rolle eines Politikers oder eines politisierenden Privatmannes sprechen wollte, was in seinen Augen eine Anmaßung oder mit seinem Wort: eine „Täuschung" gewesen wäre.

Genau das habe ihm, wie er einige Monate später bilanzierte, den Ruf eines „Anti-Politikers" eingetragen, ja „geradezu de[n] eines Saboteurs", weil er „nicht so gesprochen habe wie die anderen."[30] Nach diesen beiden Vorbemerkungen steuerte er ohne Umwege auf sein zentrales Anliegen zu: Das Verhältnis zwischen dem einzelnen und der „politischen Repräsentanz seiner Nation". Mit deutlicher Anspielung auf das Konzept des „Totalen Staates" konstatierte er nicht nur eine generelle Forderung nach „völlige[r] Unterordnung" des einzelnen unter die nationale Politik, sondern auch die Indienstnahme der Kultur durch die „verschiedensten Vaterländer", die die Ansprüche ihrer „politischen und socialen Zweckgesinnung dem Begriff der Kultur übergeordnet" hätten. Als Beispiel nannte er seine „Heimat Österreich", die von ihren Dichtern „mehr oder minder" verlange, daß sie „österreichische Heimat-dichter seien", woraus die „Kulturgeschichtskonstrukteure" ableiteten, „daß ein österreichischer Dichter immer etwas anderes gewesen sei als ein deutscher."[31] Wie aber wäre unter diesen

[29] M VI/1/75.

[30] M VI/1/61.

[31] Robert Musil: Vortrag. Paris [Korrigierte Maschinenabschrift]. In: GW 8, S. 1266–1269, Zit. S. 1266. Im folgenden mit Seitenzahl im Text zitiert.

Vorbedingungen ein verbindlicher Begriff von Kultur zu gewinnen: etwa, so fragte Musil, indem man gleichsam im Subtraktionsverfahren „von der nationalen, bürgerlichen, faschistischen, proletarischen Kultur das abzieht, was an ihr national, bürgerlich usw. ist oder ist ihr Begriff etwas Selbständiges, das sich auf vielerlei Weisen verwirklichen kann?" (1267) Dies war vermutlich die „skandalöse" Argumentation Musils, die ihm angeblich Pfiffe des Publikums eingetragen hat. Das Sakrileg, das Musil hier scheinbar beging, die Gleichsetzung von „faschistisch" und „proletarisch", wäre aber nur dann eines, wenn man „Gesinnung" als ästhetischen Wert betrachtet, was er für einen gefährlichen Unsinn hielt.

Der Erklärungszusammenhang für die ununterschiedene Aufzählung von bürgerlicher, proletarischer und faschistischer Kunst ist Musils Theorie des Kollektivismus. Unabhängig von seinen unterschiedlichen Ausprägungen mache der „verschärfte Kollektivismus" (worunter Musil die politischen Bewegungen von Kommunismus, Faschismus und Nationalsozialismus gleichermaßen zählte) die Kultur zur „Beute" der Politik: „so wie früher die Frauen den Siegern zugefallen sind", heißt es beziehungsreich. Diese Entwicklung in Richtung Kollektivismus sei „nichts als ein Übergreifen und Übergriff der Politik".

Da Musil mit Blick auf die Kultur im selben Zusammenhang von der notwendigen „Kunst der weiblichen Selbstverteidigung" spricht, drängt sich für das von ihm beschriebene zeitgenössische Verhältnis der Politik zur Kultur die Vorstellung von Vergewaltigung und sexuellem Mißbrauch geradezu auf, und zwar für Kommunismus und Nationalsozialismus in gleicher Weise. Drastischer aber kann man das angesprochene Mißverhältnis zwischen Kultur und Politik kaum formulieren. Und er fährt fort:

> Alles fühlt sich heute bedroht und mobilisiert alle Mittel.
> Zu den Einberufenen gehört auch die Kultur.
> Und nicht nur, daß uns der Staat, die Klasse, die Nation, die Rasse und das Christentum reklamieren, sondern diese sind auch selber unter die Künstler gegangen.
> Die Politik holt sich heute nicht die Ziele bei der Kultur, sondern bringt sie mit und teilt sie aus. Sie lehrt uns, wie wir einzig und allein dichten, malen und philosophieren sollen. (1267)

Auch die in den folgenden Passagen entwickelte Auffassung, daß Kultur an „keine politische Form gebunden" sei, wofür er Nietzsche als Kronzeugen anführte, werden nicht alle Anwesenden goutiert haben. Dies umso weniger als Musil in seinen Beispielen wiederum Faschismus und „Bolschewismus" in einem Atemzug nannte und gleichzeitig, wohl auf der Grundlage seiner Erfahrungen mit der Weimarer Republik, scharfe Kritik an den Demokratien übte. Angesichts der Tatsache, daß die parlamentarisch-demokratischen Staatsformen auch den „Schädlingen" der Kultur ein großes Maß an Freiheit gewährten, sehe er keine „Notwendigkeit" das „Wesen der Kultur" den demokratischen Staatsformen gleichzusetzen. Mit Blick auf den von Nietzsche problematisierten Zusammenhang zwischen Staatsform und Kulturentwicklung, ging Musil noch einen Schritt weiter: „Auch der aufgeklärte Absolutismus ist gut, bloß muß das Absolute aufgeklärt sein." (1268) In den Vorüberlegungen Musils hatte es, noch eine Spur schärfer, geheißen: „Man muß sich namentlich von [sic] der Verwechslung von Kultur mit Demokratie, Liberalismus, Parlamentarismus hüten."[32] Das war keineswegs als Provokation gedacht und auch nicht als Spekulation über den kulturellen „Zukunftswert" von Faschismus oder Kommunismus. Es war Musils Versuch einer Antwort auf die seiner Meinung nach dem Kongreß zugrunde liegenden zentralen Fragen: was ist Kultur, wie entstehen und vergehen Kulturen und wie weit sind kulturelle Leistungen von politischen Systemen und Umständen abhängig? Eine der Antworten, die er in seinen Entwürfen gab, lautete: „die deutsche Kultur war zur Zeit Wilh.[elms] II. größer als zur Zeit der Republik, obwohl [die] Republik sympathischer [war]."[33] Musil argumentierte in Paris nicht strategisch, nicht tagespolitisch und auch nicht aus Spekulation auf Sympathie. Er war an der theoretischen und historischen Dimension des Phänomens „Kultur" interessiert, also daran, die Voraussetzungen des Kongreß-Themas zu klären. Dieses Interesse, das natürlich auch ein genuines Interesse an der eigenen Rolle und ihren Möglichkeiten ist, führte Musil zu Antworten, die jenen unbequem sein mußten, die den Kongreß primär als Instrument zur Durchsetzung einer parteipolitischen Doktrin und als Forum ihrer taktischen Umsetzung verstan-

[32] M VI/1/78

[33] M VI/1/61.

den. Für sie mußte schon die sehr allgemeine Definition von Kultur, die er anbot, als Störung des Ablaufs, wenn nicht gar als Provokation empfunden werden: „Kultur setzt eine Kontinuität voraus und Ehrfurcht selbst vor dem, was man bekämpft." (1268)

Im abschließenden Teil des Vortrags blieb er bei seinem theoretischen Zugang der Begriffsklärung. In Opposition zu den eingangs erwähnten, mehr oder minder patriotischen oder nationalistischen, jedenfalls aber instrumentellen und utilitaristischen Ansprüchen der verschiedenen Vaterländer definierte Musil Kultur als etwas Überzeitliches und Übernationales. „Sogar die Kultur der Primitiven zeigt diese Erscheinung." (1268) Daraus sei zu schließen, daß es denen, „die der Kultur dienen" verboten sei, „sich restlos mit einem Augenblickszustand ihrer nationalen Kultur zu identifizieren". (1269) Dies war ebenso gut an die nationalsozialistischen oder austrofaschistischen Kulturpolitiker adressiert wie an die Lobredner einer proletarischen Kunst unter der Schutzherrschaft Stalins. Träger der Kultur seien immer „einzelne Personen" und von den Bedingungen, unter denen diese arbeiteten, hänge letztlich das Werden der Kultur ab. Es seien viele „politisch mißbrauchte, abgenützte, und dann verworfene Begriffe", die die „unerläßliche[n] psychologische[n] Voraussetzungen" für die „persönliche Schöpfungskraft" bezeichneten, nämlich:

> Freiheit, Offenheit, Mut, Unbestechlichkeit, Verantwortung und Kritik, diese mehr noch gegen das, was uns verführt, als gegen das, was uns abstößt. Auch die Wahrheitsliebe muß dabei sein, und ich erwähne sie besonders, weil das, was wir Kultur nennen, wohl nicht unmittelbar dem Kriterium der Wahrheit untersteht, aber keine große Kultur auf einem schiefen Verhältnis zur Wahrheit beruhen kann.
> Ohne daß solche Eigenschaften von einem politischen Regime in allen Menschen unterstützt werden, kommen sie auch in den besonderen Begabungen nicht zum Vorschein. (1269)

Radikaler und gleichzeitig illusionsloser hätte die Antwort auf die Frage, wie denn die Kultur in der gegebenen Situation zu verteidigen wäre, nicht ausfallen können. Denn die von Musil genannten Voraussetzungen schöpferischer Tätigkeit: Freiheit, Offenheit, Mut, Unbestechlichkeit, Verantwortung und Kritik, waren in allen damals „zur Frage stehenden Gesellschaften, Faschismus, Bolschewismus, Nationalsozialismus und, mit Abstrichen, im Austrofaschismus, mehr oder minder Selbstmordprogramme."[34] Fazit Musils: das einzige, was sich „mit unpolitischen Mitteln" für die Selbstverteidigung der Kultur erreichen lasse, sei, auf die „Erkenntnis solcher sozialen Bedingungen hinzuwirken." Das sei für die „Beurteilung politischer Formen in ihrem kulturellen Wert und ihren kulturellen Aussichten [...] jedenfalls das Wichtigste." (1269)

Musils Rede war, von heute aus gesehen, einer der theoretisch anspruchvollsten, mutigsten und hellsichtigsten Beiträge des Kongresses. Er setzte sich mit ihr jedoch zwischen alle Stühle.[35] Schon während der Veranstaltung löste sie empörte Reaktionen und direkte Entgegnungen aus. In der Folge starteten Egon Erwin Kisch und Bodo Uhse, der in Paris Musil öffentlich angegriffen hatte, im Augustheft (1935) der kommunistisch orientierten „Neuen Deutschen Blätter" (Prag) einen Angriff gegen seinen Pariser Beitrag, der den Vorwurf einschloß, Musil sei ein „asozialer Problematiker"[36]. Was war ihm vorzuwerfen? Er war in der literarischen Einheitsfront nicht mitgegangen und er hatte sich dem impliziten Zwang, ein (partei)politisches Bekenntnis abzulegen, in der Weise entzog, daß er die literarischen und politischen Implikationen des Kongreßthemas in seinem „Morallaboratorium" zuerst einer genauen Analyse unterzog. Das kann nicht überraschen. Methodisch unterscheidet sich diese Haltung, die ein Suchen, Analysieren und Erproben von Möglichkeiten, von Wegen des Denkens und Schreibens ist, nicht von der Art und Weise, wie der Erzähler des MoE verfährt, und sie entspricht auch der Haltung Ulrichs im Roman. Musils Materialsammlung zum Studienblatt „Soziale Fragestellung" aus dem Nach-

[34] Karl Corino: Robert Musil. Eine Biographie. Reinbek b. Hamburg: Rowohlt 2003, S. 1189.

[35] Lediglich André Breton und Antonin Artaud hatten, ähnlich wie Musil, öffentlich ihre Skepsis gegen die politischen Intentionen des Kongresses geäußert; E. M. Forster und Aldous Huxley haben im nachhinein ihre Enttäuschung über den dogmatisch-propagandistischen Charakter der Veranstaltung formuliert. Vgl. Paris 1935 (Anm. 8), S. 20, 304 ff., 455.

[36] Bodo Uhse/Egon Erwin Kisch: Geist gegen Macht. In: Neue Deutsche Blätter 2 (1934/1935), H. 6, S. 321–324. (Nachgedruckt in: Paris 1935 [Anm. 8], S. 460–462). Vgl. auch Corino (Anm. 34), S. 1204 ff.

laß, wo es u. a. um Ulrichs Verhältnis zur Politik geht, dokumentiert in eindringlicher Weise den Transformationsprozeß zwischen den persönlichen Erfahrungen und Folgerungen Musils und ihren möglichen Anwendungen und Übertragungen auf die Hauptfigur des Romans. Musil, der (politisch) Unzufriedene – als solchen bezeichnet er sich im Tagebuch –[37] definiert und bestimmt Ulrich generell als einen, „dem keine der vorhandenen Lösungen genügt".[38] Sein Verhältnis zur Politik, „reduziert sich […] auf Folgendes: Wie alle Menschen, die sachlich und persönlich ihre eigene Aufgabe haben, wünscht er von der Politik möglichst nicht gestört zu werden." Politik, zu der essentiell das Moment der Macht gehöre, steht für Ulrich

> im Widerspruch zu den Prinzipien (Lebensbedingungen) des Geistes. Hier konkurrieren zwei Machtansprüche. Macht in der Weise der Politik schwand aus seinem Gesichtsfeld, ebenso wie Macht in der Weise des Krieges. Es mag vorkommen, aber im Grunde ist es rückständig wie eine Knabenprügelei.

Musils Erörterung des Verhältnisses von Macht und Geist mit Blick auf Ulrich mündet in Feststellungen, die ebenso gut in den Entwürfen zu seiner Pariser Rede stehen könnten:

> Sie verteidigen die Kultur, statt sie zu besitzen.
> Der Mensch der Kultur ist in der ganzen Welt einsam.
> Es gibt nur die beiden Auffassungen: Kultur! Dann ist alles,
> was geschieht, verkehrt. Oder Macht! od.[er] ähnl.[iches].
> Kampf von Tierrassen. Von auserwählten Völkern. [39]

Diese Sätze gelten für die Zeit der Romanhandlung, den Vorabend des Ersten Weltkrieges, sie gelten für den Zeitpunkt ihrer Niederschrift, den Vorabend des Zweiten Weltkrieges, und sie entsprechen den Beobachtungen Musils auf dem Pariser Kongreß. Im Roman selber werden

---

[37] T I, 950.

[38] MoE, S. 1342.

[39] GW 5, S. 1871 f.

sie zum Echo dieser historisch mehrfach gebrochenen, aber eben auch bestätigten Wahrnehmungen.

Insofern ist Musils Haltung politisch und literarisch konsequent. Die Positionen und Verfahrensweisen, die Musil in seiner Rede wählt, spiegeln auch die poetologischen Grundlagen und Verfahren seines Romans. Man kann, mit Blick auf das Nachlaß-Material zur Pariser Rede und zum Roman, die These formulieren, daß sich zwischen der realen Rolle Musils als Redner in Paris (und in Wien) und den fiktiven Rollenzuschreibungen an die Figur Ulrich eine weitgehende Parallelführung feststellen läßt. Musil spricht als Redner in Paris, als Erzähler des Romans und in der Figur Ulrichs mit einer Stimme, mit der Stimme des Dichters, der seine „eigene Aufgabe“ hat und der deshalb auch keine politischen oder strategischen Rücksichten nimmt, sondern die Aporien und moralischen Risiken jeglichen Handelns erforscht und aufzeigt. Die konkrete Antwort, die Musil auf die Frage der Veranstalter gab, war in ihrem Kern eine Warnung vor der Illusion, eine falsche, inhumane, mörderische Politik mit den Mitteln der Kultur bekämpfen zu wollen. Die Reden und Diskussionen des Kongresses haben in dieser Perspektive, d.h. politisch betrachtet, einen ähnlichen Stellenwert wie die – allerdings ungleich geistvolleren – Salonkonversationen des Jahres 1913 im MoE.

Gegen den politischen Totalitarismus von Links und von Rechts, so müssen wir Musils Resümee verstehen, helfen nur politische Instrumente, also die Mittel der Macht, nicht aber die „unpolitischen Mittel“ der Literatur, der ästhetischen Erziehung und der kulturellen Bewußtseinsbildung. Diese wirken allenfalls längerfristig – vorausgesetzt die Bereitschaft zu Erkenntnis und Einsicht ist vorhanden. Musil war weder resignativ noch defaitistisch, er war nur skeptisch, was die realen Möglichkeiten des Schriftstellers und die aufklärende Wirkung von Kunst und Literatur betrifft. In der „Korrigierten Reinschrift“ des Vortrags, die möglicherweise für eine nicht zustande gekommene Publikation bestimmt war, lauten die letzten Sätze:

> Ich bezweifle, daß man die Welt durch Beeinflussung ihres Geistes bessern kann; die Motoren des Geschehens sind von gröberer Natur. Aber man muß sich auf die Forderungen besinnen, die der Geist an sich selbst zu stellen hat, soll sie aufstellen und, nach Ver-

mögen, denen zu Bewußtsein führen, die den Auftrag zur Macht besitzen oder zu besitzen glauben.[40]

Die bestehenden Verhältnisse zu ändern und die Voraussetzungen dafür zu schaffen, daß geistige und künstlerische Arbeit wirksam werden können, das ist, so darf man Musils Gedanken übersetzen, nicht die Aufgabe der Künstler und der Intellektuellen, sondern derer, die die Macht haben, der Politiker also. Die Künstler haben die Aufgabe, Wächter, Mahner, Kritiker und Fordernde zu sein, die daran erinnern, was offen, was noch unerfüllt und uneingelöst ist. Kunst und Literatur erhalten, wie Musil in seiner Wiener Festrede zum zwanzigjährigen Bestehen des „Schutzverbandes deutscher Schriftsteller in Österreich" im Dezember 1934 formulierte, „das Noch-nicht-zu-Ende-Gekommene des Menschen, den Anreiz seiner Entwicklung am Brennen."[41]

Abkürzungen:

GW 1–9	Robert Musil: Gesammelte Werke in neun Bänden. Hrsg. von Adolf Frisé. Reinbek b. Hamburg: Rowohlt 1978.
MoE	Robert Musil: Der Mann ohne Eigenschaften. Hrsg. von Adolf Frisé. Reinbek b. Hamburg: Rowohlt 1970.
B I	Robert Musil: Briefe 1901–1942. Hrsg. von Adolf Frisé unter Mithilfe von Murray G. Hall. Reinbek b. Hamburg 1981.
B II	Robert Musil: Briefe 1901–1942. Kommentar, Register. Hrsg. von Adolf Frisé unter Mithilfe von Murray G. Hall. Reinbek b. Hamburg: Rowohlt 1981.
T I	Robert Musil: Tagebücher. Hrsg. von Adolf Frisé. Reinbek b. Hamburg: Rowohlt 1976.
T II	Robert Musil: Tagebücher. Anmerkungen, Anhang, Register. Hrsg. von Adolf Frisé. Reinbek b. Hamburg: Rowohlt 1976.
M	Nachlaß-Mappe, Musil-Nachlaß, Österreichische Nationalbibliothek, Wien. Transkription im Rahmen des Projekts der digitalen Gesamtausgabe der Werke und Schriften Robert Musils durch das Robert Musil-Institut der Universität Klagenfurt.

[40] Musil: [Vortrag in Paris], [Korrigierte Reinschrift], GW 8, S. 1259–1266, S. 1265. Ganz ähnlich auch in M VI/1/79: „Im Ganzen: Ich bezweifle, daß man die Welt durch Beeinflussung des Geistes bessern kann, bei bleibenden Formen. Aber man kann die Forderungen aufstellen u.[nd] sie denen vorhalten, die die Macht ausüben."

[41] Musil: Der Dichter (Anm. 27), S. 1255.

Christoph Ransmayr

Weinte sonst niemand?

Wenn Sie Hilfe brauchen, sehr geehrte Damen und Herren, einen guten Rat, moralische Unterstützung bei der Bewältigung ihrer persönlichen oder der Vergangenheit der gesamten Nation und Gesellschaft, aus der Sie kommen ... Hilfe vielleicht auch bloß bei der Entscheidung, wer auf der Weltbühne in diesen Tagen die Rolle des frommen, mit Hinrichtung und Rachefeldzügen drohenden Schlagetots und wer die des braven Schutzmannes oder die des noch braveren Soldaten spielt ... Wenn Sie sich nicht ganz im klaren darüber sind, ob Ihr Land einem Abgrund oder blühenden Gärten entgegendriftet und Sie deshalb und vorsichtshalber Erkundigungen über allfällige Fluchtwege einziehen wollen ... Oder wenn Sie schlicht und einfach, Gott bewahre!, etwas knapp bei Kasse sind und die steinernen Gesichter der Passanten nach dem Mantra Ihrer gemurmelten Bitten um etwas Kleingeld nicht mehr ertragen – dann, sehr geehrte Damen und Herren, denken Sie gut nach, bevor Sie einen Dichter um Beistand fragen.

Um Schriftsteller und Dichter hat der Wind im Verlauf einer nur sehr selten triumphalen Literaturgeschichte ziemlich viel Laub angeweht, Lorbeerlaub, auch den weniger edlen, wildwüchsigen Vorschußlorbeer, einen ziemlich großen Haufen jedenfalls, der in den Stürmen besonders bewegter Zeiten an Säulen und Denkmälern hochschlägt wie eine Brandung aus dürren Blättern: Die Dichter, raschelt es, rauscht es manchmal in dieser Gischt, hätten schon immer, wenn nicht alles, so doch vieles besser gewußt – Gewissenserforscher, Mahner, beharrliche Erinnerer seien sie stets gewesen, ja Seher! unter dem Banner von Wahrheit und Gerechtigkeit ... Du lieber Himmel, wie oft wurden diese armen Überforderten, nennen wir sie nun der Kürze halber einfach *Dichter*, nicht schon mit hochmoralischen geistigen Heroen verwechselt. Als ob die Ahnengalerie der Literaturgeschichte eine Heldengalerie wäre und nicht – was sie ja oft viel eher zu sein scheint – ein Armenhaus und Asyl voll liebes- und geltungssüchtiger Neurotiker.

Unglücklich das Land, antwortet Galileo Galilei seinem empörten Schüler Andrea Sarti in einem der größten, dem *Leben des Galilei* gewidmeten Dramen jenes Dichters, in dessen Namen Sie mir Ehre und Geld zukommen lassen: *Unglücklich das Land, das Helden nötig hat.*

Ach ja, vielleicht gab es tatsächlich einmal Zeiten, in denen Dichter von Festung zu Festung wanderten und unter Schießscharten und Balkonen, erst recht an offenen Feuern, nicht nur Liebeslieder, sondern auch Nachrichten aus der bewohnten Welt sangen, mehr oder weniger ferne Zeiten, in denen auch die Bewohner der Städte kaum lesen konnten und deshalb *Vor*leser, Vorsprecher brauchten, Meldeläufer, die ihnen von der Welt und ihren Möglichkeiten zuerst berichteten und diese Berichte dann auch noch kommentierten, während Lorbeerkranz, Leier oder Elektrogitarre bereits bei den geleerten Flaschen lagen.

Aber sind diese Zeiten – zumindest in unseren Breiten – nicht unwiderruflich vorbei? Haben wir nicht genug gesehen? *Sehen* und *hören* wir noch immer nicht genug von der Welt? Oder ist es bloß bequem, eine Haltung, die grundsätzlich nicht delegierbar ist, nämlich die eines einigermaßen aufgeklärten, friedlichen, humanen Individuums abzugeben an Sänger und Dichter, um für sich selber nur einen Plüschsitz zu beanspruchen in einer Loge des großen Lehrstücks von der Moral. Nein, sehr geehrte Damen und Herren, auch wenn die Zahl der Lesefähigen und Schreibkundigen trotz grotesker, gesetzlich erzwungener und wohlüberwachter Reformen der Rechtschreibung nicht zu-, sondern abnehmen sollte:

Wer bloß zuhören, zuschauen, ja!, hinschauen! muß – bloß auf die Bildschirme von Hunderten von Satellitensendern glotzen, auf die Schlagzeilen eines äquatorlangen Spruchbandes aus Titelseiten oder auf die Flüssigkristallfenster des sogenannten *Internet* – der berufe sich nicht auf das Bedürfnis nach Meldeläufern. Denn selbst wenn sich in sämtlichen Fenstern und Bildschirmen nur Fragmente der Welt spiegeln – warum sollten in diesem irrlichternden Geflacker ausgerechnet die Dichter klarer sehen als, sagen wir: Maler, Musiker und allgegenwärtige Filmschauspieler?, klarer als Abteilungsleiter, lesende Handwerker oder die Mitglieder eines Senats? Und warum sollten die Dichter, wenn sie denn klärende Kommentare zum Lauf der Welt und Zeit schreiben, Pamphlete, Programme, Verhaltensempfehlungen – weniger oft irren als der Nächstbeste? Und warum schließlich sollten diese Dichter, erst einmal zum Gewissen ganzer Nationen erhoben und zu Beratern von Königen und Präsidenten oder selber zu Präsidenten gemacht, mit Orden behängt und kostümiert mit Schärpen und Fracks, weniger lächerlich erscheinen als staatlich bezahlte, überreich dekorierte Würdenträger?

Damit hier kein Mißverständnis aufkommt: Ich rede vom missionarischen, unter Umständen parlamentarischen und im Ausnahmefall prophetischen Auftritt des Dichters, von seinem Erscheinen auf Kanzeln oder Barrikaden, rede von Flugblättern, Transparenten und Mahnschreiben, nicht von Gedichten, nicht von Dramen, Romanen – Spielformen der Kunst, in denen die Welt ebenfalls zur Sprache kommt, in denen die Moral aber, wenn überhaupt, dann als Draufgabe, als das Beiläufige, ja Selbstverständliche eine Rolle spielt, nicht als mühsam zurechtgeschliffener Kern.

Ja, natürlich sei dem Dichter all das auch gestattet, jeder Auftritt, jedes Flugblatt, jedes Schlagwort, alles, alles, überall. Aber wer, sehr geehrte Damen und Herren, darf verlangen, daß Mut, Kühnheit, Heldentum, politische, ja historische Weitsicht berufliche Voraussetzungen sein müßten? Die pensionsberechtigten, mit Bausparverträgen ausgestatteten Verfasser von Leitartikeln und Kolumnen, die immer wieder und durchaus überzeugend Mut von der Stange beweisen?

Ist es oft nicht gerade das Kindhafte, das Gefährdete, Archaische oder traumatisch Verletzte an der Poesie, das Unbeherrschte, Unbändige, Wahnsinnige an Prosa und Drama, das uns bewegt, fesselt oder überwältigt? Wer sich aus Leidenschaft, aus Berufung, wenn Sie wollen, der Sprache verschrieben hat, kann seine politischen Irrtümer bloß weniger gut kaschieren, wenn auch vielleicht besser formulieren als, sagen wir: ein Musiker, Maler oder eine weithin bekannte Televisionserscheinung – besser gefeit vor Irrtümern ist er nicht. Stellen Sie sich etwa einen Heros wie Richard Wagner vor, der die gesamte Vehemenz seiner künstlerischen Kraft in den Dienst der Literatur gestellt und ausschließlich Romane, Balladen, Dramen geschrieben hätte, gelegentlich vielleicht auch einen opernhaften, auf vier- bis fünfhundert Seiten angelegten Essay über Menschentypen, Rassen und genetisch bedingte

Intelligenz – Bayreuth wäre heute wohl kein Wallfahrtsort, sondern eher ein umzäuntes, weil weithin kontaminiertes Gelände.

Wenn der Lauf der Geschichte tatsächlich ein *Fortschritt im Bewußtsein der Freiheit* sein soll – selbst ein über die Welt und ihre Kulturen so mangelhaft informierter Philosoph wie Georg Friedrich Hegel hat das ja behauptet –, dann kann zur Erhellung *und* zur Verfinsterung dieses Bewußtseins ein poetisches Werk, ja eine bloße Erzählung ein mindestens ebenso geeignetes Mittel sein wie Predigt, Mission oder einer dieser flammenden Aufrufe, die so oft überschlagen in das Gehämmere auf der Klaviatur ideologischer Phrasen.

Wenn von Rednerpulten, von Plakaten und Transparenten herab beispielsweise die Barbarei von Rassismus, autoritärer Herrschaft oder kolonialistischem Übermenschentum beklagt wird, dann kann die aufklärerische Wirkung eines Erzählers oder Dichters durchaus darin bestehen, diese Barbarei, ihre Schrecken wie ihre Dummheit, in ihren konkreten, individuellen Formen zu beschreiben – keine programmatische, sondern genaue, lakonische Darstellung. Denn wer sich die von autoritärer Barbarei verursachten inneren und äußeren Verwüstungen einmal vorzustellen versucht hat, bloß *vorzustellen*!, etwa als Leser oder Zuschauer der Tragödie einer *Mutter Courage* und ihrer Kinder, der wird vielleicht eine Spur weniger anfällig sein gegen die Versuchung, irgendeinem Gegröle, ob in Bierzelten, Kristallnächten oder Parteilokalen, zu applaudieren.

Die Poesie erfordert Vorstellungskraft, Mitgefühl, fordert das auch von ihren Lesern und Zuhörern – und Roheit, politische oder religiöse Dummheit, Dogmatismus sind zum Teil ja auch ein ungeheurer Mangel an Vorstellungskraft, ein Mangel nämlich an der Vorstellung vom tatsächlichen Leben, vom Glück und vom Leiden des einzelnen. Ein Dichter kann dazu beitragen, diesen Mangel zu lindern, kann so seinem Publikum zur Immunität verhelfen gegen das Gegröle oder kann es vielleicht sogar anstiften, über die Dummheit der Barbarei zu lachen. Barbaren sind ja nicht nur fürchterlich, sondern immer auch lächerlich. Und sie toben nicht bloß in Folterkammern oder auf Schlachtfeldern, sondern vor allem in den Zwischenräumen der Gewalt, an Bildschirmen, in Ämtern, Redaktionen und Büros, in denen sie den tatsächlichen oder vermeintlichen herrschaftlichen oder Willen des

Volkes auslegen, festschreiben und in Schlagzeilen, Verordnungen und Paragraphen und alle legalen Voraussetzungen für das Massaker verwandeln …

Sehr geehrte Damen und Herren, Worte des Dichters Bertolt Brecht lassen sich unter bestimmten Umständen, in einem Demonstrationszug oder in einer Protestversammlung, recht wirkungsvoll auf Transparente oder Plakate pinseln, ja sogar über Parteiprogramme oder über eine dieser …, dieser Reden von Zukunft und Sicherheit und Verantwortung und vom Kreuz am nächsten Wahltag. Weitaus gründlicher und weitaus nachhaltiger wirken die Worte dieses Dichters aber bei der Behebung des Mangels an Vorstellungskraft. Denn schon von Brechts *Fragen eines lesenden Arbeiters* wie etwa:

Cäsar schlug die Gallier.
Hatte er nicht wenigstens einen Koch bei sich?
Philipp von Spanien weinte, als seine Flotte
Untergegangen war. Weinte sonst niemand?

… schon von solchen Fragen und keineswegs von den Antworten ist es nicht weit zur Vorstellung, wie etwa ein *pilum*, der römische Wurfspeer, in den Brustkorb eines gallischen Feindes eindrang und sich dort verbog, weil nach dem Kalkül der Waffenschmiede und Strategen nur seine Spitze gehärtet worden war, damit der Speer nicht bloß zum tödlichen Widerhaken, sondern auch unbrauchbar wurde für einen Gegenangriff. Und unmittelbar hinter der Frage nach den Tränen des Königs Philipp von Spanien flimmert das Bild einer unübersehbaren, über Dörfer, Städte und Küstenstriche der iberischen Halbinsel versprengten Trauergesellschaft, die der Untergang von mehr als fünfzehntausend Seeleuten und Soldaten hinterließ, als von den einhundertdreißig zur Eroberung Englands befohlenen Schiffen der spanischen Armada nach Feuerstürmen und Orkanen kaum sechzig in ihre Heimathäfen zurückkehrten.

Vermutlich, sehr geehrte Damen und Herren, sah auch ein so wunderbarer, Denken *und* Herz erschütternder Dichter wie der in einem behüteten, von Teichen und Wassergräben umgebenen Haus Ihrer Stadt geborene Bertolt Brecht nicht besonders heroisch aus, als er im Moskau des Jahres 1955 einen nach Stalin benannten *Friedenspreis* entgegennahm. Aber selbst von Bastionen der Macht, hießen sie nun Moskau, Mahagonny oder Metropolis, wußte *Ihr*, wußte *unser* Dichter schon früh:

Von diesen Städten wird bleiben: der durch sie hindurchging, der Wind!

Gewiß, Brecht hat uns nicht bloß daran erinnert, daß, was ist, nicht bleiben kann, sondern er hat uns auch Empfehlungen und Hinweise mit auf den Weg ins Verschwinden gegeben, Ratschläge, das Verhalten in ungerechten, barbarischen Gesellschaften betreffend bis hin zu Fragen wie etwa, was denn *ein Dietrich gegen eine Aktie* und was *ein Einbruch in eine Bank gegen die Gründung einer Bank* seien ... Ja, natürlich, auch unser Dichter hat Pamphlete geschrieben, Manifeste, und er hat Partei ergriffen und Beistand geleistet und sich an die Seite derer gestellt, die nicht nur keine Arbeit und kein Glück, sondern auch kein Gehör fanden, und das war gut, ja, es war oft sehr gut sogar, aber ...

Aber auch dieser Dichter war in seinen politischen Ratschlägen wohl nicht hellsichtiger als andere Wohlmeinende seiner Zeit, war vielleicht nicht klüger und irrte wohl auch nicht öfter als der nächstbeste einsichtige Mann. Eines aber hatte er seinen, um das Wohl der Menschen besorgten Zeitgenossen ganz gewiß voraus: eine unvergleichliche Poesie, mit der er selbst strategischen Gedanken einen gemäßen Platz zuweisen konnte, wenn er Dialoge, Gedichte schrieb, die an Friedfertigkeit und Tiefe den Versen jenes mythenverzauberten Weisen Lao-tse nicht nachstanden, dessen Porträt, ein Rollbild, in vielen Wohnungen Brechts der einzige Wandschmuck gewesen sein soll. Nein, dieser Dichter hat nicht allein *Furcht und Elend des Dritten Reiches*, das *Dickicht der Städte* oder *Mutter Courage und ihre Kinder* zu seinem Thema und Anliegen gemacht, sondern auch die *Verführung von Engeln* und selbst das *Sprengen des Gartens:*

Vergiß nicht das Strauchwerk, auch
Das beerenlose nicht, das ermattete
Geizige. Und übersieh mir nicht
Zwischen den Blumen das Unkraut, das auch
Durst hat.

Und, sehr geehrte Damen und Herren, kennen Sie ein Gedicht?, wenn ja, bitte ich um Nachricht, kennen Sie ein Gedicht, das eine tiefere Einsicht in den Zorn der Empörten enthält – wie gerecht und überfällig dieser Zorn auch immer gewesen sein mag – als jener vielzitierte und doch niemals verschlissene, allein den Menschen und ihrem gefährdeten Glück verpflichtete Appell des Dichters Bertolt Brecht, mit dem er sein Werk, ich weiß hier kein anderes Wort, vollendete:

Auch der Haß gegen die Niedrigkeit
Verzerrt die Züge.
Auch der Zorn über das Unrecht
Macht die Stimme heiser. Ach, wir
Die wir den Boden bereiten wollten für Freundlichkeit
Konnten selber nicht freundlich sein.

Ihr aber, wenn es soweit sein wird
Daß der Mensch dem Menschen ein Helfer ist
Gedenkt unsrer
Mit Nachsicht.

Ich danke Ihnen.

Yaak Karsunke

Ins Engagement gehen

einheitsfront, antifaschistisch

wissen Sie das schlimmste am exil
waren die mediokren figuren
mit denen man es teilen mußte diese
egozentrischen juden
die distinguiert-konservativen
antisemiten die schwulen
kokainschnupfer intolerante
katholiken & kommunisten:
jeder von ihnen ein held
bloß weil er verfolgt war

alles war plötzlich politisch
selbst die weibergeschichten
trauen konnten Sie keinem
in diesen intrigen & cliquen-
kämpfen zwischen konvertiten
& renegaten – wahrhaftig
glauben Sie mir junger mann
es war nicht einfach
in so einer gesellschaft
als deutscher im ausland zu leben

Die Panne Auf dem Internationalen Schriftstellerkongreß zur Verteidigung der Kultur im Juni 1935 in Paris verursachte ein deutscher Exilschriftsteller einen Zwischenfall, der allerdings von den meisten Teilnehmern gar nicht bemerkt bzw. als solcher erkannt wurde. Der zu diesem Zeitpunkt heftig zwischen Katholizismus und Kommunismus schwankende Gustav Regler hielt eine Ansprache, deren Pathos die Versammlung derart ergriff und überwältigte, daß sich fast alle Anwesenden erhoben und „Die Internationale“ zu singen begannen. Regler selbst war von diesem Erfolg seiner Rede völlig überrascht – noch unvorbereiteter traf ihn allerdings die Reaktion seiner Parteifreunde. Johannes R. Becher z. B. schrie ihn hinter den Kulissen an: „Du hast alles verpfuscht, du hast uns demaskiert. Jetzt ist es kein neutraler Kongreß mehr“ und drohte ihm mit einem Parteiausschluß.

Bei der Parteizellensitzung vier Tage später wurde Regler dann immerhin eine „ernsthafte Rüge“ erteilt. Seinen Einwand, die Internationale sei spontan angestimmt worden, wischte Anna Seghers beiseite: „Das ist sentimentaler Quatsch, wir reden hier von einem Problem der Taktik.“ Der Parteifunktionär Alexander Abusch bekräftigte diese Sicht der Dinge mit dem Verdikt: „Wir sind in einer Periode der Tarnung. Wer die Tarnung aufdeckt, ist ein Konterrevolutionär.“ Über die Reaktionen weiterer Genossen berichtet Regler in seinem autobiografischen Bericht *Das Ohr des Malchus*: „Egon Erwin Kisch, der Reporter, schien die Sprache etwas gewalttätig und hysterisch zu finden; er hob die Schultern. Alfred Kantorowicz plitzte nervös an seinen Fingern und überlegte, ob er sich opfern und mich verteidigen sollte. Kurt Stern, mein Nachbar in dem Wohnblock in der Vorstadt, sah mich mit einem tröstenden Blick seiner pechschwarzen Augen an.“

Die Fälschung Zwei der bei Regler Genannten bearbeiten knapp zwei Jahre später einen anderen „Abweichler“, der sich weigert, an einem politischen Rufmord mitzuwirken. Die am weitesten verbreitete deutsche Exilzeitschrift, das seit 1933 in Paris erscheinende *Neue Tage-Buch*, hatte um die Jahreswende 1936/37 begonnen, sich kritisch mit dem ersten Moskauer Schauprozeß vom August 1936 auseinanderzusetzen. Insbesondere zog das von Leopold Schwarzschild herausgegebene Blatt den Wahrheitsgehalt der Geständnisse der dort Angeklagten in Zweifel und stellte Spekulationen über deren Zustandekommen an, ein Artikel Anfang Februar hielt Hypnose oder Drogen-Einfluß für möglich. Daraufhin erhielt – und veröffentlichte – die Zeitschrift einen Leserbrief, in dem ein ehemaliger Chef der Straßburger Universitätsklinik diesen Verdacht medizinisch untermauerte.

Das Schreiben war, wie sich in der Folge herausstellte, eine Fälschung, außerdem enthielt es einige Sätze, die ein paar Wochen vorher in einer Berliner Nazi-Zeitung gestanden hatten – was der Emigrant

Schwarzschild nicht gewußt hatte. Für die kommunistischen Urheber dieser Intrige war aber mit dieser Vorveröffentlichung Schwarzschild als Agent von Goebbels „entlarvt". Er wurde in der Parteipresse als „Engagiert bei Hitler" (*Deutsche Volkszeitung*, Prag, 7. März 1937) denunziert, und auch der kommunistisch dominierte „Schutzverband Deutscher Schriftsteller im Exil" in Paris sollte eine entsprechende Erklärung verabschieden. Unter den Vorstandsmitgliedern, die das Pamphlet nach Satzung einstimmig billigen mußten, befand sich Hans Sahl – der seine Unterschrift verweigerte.

Wieder war es Anna Seghers, die dem irrenden Genossen die Leviten las, anstelle von Johannes R. Becher drohte diesmal der Arbeiterschriftsteller Hans Marchwitza dem Abweichler, allerdings nicht mit dem Partei-Ausschluß, sondern gleich mit dem Laternenpfahl. Sahl blieb jedoch standhaft, warnte Schwarzschild und half so, das Komplott aufzudecken. Nachdem er bereits aus dem SDS ausgetreten war, unternahm Egon Erwin Kisch einen letzten Versuch, ihn wieder zurück und „auf Linie" zu bringen. Als Sahl diesen Vorschlag ablehnte, beschimpfte ihn Kisch als „das Schlimmste, das einer Partei passieren kann, du bist ein … ein" – dann fehlte ihm offenbar der treffende Ausdruck. Sahl selbst schlug „ein Konterrevolutionär, ein Lakai der Bourgeoisie" vor, aber das Wort, das Kisch suchte und endlich hervorstieß, war ein anderes: „Du bist ein Wahrheitsfanatiker!" brüllte er Sahl an.

Rollenspiel Schauspieler gehen „ins Engagement", wenn ein Theater sie unter Vertrag nimmt, damit sie dort (wenn es nach ihnen geht: möglichst große) Rollen spielen. Auch der Schriftsteller, der sich engagiert, übernimmt eine öffentliche Rolle: als politischer Kämpfer, vielleicht gar als politischer (Meinungs-)Führer.

Die Rolle ist deshalb reizvoll, weil sie gegenüber der Unsicherheit der künstlerischen Existenz und Produktion eine neue Gewißheit verspricht. Die literarische Arbeit wird immer auch von Zweifeln begleitet und ist nie völlig zu rechtfertigen – die politische Parteinahme erscheint dagegen als unzweifelhaft richtig und gesellschaftlich nützlich. Ein weiterer Vorteil liegt darin, daß man die eigene, real ja häufig und bitter erfahrene politische Machtlosigkeit nun durch das Bewußtein (die Illusion) kompensieren kann, sich in eine größere und machtvolle Bewegung oder Front einzureihen. Weniger edel, aber nicht minder real ist ein drittes Motiv: die Befriedigung der persönlichen Eitelkeit. Über den Bedeutungsverlust, den Künstler in der Öffentlichkeit erlitten haben, tröstet die Aufmerksamkeit, die sie mit politischen Aussagen erregen.

Das hat zu Teilen eine Verkehrung der ursprünglichen Mechanik des literarischen Engagements bewirkt. Als Émile Zola gegen Ende des 19. Jahrhunderts publizistisch in die Affaire um den zu Unrecht wegen Verrats verurteilten Hauptmann Dreyfus eingriff, warf er das Gewicht seines durch literarische Arbeit erworbenen Namens in die politische Waagschale: heute hingegen hat man verschiedentlich den Eindruck, daß Autoren durch besonders originelle oder provokante politische Stellungnahmen genau jene Bedeutung bzw. Beachtung zu gewinnnen versuchen, die sie mit ihrer künstlerischen Arbeit schon seit längerem nicht mehr erringen konnten.

Doch auch ein von solchen Spekulationen freies Engagement birgt für einen Schriftsteller einige Gefahren in sich. Es verlockt z. B. dazu, eine Haltung einzunehmen, die irgendwo zwischen einem Missionar der Guten Sache und dem alten Doktor Allwissend angesiedelt ist: ein Wahrheitsverkünder fern der Vorsicht, dem Tasten, dem Suchen und Fragen, die für die literarische Arbeit unabdingbar sind. Insbesondere der politischen Linken nahestehende Autoren zeichnen sich bis heute häufig durch eine gewisse Einäugigkeit aus: gegen kapitalistische Demokratien schnell mit dem Faschismus-Vorwurf bei der Hand, werden Diktaturen mit sozialistisch-kommunistischem Anstrich traditionell verständnisvoller betrachtet.

Politisch interessierte Schriftsteller könnten heute ihr Engagement vielleicht am besten in literarischen Arbeiten entfalten, die nicht mehr mit der Selbstgewißheit des Agitprop den Gegner verteufeln und die eigene Sache schönfärben, sondern sich den Fragen stellen, die die Geschichte des politischen Engagements der eigenen Profession im 20. Jahrhundert aufgeworfen hat. Es ginge dabei nicht darum, eindeutige Antworten zu finden – wir sollten nur ein Bewußtsein dafür entwickeln, wie fragwürdig einige uns lieb gewesene Methoden mittlerweile geworden sind.

vor den alten altären

daß auch die linke
ihre schlachthäuser hatte
– können wir darüber reden:
über parteisäuberungen
folterkeller & lager
schauprozesse verbannung
& massenexekutionen

könnten wir uns
darauf verständigen daß
auch denunzianten
killerkommandos
& die genickschußfraktion
zu unserer
geschichte gehören

oder halten wir uns
weiterhin an das bewährte:
die inquisitions-scheiterhaufen
für hexen & ketzer
die verheerenden raubzüge der
imperialistischen mächte
durch die unterjochten kolonien

die blutspur des kapitalismus
in den proletarischen vierteln
den weißen terror
die unbeschreiblichen greuel
der konterrevolutionäre sowie
die völlig einmaligen
verbrechen der nazis

István Eörsi

Der Preis des Engagements

Majakowski meint, daß in jedem Gedicht die Absicht der Agitation verborgen sei. Wenn ein Poet die Zeile „Allein durchschreite ich den Wald" kummervoll aufs Papier wirft, dann will er ein oder vielleicht sogar mehrere Mädchen dazu überreden, mit ihm in den Wald zu gehen. Das ist natürlich ein Witz, aber wer sollte es widerlegen? Der Dichter kann damit rechnen, daß er die gewünschte Wirkung erzielt, wenn er die Qualen seiner Einsamkeit künstlerisch und leidenschaftlich zum Ausdruck bringt.

Das Erfordernis der Leidenschaft ist das Sine qua non der Dichtkunst. Die Leidenschaft kennt keine stilistischen Kriterien und ist auch in erster Linie nicht am Stil erkennbar, sondern an der Relation des Dichters zu seinem Gegenstand. Jede normale Relation kann Leidenschaft wecken. Als normal bezeichne ich alles, was ein normaler Leser nachzuvollziehen vermag. Das Liebesgedicht, das der Dichter an eine Kuh richtet, rührt nicht an die allgemeine Erfahrung der Menschen, selbst in solchen Kulturen nicht, in denen das Rind in hohen Ehren steht und, sagen wir, als Göttin angebetet wird. Die auf Hitler oder Stalin verfaßten Oden können, selbst wenn ihnen ein aufrichtiger Impuls zugrunde liegt, vom normalen Leser nicht nachvollzogen werden, weil die Erfahrungen der Menschheit den in diesen Gedichten ausgedrückten Erlebnissen und Wertsetzungen kraß widersprechen. Wir können nicht einmal sagen, wie wunderbar diese Goebbels-Ode ist, schade, daß sie nicht von Giordano Bruno handelt – die inhaltlichen Parameter des ästhetischen Wohlgefallens sind nämlich nicht austauschbar.

Gegenstand der Leidenschaft können unter anderem die Todesangst, die Liebe, die Einsamkeit, die Schönheit der Natur, geistige Freude und Risiko an der Verspieltheit sowie die zahlreichen Geheimnisse und Wunder der Sprache und der Natur sein. Auch das Denken kann zum Gegenstand der Leidenschaft werden, worauf zum Beispiel Brechts „Galilei" und viele seiner späten Epigramme gründen. Den ästhetischen

Wert und Nutzen dieser Gefühle pflegen die Literaturwissenschaftler nicht in Zweifel zu ziehen, lediglich die angebliche Trockenheit des Rationalismus strafen sie gegebenenfalls mit Geringschätzung. In bestimmten Zeiten tut man jedoch die politische Leidenschaft und Engagiertheit als kunstfeindliche Prinzipien ab. Der politischen Dichtung haftet dann die Etikette des politischen Tendenz-Journalismus an, eines Terrains, auf dem der Dichter nicht den Ausdruck seines eigenen Wesens, sondern die Durchsetzung augenblicklicher Interessen anstrebe.

Was wäre, wenn wir anstelle von „politischer Dichtung" von jener Leidenschaft sprächen, die aus bestimmten Menschen Narren der sozialen Gerechtigkeit macht? Nachweislich gibt es Menschen, nicht nur unter den Künstlern, die an den sozialen Ungerechtigkeiten verrückt werden und alles unternehmen, damit die Welt gerechter werde. Wenn diese Menschen dann auch noch Künstler sind, nimmt ihre Leidenschaft eine ästhetische Form an und wird zum Kunstwerk. Am Ursprung des europäischen Dramas gibt uns dafür der „Prometheus" des Aischylos ein bis heute unüberbotenes Beispiel. Prometheus, an den Fels gekettet, vom Adler gemartert, verhöhnt Hermes, den dandyhaften Boten des Zeus, der ihm im freien Schwebflug, elegant und im sicheren Bewußtsein seiner ungeheueren Position mit Drohungen und Versprechungen das den Obergott bedrohende Geheimnis entlocken möchte. Prometheus hat aber trotz seiner furchtbaren Qualen nichts als Verachtung übrig für die dienstfertige Seele und bleibt unbeugsam. So begann das europäische Drama, und diese, den anderen auch ästhetisch ebenbürtige Leidenschaft findet seit 2500 Jahren immer wieder von neuem ihre Aischylos würdige Gefolgschaft.

Was ist der Grund dafür, daß dennoch die der Gerechtigkeit verpflichtete Kunst gegenwärtig in der Defensive ist, daß oft sogar ihre schiere Existenzberechtigung in Zweifel gezogen wird? Die Hauptursache liegt darin, daß die großen, zusammenhängenden Weltanschauungen ihre Glaubwürdigkeit verloren haben. Den Gnadenstoß versetzte ihnen der Zusammenbruch der Sowjetunion. Seitdem ist der Sozialismus nicht einfach nur krank, sondern ein toter Hund, der unfähig ist, eine Alternative zur Marktwirtschaft anzubieten, die alles in Waren und quantitative Verhältnisse umwandelt. Der Liberalismus, der sich bleibende Verdienste um die Durchsetzung der politischen Bürgerrechte erworben und die Menschenrechte aufs Schild gehoben hatte (unter die er freilich das Recht auf Nahrung oder Wohnraum nicht zählte), verflachte – nicht im Werk seiner bedeutendsten Vordenker, sondern in der Alltagspraxis – zur Ideologie der Weiterverbreitung von Ungleichheit. Liberale Publizisten blicken zufrieden auf unsere Welt, die die beste aller Welten ist, und interessieren sich nicht dafür, daß in der Dritten Welt jährlich vier Millionen Kinder am Hunger sterben und daß in Afrika 35,5 Prozent der Kinder AIDS-krank sind. Das Christentum wiederum existiert als politische Ideologie nicht einmal – erst wenn irgendwann ein christlicher Politiker die Geldwechsler (das heißt die Banker) aus der Kirche jagt und ein christlicher Parteiführer erklärt, daß die Reichen schwerer vom Jammertal ins Paradies gelangen als ein Kamel durchs Nadelöhr, werden wir von einer christlichen politischen Weltanschauung sprechen können.

Die zivilisierte Menschheit zeigte sich zu meiner größten Überraschung erleichtert, daß sie die politischen Ideologien loswurde, und will im weiteren auch nichts mehr davon hören. Die Globalisierung, in ihrer derzeitigen Form, ist das Mittel der allgemeinen Gleichschaltung und zieht auch die zertrümmerten Ideologien über denselben Leisten. Unter diesen Umständen brauchen sich die Künstler nicht mehr mit der Abbildung irgendeiner Gerechtigkeit abzurackern, sondern streben statt dessen nach immer interessanter und origineller wirkenden Effekten. Zu diesem Zwecke entledigen sie sich des uralten Prinzips, wonach die geschehenen Dinge Konsequenzen haben. Darauf beruhte die Theorie der Katharsis, die sich auf die Auslotung der menschlichen Folgen von Taten konzentrierte. Heute hingegen kann alles passieren: ein im zweiten Aufzug zu Tode getrampelter kleiner Junge vermag im dritten in der Gestalt einer vollbusigen Frau zurückzukehren. Wenn es keine ehrwürdigen Ideale gibt und die Taten keine Folgen haben, hat das Wort „Gerechtigkeit" keinen Sinn mehr und wird die Treibjagd nach Gerechtigkeit zum Tschimborasso der Unsinnigkeit. Nach dieser Logik ist der engagierte Künstler allein schon deshalb unzeitgemäß, weil auf der ganzen Welt rein gar nichts zu finden ist, dessen sich unser Engagement annehmen könnte.

Soweit die abstrakt-allgemeine Geschichte, der jedes Land und jede Kultur die eigenen Erfahrungen hinzufügt. In Ungarn zum Beispiel feierten nach 1945 fast alle Schriftsteller die Ankunft der neuen Welt. Mit dieser Feierei wagten sie selbst nach 1949 nicht aufzuhören, obwohl zu diesem Zeitpunkt die Kommunisten mit sowjetischer Hilfe schon das Machtmonopol an sich gerissen und mit den gnadenlosesten stalinistischen Methoden – Zwangskollektivierungen, Schauprozessen, Folterungen, mit der Aufzwingung einer Parteistaats-Ideologie und der dazugehörigen Riten – das Leben zur Hölle gemacht hatten. Die Schriftsteller bemerkten es langsamer – auch ich tat mich zwischen Herbst 1951 und Sommer 1953 mit stalinistischen Gedichten hervor, für die ich sogar Auszeichnungen erhielt – und feierten weiter die Grauenhaftigkeit, bis die Fakten und die von den Fakten verursachte Scham auch sie gegen die Herren des Systems aufbrachten. Die Revolution von 1956 wäre nie ohne die Scham der Intellktuellen ausgebrochen, die sich aus der Erkenntnis nährte, daß wir nicht nur Opfer, sondern auch Stützen des Jahre hindurch tobenden Schreckens gewesen waren.

Die politisch inspirierte Literatur jener Zeit hatte natürlich nichts mit Gerechtigkeit zu tun. Deshalb ist es kein Wunder, daß die politische Lyrik in Ungarn ihre Glaubwürdigkeit verlor, obwohl die großen ungarischen Dichter der Vergangenheit praktisch ausnahmslos Besessene der sozialen Gerechtigkeit gewesen waren. Nachdem man die Revolution im Blut ertränkt hatte, machte der neue Diktator, János Kádár, den Künstlern ein Angebot: wenn sie ihn und sein System nicht verunglimpfen, brauchen sie sie auch nicht zu lobpreisen. Kádár wollte nämlich die Gesellschaft entpolitisieren, weil er im Laufe der Revolution erkannt hatte, daß es für ihn gefährlich wäre, wenn die Menschen die Versprechen des Sozialismus mit dem sozialistischen Alltag verglichen. Den Künstlern wiederum kam dieses Angebot gerade recht. Nicht nur, daß sie das System nicht mehr zu rühmen brauchten, konnten sie nun mit gutem Gewissen ihre Themen aufarbeiten – selbst Anti-Sozialisten konnten sie sein, solange sie nicht darüber sprachen. Nur einige Tabus galt es zu respektieren, und jene unter den talentiertesten Schriftstellern, die sich für diese Tabus künstlerisch nicht interessierten, vermochten mit gutem Gewissen ein bleibendes Lebenswerk zu schaffen. Die Literaten wollten ohnehin ihr von der Staatsmacht erzwungenes und von Selbstbetrug getragenes „Engagement“ vergessen, welches zwischen 1949 und 1953 unter dem Markennamen der „kommunistischen Parteilichkeit“ in Ungarn getobt hatte. So konnten sie sich nun einreden, daß Kádárs Angebot allein schon deshalb akzeptabel sei, weil die Politik aufgrund ihres Wesens der Kunst fremd wäre. Nachdem ich 1960 aus dem Gefängnis entlassen worden war, wo man einen meiner besten Freunde aufgehängt hatte und ich ohnehin schwer zu ertragende politische Erlebnisse bewältigen mußte, zeigte ich meinen alten Freunden meine neuen Gedichte, worauf diese mich mit ungläubigen Augen anstarrten, als ob ich auf einem anderen Stern wohnte. Da ich meine Gefängniserfahrungen und das wichtigste Ereignis in meinem Leben, die Revolution, nicht auf unpolitische Weise aufzuarbeiten vermochte, geriet ich für Jahrzehnte an die Peripherie des literarischen Lebens. Das größte Hindernis für die Herausbildung eines leidenschaftlichen Engagements für die Gerechtigkeit war also in Ungarn der Umstand, daß dieses nicht mit dem gesellschaftlichen Kuhhandel vereinbar war, den die Staatsmacht mit den Künstlern geschlossen hatte.

In Deutschland setzte nach der Niederlage der Studentenbewegung von 1968, wenn ich dies richtig sehe, ein ähnlicher Prozeß ein wie in Ungarn nach der Niederschlagung der Revolution von 1956. Wenn eine rebellierende Gesellschaft einsehen muß, daß sie mit gewaltlosen Mitteln keine wesentlichen Veränderungen zu bewirken vermag, dann greift ein Bruchteil der Rebellen zu gewalttätigen Mitteln, während die meisten anderen entweder verbittern und auf eine aktive gesellschaftliche Rolle verzichten oder langsam, aber sicher ihre revolutionären Vorstellungen, ja selbst ihre radikalen Reformansprüche aufgeben und sich graduell in jene Struktur einpassen, die sie bislang verachteten. Im Extremfall steigt der eine oder andere ins Führungspersonal dieses Gebildes auf, sagen wir in die Funktion des Innenministers. Wenn diese allgemeine Saulus-Paulus-Wandlung um sich greift, gerät die engagierte Poesie in die Defensive. Meist streitet man ihren Autoren Talent und gute Absicht gleichermaßen ab.

Thomas Mann charakterisierte die Zeit des Hitlerismus folgendermaßen: „Hitler hatte den großen Vorzug, eine Vereinfachung der Gefühle zu bewirken, das keinen Augenblick zweifelnde Nein, den klaren und tödlichen Haß. Die Jahre des Kampfes gegen ihn waren moralisch gute Zeit." Diese Ära erleichterte es nämlich den Menschen, einen Unterschied zwischen Gut und Böse zu treffen.

„Das Böse hat sich uns in einer Nacktheit und Gemeinheit offenbart, daß uns die Augen aufgegangen sind für die Würde und schlichte Schönheit des Guten." In unerträglichen Zeiten wird also das Engagement zum moralischen Gradmesser der eigenen Haltung. Nur daß auch die erträglichen Zeiten nicht für jedermann erträglich sind. Selbst Thomas Mann sah das schon ein, als er in seiner Studie „Das Problem der Freiheit" aus dem Jahr 1939 an Stelle der liberalen eine soziale Demokratie forderte. Wir können freilich nur ahnen, was er darunter verstand. Wahrscheinlich verfügte er über keine konkreten Vorstellungen, sondern nur über Hoffnungen und Wünsche, was ich auch von mir und anderen, mir bekannten zeitgenössischen Kritikern des Kapitalismus behaupten kann. Doch Thomas Mann wünschte sich dermaßen eigensinnig diesen Wandel von liberal zu sozial, daß er die Gleichsetzung von Liberalismus und Freiheit als „eine Vorspiegelung des Faschismus" bezeichnete. Wenn nur irgendeine Art Symbiose von Freiheit und sozialer Gerechtigkeit eine menschenwürdige gesellschaftliche Ordnung zu gewährleisten vermag, dann müssen wir uns auf einen abenteuerlichen, von Erfahrungen des Scheiterns begleiteten, langen Weg gefaßt machen. Das schöne und anstrebenswerte Ziel liegt in unerreichbarer Ferne, weshalb wir vorerst nur auf den künstlerischen Ertrag unseres praktischen Scheiterns vertrauen können. Dies ist der Preis des Engagements in Zeiten, die sich vor Idealen sträuben.

Aus dem Ungarischen von Gregor Mayer

Julia Franck

Politik und Literatur

Eines der Bilder, die ich seit meiner Kindheit kenne, ist eine schwarzweiße Fotografie von Erich Fried. Das inzwischen vergilbte Kalenderblatt hängt noch heute bei meiner neunzigjährigen Großmutter. Zuerst klemmte es im Flur an einem kleinen Wandteppich, während der siebziger, achtziger, neunziger Jahre harrte es dort aus. Seit einigen Jahren nun hängt es in ihrem Schlafzimmer gegenüber dem Bett lose an der Wand, ungerahmt, neben den ebenfalls ungerahmten anderen Heiligenbildern, den Bildern ihres jugendlich verstorbenen Sohnes und dem des von ihr geliebten Mannes – sie war mehrmals verheiratet, aber geliebt hat sie einen Maler, von dem sie zwar zwei ihrer drei Kinder bekam, den sie aber aufgrund der Rassengesetze nicht heiraten durfte.

Fast niemand kommt in ihr Schlafzimmer, außer ihr Hund Bunin, sie selbst und der neugierige Blick der Enkelin, die heimlich die Tür aufstößt, in der Hoffnung und Erwartung, dort den Altar ihres Herzens zu sehen. Die Bilder zeigen ausschließlich tote Menschen, die einzigen Frauen unter ihnen sind ihre jüdische Mutter und Rosa Luxemburg. Die Männer, die meine Großmutter verehrt, sind meist Freunde oder gute Bekannte gewesen – darunter ihr Jugendfreund Ernst Jablonski, ihr Sohn, ihr geliebter Mann, ihr ältester Bruder, der '36 nach Amerika emigrierte, und auch die Schriftsteller Heiner Müller, Karl Mickel und Erich Fried. Erich Fried wurde einfach Erich genannt. Es sind Männer mit Haltung – nur solche kann sie verehren. Nicht bloß die eigene Haltung, die politische und die daraus unmittelbar abgeleitete in jedem noch so privaten Winkel eines Lebens menschlich aufrechte ist ihr wichtiger als Blutsverwandtschaft und Religion. Auch um die Haltung ihrer Nächsten ist sie auf feurigste Weise besorgt.

Für Kinder hatte meine Großmutter nie viel übrig, oft mußten wir bemerken, wie sehr sie unseren Müßiggang verachtete. Das frohlockende Spiel um nichts, die bedenkenlose Lust an Ritterspielen und Tagträumen waren ihr zutiefst suspekt. Im Winter, ich war gerade sechs Jahre alt geworden, besuchten wir sie. Nachmittags glaubte ich mich allein im Haus, meine Großmutter war unten in ihrem neuen Gartenatelier, ich hörte das Pickeln auf dem Sandstein, kleine Pausen, in denen sie wohl überlegte, ob sie die Nase schmaler oder die Schulter etwas ausgeprägter hauen sollte, sie stand vielleicht auf ihrem Hocker, um an den Kopf ihrer Skulptur zu reichen, meine Mutter war mit den Schwestern alte Freunde auf der gegenüberliegenden Straßenseite besuchen, und ich nahm auf einem der ausladenden Sofas Platz. Immer wieder drangen einzelne Klänge von Streichern und einem Klavier zu mir herauf, meine Großmutter hörte Musik, während sie arbeitete. Lustvoll griff ich eins der Bücher aus dem hohen Regal unmittelbar neben mir, legte die Beine hoch und streckte mich der Länge nach aus. Ich entzifferte Buchstaben und Worte, die ich gerade erst gelernt hatte, das Buch gefiel mir, und doch dämmerte ich in dieser Nachmittagsstunde über dem Buch weg. Eine Tür klappte, ich schreckte hoch, und vor mir stand meine Großmutter. Diese Faulenzerei, sie schnappte nach Luft, davon werde man ganz meschugge, ich wolle doch nicht etwa mein halbes Leben verschlafen und nichtstuend auf dem Sofa liegen? Verlegen richtete ich mich auf. In der Küche warte der Abwasch, das Altpapier müsse weggebracht werden, und wenn ich wirklich mal was Nützliches tun wolle, dann könne ich schon mal den Fisch fürs Abendessen ausnehmen. Und übrigens: Bücher seien zum Lesen da, nicht zum Schlafen. Heimlich, und ich würde gern sagen liebevoll, nannten wir unsere Großmutter einen Drachen. In diesen Augenblicken sehnten wir uns nach Großmüttern anderer Leute, solchen, die auch einmal einen Kuchen buken, Strümpfe strickten und gar ihre Enkel liebkosend auf ihren Schoß zogen. So war sie nicht. Es gab keine Berührungen zwischen ihr und mir.

Meine Mutter feierte die Feste, wie sie fielen, und erregte damit durchaus den Zorn meiner Großmutter. Nicht etwa, weil sie christliche Feste feierte, sondern weil meine Großmutter den damit verbundenen Konsum abscheulich fand. Zum Osterfest im selben Jahr hatte meine Mutter mit Freunden den halben Tag Ostereier versteckt und den anderen halben mit uns gesucht. Besucher aus dem Westen hatten unzählige Schokoladeneier mitgebracht. In einem lieblichen Tal bei Berlin, in Astgabeln und Baumstümpfen, unter Büschen und an Wegesrändern – überall suchten wir nach den ausgeblasenen, selbstbemalten Eiern und denen aus Schokolade, bunt eingeschlagen in Staniolpapier.

Erschöpft und selig kehrten wir am Abend bei meiner Großmutter ein, wir sollten bei ihr schlafen. Sie war nicht gerade gut gelaunt. Um sie aufzumuntern, zeigten wir ihr unsere Schätze. Doch die Großmutter konnte sich kein Lächeln abringen. Entschlossen nahm sie meinen Schwestern und mir die Körbchen ab. Auch die Hosen- und Jackentaschen sollten wir vor ihren Augen leeren. Alle Süßigkeiten wurden eingesammelt und oben auf den großen Wäscheschrank verbannt. Dort, sprach der Drache, würden die Süßigkeiten über Nacht liegenbleiben. Wir hätten offensichtlich den ganzen Tag nichts als Schokolade gegessen, sollten schleunigst unsere Münder waschen gehen, und am nächsten Morgen wolle sie gleich früh mit uns zu einer Bäckersfamilie mit sieben Kindern fahren. Nachts hörte ich dann ein Kraschpern, meine kleine Großmutter stand im Nachthemd auf Zehenspitzen vor dem Wäscheschrank und reckte sich. Ich fragte mich, ob es ein Kauen war, was ich da hörte, ein Schmatzen? Aber ich fürchtete mich so sehr vor meiner Großmutter, daß ich sie nicht ansprechen konnte, und am nächsten Morgen nahm ich an, daß es ein Traum gewesen war.

Wir saßen auf der Rückbank ihres Lada Kombi, hinter uns im Kofferraum wachte Bunin über eine Nähmaschine, Bücher und unsere Körbchen voller Süßigkeiten. Der Bäcker konnte aufgrund einer schweren Erkrankung nur noch wenig arbeiten, und trotz Sozialismus war die Großfamilie auf dem besten Wege zu verarmen. Deshalb fuhr meine Großmutter hin und wieder zu ihnen, brachte mal ein paar Nahrungsmittel, mal Kleider – diesmal eine Nähmaschine, Bücher und als kleines Extra: unsere Ostereier. Während meine Großmutter am Steuer fröhlich ihre Lieder sang, saßen wir auf der Rückbank, tauschten Blicke, preßten vielsagend unsere Knie gegeneinander und waren empört. Einmal hielt sie inne, sie wolle uns mal etwas über die Verhältnisse in der Welt sagen. Es war die Rede von den vielen Kindern, die Hunger leiden, die verfolgt und gefoltert wurden – und schließlich sagte sie uns: Und wir hier, wir leben in einem der reichsten Länder der Erde. Ihr denkt, es ist selbstverständlich, daß ihr genug zu essen bekommt und ab dem Sommer ganz kostenlos eine Schule besuchen dürft? Ihr solltet euch schämen für die ganze Schokolade, der Westen produziert nichts als Überfluß, jetzt könnt ihr mal teilen lernen. Vermutlich sagten wir etwas, wir galten als ungezogen, vielleicht sagten wir, daß wir dafür ja nichts können, und sie entgegnete streng, man könne und solle vor allem sich in keiner Lebenslage aus der Verantwortung schummeln, sie wolle uns mal etwas aus ihrer Jugend erzählen.

Meine Großmutter wurde 1915 als Sprößling einer großbürgerlichen intellektuellen Familie im Berliner Westend geboren, ihr Vater leitete als einer der wichtigsten Chemiker des Landes die Forschungslaboratorien der Stickstoffwerke, die Mutter war eine Jüdin aus gutem Hause, der Großvater war Philipp Franck, ein bedeutender zeitgenössischer Maler und Direktor der Königlichen Kunsthochschule Berlins.

1931, meine Großmutter ging noch unbescholten im vornehmen Westend zur Schule, folgte sie 16jährig ihrem zwei Jahre älteren Freund Ernst Jablonski in den Norden Berlins, wo dieser den Kindern armer Familien ohne irgendeine Gegenleistung Stunde um Stunde, Woche um Woche Lesen und Schreiben beibrachte. Meine Großmutter erzählte uns, daß sie vom Anblick der Armut tief erschüttert war, sie fiel aus ihren großbürgerlichen Wolken. Zu Hause wurde bei Tisch nur französisch gesprochen, kümmerte sich ein ganzer Stab von Kindermädchen, Köchin, Haushälterin um die Familie von Herrn Professor Franck – während diese Kinder hier keine Schuhe und keinen Stift zum Schreiben hatten, nur wenige Klassen konnten sie besuchen, um dann ihre Tage zwischen Müllbergen auf der Straße mit Arbeit und Diebstahl zu verbringen. Bei ihrem Vater bettelte meine Großmutter nun um Geld, das sie den Kindern im Wedding bringen wollte. Wo sie es nicht bekam, nahm sie es heimlich. Seither könne sie nicht anders, als armen Menschen zu helfen. Sie wurde Kommunistin. Ihr Freund Ernst Jablonski, der sie 1931 mit in den Berliner Wedding genommen und damit die wohl entscheidenste Weiche ihres Lebens gestellt hatte, emigrierte bereits '33 nach Frankreich und wurde unter dem Namen Ernest Jouhy einer der namhaftesten Reformpädagogen seiner Zeit. Meine Großmutter hatte noch Anfang der dreißiger Jahre in Würzburg eine Steinmetzausbildung gemacht und war in Berlin als Meisterschülerin für Bildhauerei angenommen worden, bevor ihr gesagt wurde, daß Frauen wie sie nicht mehr studieren dürften. Sie mußte erkennen, daß sie in Deutschland als Tochter einer Jüdin überhaupt keine Zukunft haben würde. Ihrem Vater wurde 1937 nach mehr als zehn Jahren aus „politischen Gründen“ (er hatte eine jüdische Ehefrau) die Professur an der TU in Berlin entzogen, zwei Jahre später wurde er dann aus den Stickstoffwerken entlassen, deren Leiter er seit 1921 gewesen war. Trotzdem blieb er für Deutschland tätig. Während seine jüdische Frau mit einem Schutzbrief an der Seite ihres Mannes Hitler und den Krieg in Berlin überlebte, machten sich die vier Kinder – so gut es ging – auf und davon.

Entgegen guter Ratschläge, das Angebot nach Amerika zu emigrieren ausschlagend, machte sich meine Großmutter auf nach Italien. Sie wollte die Werke von Michelangelo und Raffael sehen. Nach ihrer Rückkehr aus dem Exil, zog sie Anfang der fünfziger Jahre in den russisch besetzten Teil Berlins. Da wo Brecht und Anna Seghers sich zusammenfanden, wollte auch sie am Aufbau einer „besseren Welt" beteiligt sein. Sie schuf Denkmäler für den sich aufrichtenden Menschen, für Widerstandskämpfer, für die Arbeiter. Überraschend entstand alle paar Monate eine Skulptur, die von nichts kündet und nichts will. Die liegende runde Frau, die ihre Arme aufgestützt und ihren Kopf in die Hände gelegt hat und einfach nur schön ist und träumt. Die muß ich streicheln, über Schulter und Po, und dann sage ich zu meiner Großmutter: Die ist schön. Meine Großmutter zuckt zusammen, als hätte ich nicht die Liegende sondern sie gestreichelt. Sie faucht leise und schnaubt, ein Drache, der ungehalten mit dem Schwanz schlägt, mit der Hand wirft sie mein Lob auf die Schöheit fort. Lieber spricht sie über ihre Idee zum nächsten Denkmal.

An diesem Ostermontag 1976, als wir unsere Beute teilen sollten, standen wir mit unseren Körbchen im Hof. Die sieben Kinder umschlichen uns zögerlich, sie wurden von den Erwachsenen ermuntert, uns unsere Körbchen abzunehmen. Doch sie trauten sich nicht, die Finger auszustrecken. Wir wurden aufgefordert, sie ihnen zu geben und streckten lediglich die Arme mit den Händen mit den Körbchen weit von uns, nahmen einzelne Eier heraus und hielten sie den Kindern entgegen. Irgendwann griff einer zu, der Zweitjüngste und, wie freundlich gesagt wurde, der Frechste, er nahm ein Ei nach dem anderen, manchmal gab er eins ab. Silvana, die Schüchterne mit dem schönen Namen, bekam erst eins, als der älteste Bruder es vom Zweitjüngsten erjagte und ihr brachte. Meine Zwillingsschwester und ich standen dann da, die Hände in den leeren Hosentaschen, verlegen, weil die Kinder mit uns ebenso wenig anfangen konnten und wollten wie wir mit ihnen. Hin und wieder strichen wir Bunin, der zwischen allen Kindern hin und her lief, als könne er uns so zu einer Gruppe machen, über den Rücken und bissen uns auf die Unterlippe. Wir warteten darauf, daß unsere Großmutter aus der engen Stube herauskommen würde und uns wieder in ihren Lada einsteigen ließ.

In einer Biographie von Erich Fried las ich: „mit 6 Jahren erste Gedichte und erste politische Wahrnehmungen. 1938 nach Ermordung des Vaters durch die Gestapo Flucht nach London." Ein halbes Jahrhundert nach Frieds Geburt war die Flucht vor einem Naziregime nicht mehr notwendig. Dagegen beantragte meine Mutter über viele Jahre immer wieder neu die Ausreise aus der DDR. Damit verbunden waren Berufsverbot, etliche Verhöre und Bespitzelungen. Etwa um diese Zeit hat meine Großmutter Erich Fried im Rahmen einer Veranstaltung kennengelernt, sie freundete sich mit ihm an und besuchte ihn und seine Frau später einmal in London. 1978 erhielt meine Mutter die legale Bewilligung und obligatorische Aufforderung, mit ihren vier Töchtern den Staat zu verlassen. Es ging in die Freiheit, den Westen. Dort lebten wir das erste dreiviertel Jahr in dem Notaufnahmelager Marienfelde hinter einer Mauer, inmitten einer Stadt mit einer Mauer inmitten eines Landes mit einer Mauer drumherum. Ich erinnere mich, wie das Kind, das ich war, triebhaft viele Stunden am Tag über viele Wochen, viele Monate, viele Jahre auf leere Seiten schrieb. Es schrieb Geschichten ohne irgendein politisches oder literarisches Engagement, sondern wohl eher aus einer inneren Notwendigkeit.

Ich mußte Anfang zwanzig werden, bis mir Fragen einfielen und mit jeder Frage deutlicher wurde, wieviel in meiner Familie noch nicht erzählt worden ist. Jede Erzählung meiner Großmutter gerät zu einer Heldengeschichte, märchenhaft, schön und unglaubwürdig zugleich. Ich staune und glaube schwer, frage ich nach, antwortet sie ungern anders und wird ungehalten, wenn ich hinterfrage. Trotzdem weiß ich, daß sie es war, die uns die Möglichkeit und wohl auch Notwendigkeit vermittelte, die Verhältnisse in Frage zu stellen. Unbefangenheit und Neugier sind es, die respektlos erscheinen mögen, für mich kennzeichnen sie das Wesen von Respekt, und erst das Fragen hat mir meine Arbeit als Schriftstellerin ermöglicht.

Ruth Schweikert

Die Unmöglichkeit zu schreiben

„Nicht sprechen können, weil Sprechen Verrat wäre." Seit Tagen setze ich mich morgens mit diesem Satz im Kopf an den Schreibtisch und stehe mittags mit demselben Satz im Kopf wieder auf. Ich weiß nicht, woher genau der Satz kommt, den ich immer wieder lösche, sobald ich ihn getippt habe, als wollte er sich so bewahrheiten, als bleibe mir, nehme ich ihn beim Wort, einzig das Schweigen übrig. Ich sehe meine Hände an, sie verraten meine Ungeduld. Wann, unter welchen Umständen, kann Sprechen Verrat bedeuten, und wer oder was wird dabei verraten? Der geschnappte Drogenhändler verrät seine Mittelsmänner, um für sich eine Strafminderung zu erreichen. Der gefolterte Widerstandskämpfer verrät seine Mitkämpfer, weil er gefoltert wird. Die gehorsame Bürgerin denunziert die Nachbarin, weil sie gehorsam, anerkennungssüchtig und erbarmungslos ist. Das mißhandelte Kind verrät seine Eltern, wenn es sich der Lehrerin anvertraut – also wird es dazu neigen, es nicht zu tun. Verrät, wer benennt, was nicht benennbar ist – oder allzu leicht benennbar –, die Dinge? Was bedeuten zum Beispiel „6 Millionen Ermordete", wenn jedermann sie in den Mund nimmt, als hätten sie darin Platz? Gibt es Dinge, Geschehnisse, die unsichtbar werden, wenn man sie benennt? Und verrät „die Kunst" – Literatur, Malerei, Musik – nicht immer wieder und notgedrungen die Wirklichkeit der Dinge?

„Wer als Schreibender sein Arbeitsmaterial ernst nimmt, wird die Sprache nicht wie ein Werkzeug benutzen können, um bestimmte Ziele zu erreichen", schreibt Marcel Bayer in seinem Böll-Essay „Man verzweifelt an der Form, nicht am Stoff". „Er wird, gerade wenn seine Aufmerksamkeit politischen Vorgängen gilt, die größte Aufmerksamkeit auf die Sprache lenken und horchen, lange Phasen einfach nur still horchen, ohne ein Wort zu schreiben."

Nicht schreiben, einfach nur still horchen. Ich lege meine Hände auf den Bildschirm, der an die schimmernde Oberfläche eines Sees erinnert, als könnte man die Hände ins kühle Wasser tauchen. Meine

Hände sind häßlich und wund, nicht vom Schreiben und Löschen, sondern vom Nagelhäutchenbeißen. Zu sich selbst hat man ein außersprachliches Verhältnis. Und dennoch ist Schreiben wie Sprechen eine physische Angelegenheit.

„Nicht sprechen können, weil Sprechen Verrat wäre." Woher also kommt dieser Satz und warum kommt er mir tagelang nicht aus den Fingern und in den Laptop? Wo zum Teufel bleibt er stecken? Wie komme ich dem Satz auf die Spur, die er in meinem Gedächtnis hinterlassen hat? Und: Wenn Sprechen tatsächlich Verrat wäre, was ist dann das Schweigen? Ebenso Verrat; Verrat an mir selbst und an der Sprache.

Und dann sitze ich eines Morgens wieder am Schreibtisch und schlage die Zeitung auf. Timo, lese ich; sein Name steht fettgedruckt, darunter die Daten, die sein Leben beschließen. Mein Puls rast, ich zittere, ich nehme die Hände vors Gesicht und höre mich schluchzen. Der kleine Timo ist tot, der Sohn einer Freundin; er wurde keine sechzehn Monate alt. Eine private Tragödie; niemanden trifft eine Schuld. Timo ist mit einem seltenen Immundefekt geboren; meine Hände erinnern sich an seine schuppige, entzündete Haut.

„Heute Morgen hat dein tapferes Herz aufgehört zu schlagen.

Wir sind dankbar für die Zeit, die du bei uns warst."

Timos Eltern haben ihren Schmerz nicht benannt. „In tiefer Trauer", oder „fassungslos und tief erschüttert nehmen wir Abschied" sind die Worte, die wir für Todesanzeigen zur Verfügung haben. Niemand bildet sich ein, sie könnten etwas anderes sein als ein untaugliches Werkzeug. Gerade weil sie ihn nicht benennen, wird der Schmerz, der sich hinter dem Schweigen verbirgt, sichtbar.

„Nicht sprechen können, weil Sprechen Verrat wäre." Ich habe kein Empfinden mehr für die Wahrhaftigkeit oder Falschheit dieser aneinandergereihten Wörter. Es scheint mir, als sei das, was sie bedeuten, in der wunden Haut meiner Finger verschwunden, oder als habe es sich in meiner Atemluft aufgelöst. „Dein Vater ist in Genf", höre ich meine Mutter sagen, „um dort französisch zu lernen." Ich habe meinen Vater seit Monaten nicht mehr gesehen, bin vier Jahre alt und ahne, daß diesem Satz ein anderer eingeschrieben ist. Oder viele andere, und daß sich dahinter unaussprechliche Dinge verbergen.

Für wen spricht die Schriftstellerin, wem und wofür fühlt sie sich verantwortlich? Der erste Ort in der Welt, den ich als mir zugehörig empfand, war ein doppelter: ich stand auf der Rheinbrücke, die Schweizer Rheinfelden mit Badisch Rheinfelden verbindet. In der Mitte der Brücke markiert ein breiter weißer Streifen die Grenze. Mein Vater ist wieder bei uns. Ich eile Eltern und Geschwistern voraus und bleibe so stehen, den linken Fuß in Deutschland, den rechten Fuß in der Schweiz und starre ins Wasser, das unter mir wegfließt.

Wenn die Eltern nicht wollen, daß wir etwas verstehen, sprechen sie französisch. Ich bin sechzehn, als ich durch Zufall erfahre, daß mein Vater damals im Gefängnis war. Und erst heute begreife ich, wie richtig der Satz meiner Mutter war und daß für mich zwischen dem linken Fuß und dem rechten, zwischen der Unmöglichkeit zu schweigen und der Unmöglichkeit zu sprechen, die Unmöglichkeit zu schreiben liegt. Die Literatur mag frei sein, ihre Autoren sind es nicht.

Elfriede Jelinek

Fataler Denkzettel

Es ist eine ziemliche Katastrophe, daß das Referendum in Frankreich so ausgegangen ist. Das Beste an der Verfassung wäre ja gewesen, daß es sie überhaupt gibt, und das Wichtigste an ihr, daß sie gemeinschaftsbildende Kraft entwickeln beziehungsweise mobilisieren hätte können. Dafür wäre es höchste Zeit; denn es finden immer noch europäische Wahlen statt, bei denen die Wähler ihren eigenen Regierungen einen Denkzettel verpassen wollen. Alle Details dieser Verfassung wären ja nachträglich, in einem gemeinsamen politischen Prozeß, verhandelbar gewesen. Es ist sehr kurzsichtig, diese Verfassung einfach im ganzen zurückzuweisen, teilweise mit rechtem Chauvinismus, teilweise mit öden Klassenkampfparolen, die in dieser Frage bestimmt nicht angebracht sind, damit wäre jede Verfassung überfordert. Ich meine, daß ab sofort die staatlichen Medien die Hälfte ihrer Nachrichten als Europa-Nachrichten senden müßten und nur noch eine Hälfte für nationale Fragen reserviert bleiben sollte. Die meisten Bürger, die da abgestimmt haben, wissen ja gar nicht, worüber sie abgestimmt haben, das ist in meinen Augen das Problem.

Antwort auf die Rundfrage zum Thema „Der Anfang vom Ende? Europäische „Reaktionen auf das französische Nein zur EU-Verfassung“

1955 – 1968 – 1989 – und

Europa und die Schriftsteller

Johannes Muggenthaler

Ich als Zufall

Wenn es Hitler nicht gegeben hätte, würde es mich nicht geben. Leider hat es Hitler gegeben. Allerdings, daß es mich gibt, kann ich nicht schade finden.

Meine Mutter kannte einen Mann, damals vor dem Krieg. Einen anderen Mann, nicht meinen Vater. Der Krieg begann, und dieser erste Mann wurde erschossen. Er blieb draußen auf dem Felde, wie man sagt. Nach dem Krieg traf meine Mutter einen zweiten Mann, das war mein Vater. Meine Mutter ging mit meinem Vater aufs Zimmer, und nach neun Monaten kam ich auf die Welt.

Das ist nicht weiter überraschend. Doch was mich beschäftigt, ist: Hätte es Hitler nicht gegeben, dann hätte es den zweiten Weltkrieg nicht gegeben, und der erste Mann wäre nicht erschossen worden. Statt dessen wäre meine Mutter mit diesem ersten Mann aufs Zimmer gegangen, und nach neun Monaten wäre ein Kind zur Welt gekommen, das aber keineswegs ich gewesen wäre. Sondern ein Fremder. Mich gibt es nur, weil es diese Katastrophen gegeben hat. Weil der Platz neben meiner Mutter so plötzlich und schmerzlich leer gewesen ist. Erst das Traurige hat mich möglich gemacht.

Kein Kind kann sich den Taufpaten aussuchen. Aber mußte es ausgerechnet Hitler sein? Es war schon so: Irgendwo im Kreißsaal stand er bereit, unsichtbar ging er zur Hand.

Je länger ich über mein Leben nachdenke, desto zufälliger, desto mutwilliger erscheint es mir. Zufällig ist auch das Leben meines Vaters gewesen. Noch zufälliger wird meine Existenz durch das zufällige Leben meines Vaters. Der Vater meines Vaters ist Hauptmann gewesen, Rittmeister der Kavallerie im ersten Weltkrieg. Es gab tatsächlich noch Kavallerie damals, eine Donquichotterie ersten Ranges, Pferde und Panzer auf demselben Schlachtfeld. Man hat den Pferden Gasmasken aufgesetzt, sondergefertigte, den langen Pferdeschädeln angepaßte Gummimasken. Etwas verzweifelt Romantisches hatte der Einsatz meines Großvaters im ersten Weltkrieg.

Deutschland hat den Weltkrieg verloren, man kann von Glück sprechen. Es war nämlich so: Mein Großvater hatte eine Geliebte in Frankreich. Er dachte nicht mehr an meine Großmutter in Deutschland, er hätte gern auf alles Deutsche gepfiffen. Er schrieb ihr einen Abschiedsbrief. Er trug ihn lange mit sich herum, es fehlte nicht viel, und er hätte ihn abgeschickt.

Dann ging der erste Weltkrieg verloren. Mein Großvater mußte nach Deutschland zurück, zu Fuß, denn das Pferd war mit seiner grotesken Verkleidung auf dem Schlachtfeld geblieben. Wieder in Deutschland war mein Großvater ratlos. Aber er arrangierte sich. Er ging mit meiner Großmutter aufs Zimmer, und nach neun Monaten kam mein Vater zur Welt. Es war ein sehr schönes Kind. Allein für diesen Knaben ist es gerechtfertigt, daß Deutschland den ersten Weltkrieg verloren hat.

Vertiefen wir noch einmal den Blick auf mein zufälliges Leben: Damit ich das Licht der Welt erblicken konnte, mußte Deutschland nicht nur einen, sondern sogar zwei Weltkriege beginnen und wieder verlieren. Dies könnte durchaus eine psychische Belastung für mich darstellen. Welche Erwartungen hat Deutschland nun an mich? Müssen die Erwartungen nicht zwangsläufig zu hoch sein?

In München steht noch immer die Kunstakademie. München wurde im zweiten Weltkrieg bombardiert. Aber die Kunstakademie bekam nur ein paar Löcher ab. Nach dem Krieg wurden die Löcher zugestopft. Alles war wieder wie vorher.

Aber eigentlich ist die Kunstakademie schuld am zweiten Weltkrieg gewesen. Das ist kein Geheimnis, aber man spricht nicht gern darüber. Es gibt keine Gedenktafel, nichts, das an diese Schuld erinnert. Eigentlich hätte man die Akademie nach dem Krieg abreißen müssen, sie hätte am Boden liegen müssen wie das Pferd mit der Gasmaske. Das wäre eine angemessene Sühnehandlung gewesen.

Bekanntlich wollte Hitler Kunstmaler werden in seiner Jugend. Gern stand Hitler vor dem Malmittelladen in der Amalienstraße in München und träumte in die Auslagen hinein. Er betrachtete voll seufzender Hingabe die Ölfarbentuben und überlegte, woher er das Geld nehmen könnte, um sie zu bezahlen. Er dachte noch nicht daran, den zweiten Weltkrieg zu beginnen. Er malte noch Blumen. Er malte sich noch keine Schandtaten aus. Sondern er träumte in die Auslagen des

Malmittelgeschäfts hinein, er schielte zu den vielen bunten Ölfarbentuben. Ein Schüler Apolls, der reinen Farbe zugetan.

Hitler hatte durchaus Talent als Maler. Man kann das an seinen Aquarellen sehen. Durch Zufall haben diese zarten Aquarelle den Bombenhagel des zweiten Weltkriegs überlebt. Vielleicht damit nichts vergessen werden soll, damit man die Schuld der Kunstakademie nicht vergißt. Hitler hatte Talent als Maler, kein großes Talent, aber doch Talent. Eines Tages, als er schon eine ganze Menge dieser mittelmäßig begabten Aquarelle fabriziert hatte, faßte er sich Mut und ging zur Kunstakademie, um sich dort als Student zu bewerben.

Er schritt voll Zuversicht, nicht ohne Zweifel, aber doch mit mehr Zuversicht die große Freitreppe hoch, die zum Eingang der Kunstakademie führt. Das kann man heute noch besichtigen, es gibt die Freitreppe ja leider noch, sie ist nicht abgerissen worden. Oben auf dem Treppenabsatz flankieren zwei riesige Bronzefiguren die Tür, sie stellen Castor und Pollux dar, auch die Dioskuren genannt, die Schutzgeister der Kunst.

Castor und Pollux sahen also Hitler die Treppe nach oben steigen, die Mappe mit den Aquarellen unter dem Arm, ein wenig nervös, jung, hoffend, der reinen Farbe zugetan. Jetzt war der Augenblick gekommen, der lang ersehnte, in der das Schicksal der Welt in den Händen der Kunst lag.

Castor und Pollux lauschten am Eingang. Jetzt zeigte der junge Hitler seine Mappe vor. Die Professoren betrachteten die mittelmäßig talentierten Aquarelle und horchten in sich hinein. Für einen Moment waren sie Herren über Leben und Tod von Millionen. Sie horchten in sich hinein, aber niemand flüsterte ihnen zu, daß hier ein Dämon vor ihnen stand.

Und daß es ihnen, den Professoren, heute gegeben war, die Welt zu heilen durch den Glanz der Kunst. Der Dämon wartete. Nun hätte man ihn befrieden können für alle Zeit. Man hätte nur sagen müssen: „Ja. Wir nehmen dich auf in die Kunstakademie." Nur dieser eine Satz, und der Dämon hätte abgelassen von der Welt und wäre aufgegangen in der reinen Farbe.

Die Professoren hatten in sich hineingehört, aber nichts vernommen. Deshalb sagten sie jetzt zum jungen Hitler: „Nein. Dies ist alles mittelmäßig. Es ist Talent, aber zu wenig."

Da wandte sich der Dämon zum Gehen, er schritt die Treppe nach unten. Und während er die lange Freitreppe nach unten ging, schwor er sich, nicht länger der reinen Farbe anzugehören, sondern statt dessen den zweiten Weltkrieg zu beginnen. Wenn nicht heute, dann morgen.

Castor und Pollux schauten dem Dämon hinterher. Sie wußten nun, daß es für alle Zeit aus war mit der Herrschaft der Kunst. Und sie dachten mit Wehmut an das, was sie auch vorher schon geahnt hatten, daß nämlich diese Professoren selbst mittelmäßig waren, nur mittelmäßig talentierte Professoren. Denn sonst hätten sie den Dämon erkennen müssen, als er vor ihnen stand.

Das Pferd meines Großvaters mußte mit seiner bizarren Verkleidung tot auf dem Boden liegen. Der erste Weltkrieg wurde verloren, damit mein Vater auf die Welt kommen konnte. Später wurde der zweite Weltkrieg verloren, was zwangsläufig mich zur Folge hatte. Hätte Hitler Kunst studiert, wäre meine Mutter mit ihrem ersten Mann aufs Zimmer gegangen, und die beiden hätten Kinder bekommen, die ganz andere Gesichter gehabt hätten als ich. Hätte Deutschland den ersten Weltkrieg gewonnen, würde mein Vater heute vielleicht französisch sprechen. Aber er wäre gar nicht mein Vater, sondern irgendein anderer, fremder Vater. Dieser französisch sprechende Vater hätte niemals meine Mutter kennenlernen können. Denn Frankreich spielte im Leben meiner Mutter nicht die geringste Rolle. Der französische Vater und meine deutsche Mutter wären entschieden andere Wege gegangen. Jeder wäre in seine Richtung gegangen, und es hätte nicht die geringste Chance zu meiner Menschwerdung gegeben.

Mein Weg in die Welt wurde nur durch das Eintreffen epochaler Großereignisse, durch Umstürze, politische Umwälzungen möglich. Man machte es mir nicht einfach. Damit ich heiraten konnte, mußten Panzer rollen. Die Russen schickten Panzer nach Prag, damit die Eltern meiner Braut, die damals noch ein kleines Kind war, fliehen konnten. Später lebten sie in Berlin. Mitten in Berlin gab es eine riesenhafte Mauer. Meine Kinderbraut lebte auf der einen Seite der Mauer, ich auf der anderen. Deshalb konnten wir uns nicht sehen, deshalb kannten wir uns nicht. Irgendwann brach die Sowjetunion auseinander, und die Zyklopenmauer wurde abgerissen. Die Bagger kamen und haben alles beseitigt, das ganze Geröll, das zwischen mir und meiner Braut lag.

Nun haben wir einen Sohn. Diesen Sohn haben wir der Sowjetunion zu verdanken, oder genauer dem Umstand, daß sie zusammenbrach. Damit es meinen Sohn geben konnte, mußten zwei Weltkriege verloren werden und ein mächtiges Sowjetreich zugrunde gehen. Je länger das Menschengeschlecht voranschreitet, desto zufälliger wird seine Existenz. Es gab die großen Katastrophen, die uns möglich machten. Aber manchmal reichte auch wenig aus. Wenig hat oft viel bewirkt. Etwa daß es Wolken gab, es brauchte nicht mehr, als daß es bewölkt war. Und daß in einem bestimmten Moment, der kein anderer hätte sein dürfen, die Sonne herauskam. Um den Grenadier zu blenden, der auf meinen Großvater zielte. Und der statt dessen das Pferd mit der Maske traf.

Das Pferd ist verschwunden. Erst ist es am Boden gelegen, dann ist es verschwunden. Alles ist verschwunden. Es gibt unzählig viele Personen, die nicht mehr auffindbar sind, etwa die französische Person, die beinahe meine Großmutter geworden wäre.

Vielleicht habe ich diese Personen verschluckt, die ganze Vergangenheit. Und ich schlucke diese Menschen immer tiefer hinunter. Manchmal raunt es im Bauch, vielleicht sind sie das. Manchmal öffne ich den Mund, immer wenn ich das Gefühl habe, daß jemand etwas sagen will. Aber es bleibt stumm.

Gaston Salvatore

Libertad Lamarque

Ende der fünfziger Jahre war Santiago de Chile noch eine Stadt am Ende der Welt. Interkontinentale Düsenflugzeuge gab es kaum. Begriffe wie „Global Village" und E-mail hatten Zeit. Um mit meiner Großmutter zu telefonieren, die in Viña del Mar lebte, etwas über hundert Kilometer von der Hauptstadt entfernt, mußte meine Mutter ins Telefon schreien. Europa war die Librairie Française. Pablo Neruda, der Nationaldichter, und Acario Cotapos, der Nationalkomponist, träumten musisch davon, ganz Chile gegen ein kleines Dorf zu tauschen, wenn dieses nur unmittelbar vor Paris lag. Meine Familie hielt die Nordamerikaner für Barbaren, und ich, der bereits fünfzehn war und abends, wenn Besuch kam, mit am großen Tisch sitzen durfte, konnte selbst feststellen, daß die Yankees keine guten Tischmanieren hatten. Es hieß, die Amerikaner seien unsere Herren, aber die Kupferbergwerke befanden sich im Norden, in der Atacama-Wüste, und ich bekam Nordamerikaner selten zu Gesicht. Ich ging in eine amerikanische Klosterschule, die „Saint George's College" hieß. Aber die katholischen Priester waren in meinen Augen keine richtigen Amerikaner. Gelegentlich verbrachten amerikanische Kinder ein Jahr oder zwei auf unseren Schulbänken. Gut waren sie nur mit einem Baseballschläger in der Hand. Ich hatte als Kind gedacht, alle Kriege würden auf englisch geführt, und wie alle Kinder liebte ich den Krieg. Aber diese amerikanischen Mitschüler taten mir leid. Sie waren praktisch Analphabeten; ich hatte von meiner Nanny besseres Englisch gelernt, als sie sprachen. Baseball interessierte uns chilenische Kinder nicht. Akzeptiert waren nur die amerikanischen Filme und die amerikanischen Levi's Jeans und natürlich Coca-Cola, auch amerikanische Wagen und Rayban Sonnenbrillen und vielleicht Samsonite Koffer und selbstverständlich das Flugzeug meines Onkels und die Chris Craft Cobra meines Cousins, nicht zu vergessen die Vierfarbkugelschreiber und meine dunkelblauen Catalina Badehosen, die, damals ein Hit, wie ganz normale, aber enggeschnittene Shorts aussahen, meine Krawatten von Sacks Brothers und natürlich Alan

Sheppard, dem es gerade beinah gelungen war, es den Russen mit ihrem nach nichts aussehenden Jurij Gagarin zu zeigen. Schließlich noch Elvis, Pat Boone, Paul Anka, Nat King Cole, The Platters, die ganze amerikanische Rock-'n'-Roll-Musik und, wenn auch höchst ungern, der Twist. Die Beatles gingen damals noch wie ich in die Schule, außerdem zählten die Engländer in diesem Zusammenhang nicht. Ich hielt mich für antiamerikanisch, antinordamerikanisch versteht sich, aber uns allen gefielen ihre Filme.

Wir Chilenen sind ein ernstes, ein trauriges, ein, ich meine es nicht böse, phantasieloses und durch und durch langweiliges Volk. Unsere Künstler sind – wenn es welche gab – immer ausgewandert. Man denke an Claudio Arrau oder an Lenny Bernsteins Ehefrau oder meinetwegen an Lucho Gatica, der erst in Buenos Aires und später in Mexico City Erfolg haben mußte, um es viel später auch bei uns zu schaffen. 1946 gewann unsere Dichterin, die schöne dunkle Gabriela Mistral, den Nobelpreis für Literatur. Der Nationalpreis für Literatur wurde ihr erst sieben Jahre später verliehen. Das hieß bei uns „el pago de Chile", die chilenische Zahlungsart. Jetzt ist es anders. Jetzt gibt es E-mail und Computer, und wir leben im „Global Village".

Libertad Lamarque war eine Ausnahme. Die argentinische Sängerin und Filmschauspielerin war damals, wie vor ihr Carlos Gardel, in Santiago de Chile berühmt. Meine Eltern allerdings hatten ihren Namen höchstwahrscheinlich nie gehört. Die Lieder von Libertad Lamarque wurden in unserer Küche im Radio gehört. Unsere Hausangestellten hörten ausschließlich spanische Musik. Sie konnten ja kein Englisch. Die amerikanischen Filme waren nicht synchronisiert und liefen mit Untertiteln, und unsere Hausangestellten waren des Lesens nicht allzu mächtig. Ich konnte das immer wieder feststellen, da ich recht gut mit ihnen befreundet war. Langweilig war in Chile unsereins und nicht das Volk. So ist es immer noch. Unsereins fällt vor der eigenen, also der chilenischen, Natur immer noch aufs neue in Ekstase, findet aber das Volk, weil es mit den Ureinwohnern Chiles gemischt ist, häßlich. Schon als Kind kam mir dieses Phänomen widersprüchlich vor.

In unserer Küche saßen nicht nur unsere eigenen Hausangestellten. Auch ihre Verwandten vom Land oder ihre Freunde versammelten sich dort. Meine Mutter nannte sie „meine Klienten", um vor unseren Gästen am Swimmingpool im Garten als eine gute, tolerante, moderne

Dame zu gelten. Dann erzählte meine Mutter unter allgemeinem Gelächter, daß unser Haus wohl etwas ganz Besonderes sei, weil wir monatlich mindestens zehnmal soviel Zucker, Reis oder Kartoffeln verbrauchten wie andere. Ich sah, wie unsere Hausangestellten schon seit Jahren kiloweise Reis oder Zucker an ihre täglichen Besucher verteilten. Ich hätte sie nie verraten. Dadurch wären mir meine liebsten Freunde abhanden gekommen.

Libertad Lamarque war die Göttin unserer Küche. Das Radio brachte tagsüber nur gelegentlich ihre Lieder. Also stellte ich der Versammlung am riesigen Küchentisch meinen eigenen Plattenspieler zur Verfügung. Es entstand rasch eine Sammlung von Schallplatten von Libertad Lamarque. Photos und Artikel über die großartige Libertad, es ist das spanische Wort für Freiheit, wurden aus Zeitschriften und Zeitungen ausgeschnitten und in Schulhefte geklebt. Jeder von uns sammelte. Ich kaufte manchmal selbst eine Platte von Libertad Lamarque für unsere Küche. Wenn ein Film des Stars am freien Halbtag lief, schwänzte ich die Schule und ging mit meinen Freunden in die Nachmittagsvorstellung des Teatro Barquedano. Wir saßen im Parkett, denn der Rang war gefährlich. Dort trafen sich die Schwulen. Es passierte oft, wenn ich die Toilette aufsuchen mußte, daß aus den verschlossenen Kabinen eindeutige Geräusche zu hören waren. Manchmal sah ich zwei oder mehrere Jungen mit zerzaustem Haar und hochroten Gesichtern aus den winzigen Kabinen herauskommen. Sie waren einige Jahre älter als ich und stammten meist aus dem Volk. Ich wurde nie angesprochen. Vielleicht deswegen, weil ich den Jungen zu dicklich und milchig aussah, außerdem hatte ich abstehende Ohren.

Auf der Leinwand litt Libertad Lamarque. Ein Onkel von mir, ein jüngerer Bruder meiner Mutter, der mir das Polospiel beibrachte, fand die Göttin unserer Küche geradezu peinlich. Er liebte Nancy Sinatra, die ewige Tochter, die meines Erachtens überhaupt nicht singen konnte. Sie war in meinen Augen noch schlimmer als Doris Day. Mein Onkel Pedro José behauptete auch, daß Libertad Lamarque überhaupt nicht schauspielern konnte. „Diese Frau hat nur zwei Gesichtsausdrücke“ sagte der schöne Pedro José, während er an meinen Reitkünsten verzweifelte. „Einen, wenn sie vergewaltigt wird, und einen, wenn sie nicht vergewaltigt wird.“ Er lachte. Ich schlug wütend den Ball, es klappte so gut wie nie zuvor. Er hatte unrecht. Daß Lamarque nach

Art der spanischen Mittelklasse litt, traf zu. Sie spielte eine Frau, die von einem älteren, wohlhabenden Mann ausgehalten und von ihrem jungen heimlichen Liebhaber verlassen wird; manchmal kämpfte sie gegen eine unheilbare Krankheit, die sie zum Schluß doch besiegen konnte, weil sie eine Medaille von Papst Pius IX. genau an die Stelle drückte, an der sich die Wucherung befand, oder sie wurde gar eines entsetzlichen Mordes beschuldigt und wartete in der Zelle auf den Tod durch Erschießen.

Ich fragte mich, ob es ihr privat wohl genauso schlecht ging. Sie war doch reich und berühmt. Die Küche war davon überzeugt, daß Libertad Lamarque im privaten Leben unglücklich war. „Seht die Reichen weinen!" rief unsere Köchin. Ich bezweifelte das. Wir waren zwar nicht steinreich, aber unsere Welt war verhältnismäßig in Ordnung. Libertad Lamarque litt für meinen Geschmack etwas zuviel, aber dann fing sie an zu singen: „No me preguntes más" (Frag mich nicht mehr) oder „Bésame" (Küß mich) tönte es von der Leinwand. Sie und keine andere war mein „Shooting star".

Es gab unter den Klienten einen jungen Mann, Julio Durán, einen entfernten Cousin von Olmedo, dem Chauffeur, der Libertad Lamarque noch viel mehr anbetete als ich. Er liebte sie über alles und behauptete sogar, er würde für sie sterben. Das fanden die anderen übertrieben. Damals wußte ich noch nicht, was Tod eigentlich bedeutete, und ich stimmte Julio Durán zu. Jemanden so stark zu lieben, daß man daran starb, das fand ich romantisch. Ich hatte als Kind eine Kurzfassung von „Tristan und Isolde" gelesen. Aus Liebe zu sterben, warum nicht? Das war doch schön.

Julio Durán sah erstaunlich gut aus für jemanden, der aus dem Volk kam. Aber er hatte bei Libertad Lamarque keine Chance. Sie drehte in Mexiko oder Argentinien. Julio war noch nicht einmal am Meer gewesen. Das Meer ist in Chile von jeder Stelle aus nur durchschnittlich 150 Kilometer entfernt. Julio Durán war arbeitslos. Ich vermute, er konnte nicht mal richtig lesen, denn er bat mich immer wieder, ihm die Zeitungsausschnitte über Libertad Lamarque vorzulesen. Julios Leidenschaft für die „Grace Kelly der Armen", wie Onkel Pedro José die Göttin unserer Küche verächtlich bezeichnete, kannte keine Grenzen.

Eines Morgens stand in der Zeitung, daß Libertad Lamarque eine Szene ihres neuen Films in Santiago drehen würde. Es waren keine

Konzerte vorgesehen, aber doch ein Auftritt im Rundfunk. Julio Durán schwebte auf allen Wolken. Er träumte von einer Liebesbegegnung mit dem Filmstar. Es würde ein Wunder geschehen. Er besorgte sich eine kleine Medaille mit dem Bild von Papst Pius IX. Ich weiß nicht, ob Julio Durán sie an seinem Herzen trug. Libertad Lamarque sang Zarah Leanders Lied „Ich weiß, es wird einmal ein Wunder geschehn" auf spanisch. Die Drähte des kleinen Schallplattenspielers auf dem schweren Kühlschrank glühten. Julio legte ununterbrochen „Sucederá un milagro" auf. Sogar meine Mutter nahm bei einem ihrer seltenen Küchenbesuche von Libertad Lamarques Existenz Kenntnis. Wer das sei, fragte sie verschlafen, die da so scheußlich singe. Meine Mutter ist mir das ganze Leben lang wie eine Schlafwandlerin vorgekommen. Sie kannte das Lied aus der Nazizeit. Sie war zu den Ursulinischen Nonnen in die Schule gegangen. Meine Mutter galt in Chile als Schönheit. Ich fand Libertad Lamarque viel schöner, weil sie wach war und richtig lebte, obwohl sie immer so middle class litt.

Am großen Tag fuhren Julio Durán und ich zum Flughafen von Los Cerrillos. Wir wurden von Olmedo im Wagen meines Vaters gefahren. Meine Mutter hätte uns ihren Wagen nie geborgt. Mein Vater war froh, wenn er mir einen Gefallen tun konnte. Er fühlte sich ständig irgendwie schuldig mir gegenüber, wahrscheinlich, weil er so wenig Zeit für mich hatte. Mir machte das nichts aus. Mein Vater sah nicht wie Pedro José aus, der Frauenliebling, der Polospieler. Ich war stolz, wenn man meinen Onkel Pedro José für meinen Vater hielt. Er war jung. Andererseits war mein Vater mächtig. Das imponierte der Küchenversammlung. Und ich gab mit meinem Vater auch in der Schule an. Er ließ im Büro eine Aktennotiz über Libertad Lamarque anfertigen, die er mir feierlich vor unserer Abfahrt zum Flughafen überreichte. Da standen Dinge über das Vorleben unserer Küchengöttin, die ich beschloß, unserem auf allen Wolken schwebenden Julio lieber nicht mitzuteilen. Unter anderem sei sie die Geliebte von Maria Felix gewesen, stand dort. Jeder wußte, daß der mexikanische Filmstar Frauen liebte. Ich glaubte kein Wort davon. Libertad Lamarque war eine Heilige. Warum nicht, außerdem? Meine Tante Helen pflegte mit ihren Freundinnen Gewichte zu heben. Das hatte Marco Antonio, ihr eigener Sohn, erzählt.

Die Menschenmenge am Flughafen war groß. Es war wie bei einer Demonstration der Volksfront. Ich war mehrmals dabei gewesen. Der beste Freund meines Vaters war der Chef der chilenischen Linken. Libertad Lamarque bekam einen Blumenstrauß überreicht, winkte kurz und stieg in eine schwarze Limousine, die direkt am Flugzeug auf sie wartete. Ich konnte ihr Gesicht hinter der großen Sonnenbrille kaum sehen und war enttäuscht. Das Volk war fast so begeistert wie Julio Durán. „Sie hat mich angeschaut", schrie er mir zu, obwohl er direkt zwischen Olmedo und mir stand.

„Haben Sie es gemerkt?" Olmedo lachte. Ich tippte ihm beruhigend auf die Schulter.

Julio Durán war nicht mehr aufzuhalten. Es hieß, daß Libertad Lamarque im Penthaus des Hotel Crillón wohnte. Das zweite Haus am Platz hatte nur vier Stockwerke. Das erste Haus war das Carrera neben der Moneda, dem Präsidentenpalast; es hatte elf Etagen und einen Swimmingpool auf dem Dach. Die Rechnung ging, fand ich, nicht ganz auf. Ein Star wie Libertad hatte doch im Hotel Carrera zu wohnen. Julio Durán stammte aus dem Landesinneren und merkte den Unterschied nicht.

Fortan konnte er kaum noch in die Küche kommen. Julio stand praktisch Tag und Nacht unter den Fenstern des Crillón in der Calle Agustinas in der Hoffnung, wenigstens einen zweiten Liebesblick von Libertad Lamarque zu erhaschen. Das Verhalten der Künstlerin war nicht ermutigend. Julio erfuhr nie, wie sie das Hotel verließ oder wann sie ins Crillón zurückkehrte. Die Lichter ihrer angeblichen Suite brannten Tag und Nacht.

Eines Morgens, es war erst fünf Uhr früh, stürzte sich Libertad Lamarque aus dem Fenster. Sie fiel genau in Julio Duráns Arme.

Mit seiner Heldentat hatte er den Selbstmord unserer Küchengöttin verhindert. Sie überlebte den Sturz aus dem dritten Stock mit nur geringfügigen Verletzungen. Ihr Retter aber, mein Freund Julio, war seitdem querschnittgelähmt. Er konnte nur noch den Kopf bewegen und fast nicht mehr sprechen. Aber er lächelte stolz in die Kameras der Photographen, als Libertad Lamarque ihm mit wiedergewonnener Lebensfreude einen Blumenstrauß überreichte und ihm einen Kuß auf die Stirn drückte. Wir hörten Julio Duráns Worte aus dem Radio in der Küche: Es sei ein Wunder geschehen, sagte er, den Tränen nahe, der Reporter sprach von Freudentränen, er sei immer überzeugt gewesen, daß Gott ihn und Libertad zusammenbringen würde. Er sei bereit gewesen, fuhr er leise fort, als er mit offenen Armen auf sie gewartet habe, mit ihr zu sterben.

Als ich Julio Durán mit Olmedo im Krankenhaus besuchte, verstand ich, daß aus Liebe zu einer schönen Frau zu sterben einfacher ist.

Peter Schneider

Die Beseitigung der ersten Klarheit

Daß ich Schriftsteller werden wollte, stand für mich fest, und ich lebte schon damals vom Schreiben. Ich schrieb über beinahe jedes Thema, und wie von selbst wurden es immer Verrisse. Ich schrieb Glossen über Bergsteiger und Wagnerfans, Kabarettnummern über den Wahlkampf der SPD und über Nabokovs Leidenschaft für zwölfjährige Mädchen, Kritiken über Theateraufführungen und Gedichtbände. Ich verkaufte diese Fünf-Seiten-Texte an verschiedene Sender und verachtete mich und die Redakteure dafür. Was ich wirklich schreiben wollte, waren Theaterstücke, und ich schrieb auch welche. Eines schickte ich an Adorno, dem ich es im Fall einer Aufführung widmen wollte. Ich hörte nie etwas von ihm und fing an, Widersprüche und Halbheiten in seinen Essays zu entdecken. Vor ein paar Monaten bekam ich das Stück von einer Sekretärin zurück. Sie hatte es nach Adornos Tod in einer Schreibtischschublade gefunden. Gestolpert bin ich eigentlich nur über zwei Buchstaben in ihrem ermunternden Begleitbrief. Sie hatte den Brief aus Gewohnheit mit den Buchstaben „i. A." unterschrieben. Auch damals wurde ich schon ermuntert, weiter zu schreiben. Aber aufführen wollte meine Stücke niemand. Das nächste oder übernächste Stück wäre es dann, Geduld, in ein paar Jahren sei es soweit. Aber ein paar Jahre sind im Alter von dreiundzwanzig eine unvorstellbar lange Zeit. Mein erster Blick auf das Buch eines erfolgreichen Autors war immer der auf die Rückseite: wie alt war er, als er das Buch geschrieben hatte, und wann hatte er seine erste Veröffentlichung zustande gebracht? War er älter als ich, so war ich imstande, ihn zu bewundern, wenn er jünger war, so konnte er nur durch Skrupellosigkeit hochgekommen sein. Irgendwie war ich von dem Gedanken besessen, ich müßte entweder bis zu meinem fünfundzwanzigsten Lebensjahr eine unauslöschliche Spur hinterlassen oder den Erdteil wechseln.

In einem Essay-Band von George Orwell fand ich jetzt eine ziemlich brutale Aufzählung der Gründe, aus denen einer Schriftsteller werden will. Abgesehen von der Notwendigkeit, Geld zu verdienen, schreibt

Orwell, gäbe es die folgenden vier Hauptgründe: „1. Reiner Egoismus. Der Wunsch, überlegen zu erscheinen, jemand zu sein, über den man spricht, und den man nach seinem Tod nicht vergißt; den Erwachsenen die Nichtachtung heimzuzahlen, die sie einen als Kind haben fühlen lassen. 2. Ästhetischer Enthusiasmus … Sinn für … Worte und ihre richtige Anwendung. Der Wunsch, mit anderen ein Erlebnis zu teilen, das man als wertvoll empfindet und nicht in Vergessenheit geraten lassen möchte … 3. Sinn für Geschichte. Der Wunsch, die Dinge zu sehen, wie sie sind, den Wahrheitsgehalt von Ereignissen herauszufinden und sie für die Nachwelt aufzuzeichnen. 4. Politisches Engagement … Der Wunsch, der Welt eine bestimmte Richtung zu geben, die Anschauungen anderer in bezug auf ein gesellschaftliches Ideal zu verändern …“[1]

Wahrscheinlich läßt sich diese Liste geringfügig kürzen oder ergänzen, ich möchte hier nur die ersten beiden Posten erläutern, die vermutlich für die frühe Entstehung des Wunsches, Schriftsteller zu werden, entscheidend sind. Das erste von Orwells Motiven müßte ich dann als ein Bedürfnis nach Rache beschreiben. Ich erinnere mich eines Satzes, der meiner Mutter einmal im Zorn herausrutschte: „Wenn du dir das nächste Mal nicht die Füße abtrittst, brauchst du gar nicht mehr nach Hause zu kommen!“ Ich schrieb damals, im Alter von dreizehn oder vierzehn Jahren, Gedichte und dramatisierte Grimms Märchen. In meinem Innern entstand, und gleich in der zweiten Person Plural, ungefähr folgende Ansprache: Eines Tages, wenn ich berühmt sein werde, werdet ihr das bereuen, alle, wie ihr da seid! Auf Knien werdet ihr angerutscht kommen und mich um Verzeihung bitten. Aber dann wird es zu spät sein, ich werde eure Entschuldigungen nicht annehmen und euch einfach da hocken lassen!

Mit ähnlichen Drohungen, die freilich nur ich hörte, wehrte ich mich, wenn ich bei einem Ringkampf unterlag oder im Werben um ein Mädchen. Leugnen zu wollen, daß ein aufgeschobenes Rachegelüst ein Motiv für den frühen Wunsch war, Schriftsteller zu werden, wäre lächerlich. Aber erklären läßt sich der Wunsch dadurch nicht. Bücher und Theateraufführungen gehörten lange Zeit zu den stärksten Erlebnissen, deren ich fähig war, und sie lösten deutlichere Empfindungen

---

[1] George Orwell: Im Innern des Wals. Zürich: Diogenes 1975, S. 11–12.

in mir aus als die Wirklichkeit. Einer der heftigsten Eindrücke war Wolfgang Borcherts „Draußen vor der Tür". Später waren es die Stücke von Sartre und Camus, von Ionesco und Beckett, noch später die von Brecht, in denen ich mich zu Hause fühlte. Es war auch dieses plötzliche Frieren auf der Haut, auf den Armen und im Rücken, weshalb ich Schriftsteller werden wollte.

Die Freundin, mit der ich damals meine Artikel besprach, hieß Barbara und wohnte nur ein paar Schritte weiter. Auch als sie schon jahrelang aus Berlin weggezogen war, schaute ich abends aus Gewohnheit zum Fenster ihrer Neubauwohnung hinauf, ob noch Licht brannte. Wenn ich einen Artikel veröffentlicht hatte, konnte ich sicher sein, daß er am nächsten Tag mit Ausrufe- und Fragezeichen versehen auf ihrem Schreibtisch lag.

Sie hatte die Gewohnheit, einzelne Sätze in einem Artikel zu unterstreichen und einander gegenüberzustellen. Wenn ich eingangs das sagte, konnte ich dann ausgangs tatsächlich jenes behaupten? Welche Voraussetzung machte ich dabei? War dieser Satz wirklich bewiesen? Warum hielt ich ihn für selbstverständlich? Merkte ich nicht, daß ich jetzt zur Verteidigung meines Artikels genau das Gegenteil von dem sagte, was ich in meinem Artikel geschrieben hatte? Es machte ihr Spaß, mich an Hand meiner eigenen Annahmen in die Irre zu führen. Wenn sie mich bei einem Widerspruch ertappt hatte, blitzte es in ihren Augen auf, dann lachte sie hell und ansteckend, berührte mich kurz an der Schulter, es war, als würde durch das Eingeständnis eines Irrtums ihre Zärtlichkeit geweckt.

Aber gleich ging es weiter: einmal dahingestellt, ob dieser Gedankengang reichlich kühn konstruiert war, war er nicht einfach zu unbeholfen vorgetragen? Hatte ich dasselbe nicht schon einmal brillanter gesagt? Brillanz, das war die Hauptsache. Durch Brillanz konnte auch eine logisch holprige Argumentation überzeugen. Keine Gnade gab es für Stimmungen, Ahnungen, bloße, nicht weiter überprüfte Eindrücke. Es waren im wunschlosen Sinn des Wortes platonische Dialoge, die wir führten. Widersprüche und Denkfaulheiten wurden durch beharrliches Fragen aufgespürt, das sokratische Werben für irgendeine eigene Überzeugung fehlte ihnen.

Zu Barbara kamen damals viele, die entweder brillant denken konnten oder brillant aussahen. In unseren Disputen schärfte ich den Sinn für Widersprüche, für unausgesprochene Prämissen, aber diese Schärfe hatte kein Ziel. Nach einiger Zeit ging ich immer seltener hin, aber ich vermied jede Erklärung dazu.

Da ich es nicht darauf ankommen ließ, die Gründe meines Unbehagens in einem Gespräch auf die Probe zu stellen, merkte ich nicht, daß mehr und mehr auch die anderen fernblieben. Barbara sah ich immer schmaler werden, aber ich sah sie nur noch von weitem, in schwarzen flatternden Mänteln, in immer spitzer werdenden Schuhen. Wenn sie im Sommer von einem Besuch ihres griechischen Freundes zurückkehrte, war wieder ein Glanz um sie, aber nur für kurze Zeit. Ihr griechischer Freund hatte sich längst für ihre beste Freundin entschieden, und ihr Verstand verbot es ihr wohl, darauf anders als mit Toleranz und Verständnis zu reagieren. Manchmal glaubte ich, in dieser ungeklärten Beziehung eine Ursache für die intellektuelle Ziellosigkeit unserer Gespräche zu erkennen, aber vor dem Gebot der Brillanz verstummten solche Beobachtungen. Als mich der griechische Freund bei einer Stippvisite in Berlin bat, sie über den Demonstrationen und Teach-Ins, die damals begannen, nicht zu vergessen, fühlte ich mich nicht zuständig. Die Studentenbewegung hatte mir ein neues Ziel vor die Augen gerückt, und Barbara gehörte jetzt einer anderen Welt an. Auch ihre anderen Freunde, die jetzt politisch aktiv wurden, kannten sie nach einer Weile nicht mehr. Schon damals keimte die Krankheit, die es dem Besitzer eines frischen revolutionären Bewußtseins unmöglich machte, Leute zu grüßen, die ihn vor der Inkubationszeit gekannt hatten.

1973 sah ich Barbara wieder, im Hiltonhotel in Athen. Inzwischen war sie mit einem amerikanischen Werbefachmann verheiratet, den Geschäfte nach Athen führten. Im Auftrag der amerikanischen Regierung sollte er dort ein paar griechische Persönlichkeiten ausfindig machen, die sich als Kandidaten für mehrere von seinen Werbeleuten entworfene Parteiprogramme eigneten. Mit solchen, aus dem Boden gestampften Parteien sollten die Werbeleute den bevorstehenden Sturz der Junta auffangen. Am Swimmingpool erzählte sie mir von ihrer Wohnung in New York, von den Bildern darin, von ihren neuen Freunden. Sie unterschied und beschrieb sie mit denselben Kriterien, wie damals die Freunde in Berlin, allerdings waren es ganz andere Leute: Bankiers, Werbeleute, Galeriebesitzer, Freunde aus der Regierung. Aber selbstverständlich gab es auch unter ihnen solche, die brillant waren und andere, die ausgesprochen plump argumentierten.

Angela Davis hatte sich kürzlich in einer Diskussion blamiert, weil sie einem brillanteren Gegner die Antwort schuldig blieb. Nixon war provinziell, aber sein Außenminister formulierte sich glänzend. Ihre Maßstäbe hatten sich nicht geändert, nur ihre Umgebung. Und nun ergab es sich, daß ihr Meßgerät nur noch Brillanz anzeigte, wenn das offizielle Amerika sprach. Die Sprecher der Antikriegsbewegung waren sicher sympathisch gewesen, aber in der Regel auch unverzeihlich dumm. Und an Eldridge Cleaver, der jetzt Herrenhosen mit einem Penismuster auf dem linken Hosenbein entwarf, sah man, was aus den Intelligenteren unter ihnen geworden war.

Später erfuhr ich von unserem griechischen Freund, daß sie ihn gefragt hatte, welchen Eindruck er von mir gewonnen habe: ob er nicht auch fände, daß ich erschreckend provinziell geworden sei? Daß ich nicht begeistert über die Geschäfte ihres Mannes sei, war zu erwarten gewesen. Aber wie plump, ohne mich im mindesten nach den Details zu erkundigen, hatte ich meine Meinung vorgetragen! Ich hatte einen Standpunkt und war eindeutig nicht mehr brillant.

Manche Wörter in meinen ersten Arbeiten, die ich lange nicht mehr benutzt habe, haben jetzt wieder Konjunktur: differenzierende Kritik, sachlich beurteilen, rationale Diskussion, Argumente statt Emotionen. Ich vermute, daß sich in solchen Haltungen wiederum eine Angst verschanzt, wenn es auch nicht dieselbe ist wie Anfang der sechziger Jahre. Heute fällt mir in meinen ersten analytischen Arbeiten die immer wiederholte Forderung nach Klarheit, nach Eindeutigkeit auf. In den Grenzen der begrifflichen Sprache, die ich erlernt hatte, äußerte sich dieses Bedürfnis nach Klarheit vor allem in der Forderung nach einem klaren, eindeutigen Standpunkt. Ich benutzte die Methode der textimmanenten Interpretation, um jedem x-beliebigen Autor nachzuweisen, daß in seinem Text lauter Widersprüche steckten, die nicht aufgelöst würden.

Das Kältegefühl, das sich bei dieser Entlarvungsarbeit einstellte, hatte sicher damit zu tun, daß ich andere bei ihrer Standpunktlosigkeit ertappte, ohne selber einen Standpunkt einzunehmen. Schlimmer war, daß meine analytische Methode mir zu beschreiben verbot, was mich an einem Text, an einem Theaterstück tatsächlich beeindruckt hatte.

Ich richtete an die Literatur einen Anspruch, unter dem sie, wenn sie allein ihn tragen muß, immer zusammenbrechen wird: mir endlich ein Ziel zu zeigen, für das man sich wirklich begeistern könnte.

Es ist nicht leicht, eine Vorstellung von dem ideologischen Vakuum zu geben, in dem ich lebte. Die antikommunistische Begeisterung, die ich vom Gymnasium mitbrachte, bekam zwar durch den Bau der Mauer einen neuen Halt, und nicht wenige, die später die Schaufenster des freien Westens einwarfen, haben sich damals als Fluchthelfer engagiert. Aber schon die Tränen, die meiner Wirtin kamen, als sie aus zwei Meter Entfernung John F. Kennedy im offenen Wagen vorüberfahren sah, wirkten auf mich nicht mehr echt. Ich hatte sie im Verdacht, daß sie ihre Augen, wenn schon nicht über eine Zwiebel, dann jedenfalls zu lange über Springers BZ gehalten hatte. Nicht, daß ich mich damals besonders für die Geschichte des 17. Juni und für die genauen politischen Umstände des Mauerbaus interessiert hätte. Es wurde einfach zu langweilig, zum hundertstenmal den Preis eines Volkswagens mit dem für einen Wartburg zu vergleichen und jedes Ostern wieder die frohe Botschaft in den Schlagzeilen zu lesen, daß die drüben keine Eier bemalen konnten, weil die Hennen im Sozialismus nicht legten. Wo immer der Schatten eines gesellschaftlichen Ideals auftauchte, da war es durch Abgrenzung zustande gekommen. Erst wenn die Wertvorstellungen des Westens verletzt wurden, hörte man etwas von ihnen. Erst wenn wieder einmal jemand an der Mauer erschossen wurde, wußten die Politiker, daß und wofür sie lebten. Erst wenn ein freigekaufter DDR-Häftling erzählte, wofür er drei Jahre gesessen hatte, verlor das Bekenntnis zur Meinungsfreiheit den Charakter eines Buchstabengedichts. Und es mußte sich schon, weit weg in jenem sozialistischen Völkergefängnis, ein ganzes Volk für die Selbstbestimmung schlagen, damit das zweisilbige westliche Glaubensbekenntnis namens Freiheit wieder mit etwas Gefühl gesprochen werden konnte. Einen begeisterten Anhänger dieses Bekenntnisses zu finden, war schwer. Unmöglich war es, einen ehrlichen Nazi zu treffen, der einem wenigstens erklärte, warum er sich für den Faschismus begeistert hatte. Alle Erwachsenen, die ich kannte, waren in der inneren Emigration gewesen und hatten heimlich Widerstand geleistet. Glaubte man ihnen, so war die NSDAP bis auf ein paar Spinner eine Organisation von Widerstandskämpfern gewesen. Das schlechte Gewissen einer Generation, die ihre Leidenschaften im

Faschismus verbraucht hatte und sich nun nur noch zu sagen traute, was sie nicht wollte, lebte auf den Universitäten im gedämpften Tonfall der Sachlichkeit fort. Auf den Bankrott der faschistischen Ideale reagierten die Intellektuellen mit der Ideologie der Wertfreiheit. Der Katechismus der fortschrittlichen germanistischen Seminare bestand in einem weitgehenden Verbot von Wertungen und der Forderung, am Text zu bleiben. Biographische, politische, wirkungsästhetische Exkurse waren nicht am Platz. Die Methode der werkimmanten Interpretation hatte gegenüber den blauäugigen Einfühlungsgermanisten in der Gundolf-Nachfolge den Vorteil der Respektlosigkeit. Gleichzeitig machte sie aber die Literatur zum Gedankenspiel, in dem alle Entwürfe, vom Buchstabengedicht bis zur littérature engagée, einträchtig koexistierten. Jedes Experiment war gut, nur überraschend mußte es sein, innovativ, bisherige Hör- und Sehgewohnheiten durchbrechen. Kritik, soweit sie nicht aus dem Vergleich der Texttheorie mit dem Text abgeleitet war, unterlag dem Ideologieverdacht. Fragen nach dem unmittelbaren Eindruck, nach den Gefühlen und Anschauungen, die ein Text auslöste, wirkten eher peinlich.

In diesem Klima der Wertfreiheit stellte ich meine Frage nach einem Standpunkt. Aber methodisch war ich so auf die Kategorien nach der inneren Stimmigkeit und der Widerspruchsfreiheit eines Textes festgelegt, daß ich die Energien, die unterhalb seiner logischen Struktur auf mich wirkten, nicht mehr zu Wort kommen ließ. Nichts oder wenig ist in meinen ersten Arbeiten davon zu merken, wie stark mich manche Autoren, die ich nachher in ihren Widersprüchen ertappte, beeindruckt hatten.

Nach der Aufführung von Peter Weiss' „Marat"-Stück im Schillertheater war ich so erregt, daß ich darüber nicht sprechen mochte. Aber zu schreiben begann ich darüber erst, wenn mich dieses Gefühl der Erregung nicht mehr bei der Arbeit störte.

Ungefähr ein Jahr zuvor hatte ich Peter Weiss bei einem Leseabend kennengelernt. Er las aus einem Prosastück, das er, soweit ich weiß, nie veröffentlicht hat. Darin beschrieb er die Ankunft in einer Großstadt aus der Perspektive eines Reisenden, der alle Bezeichnungen für die technischen Errungenschaften einer Industriegesellschaft vergessen hat. Es entstand das Bild einer zukünftigen Stadt, deren Kommunikationsapparat völlig intakt geblieben, aber sinnlos geworden war. Mit den Bezeichnungen für Telephon, Auto, Fahrstuhl war auch das Verständnis für ihre Funktion abhanden gekommen. Es war eine Stadt nach einem noch unbekannten Krieg, der nicht ihre Mauern, sondern das Gehirn ihrer Bewohner hatte in Flammen aufgehen lassen. Peter Weiss las in einem litaneihaften Singsang, aber unter der Gleichmäßigkeit seines Vortrags war eine unterdrückte Heftigkeit zu spüren. Sein Gesicht stimmt merkwürdig mit dieser Beschreibung eines ausgebombten Bewußtseins überein. Es wirkte alterslos, als wären daraus die Spuren der Erfahrung immer wieder durch innere Explosionen gelöscht worden. Am meisten überraschte mich seine Wehrlosigkeit in der anschließenden Diskussion. Er war nicht bereit oder in der Lage, auf die Fragen und Angriffe zu antworten, jedem Einwand schien er zuzustimmen, Worte der Erklärung oder Verteidigung überließ er einer Freundin, die ihn anschließend an der Hand aus dem Zimmer führte. Ich war wütend, daß der Autor eines so heftigen Textes diese glatten Kommentare nicht korrigierte. Aber gleichzeitig beeindruckte mich seine Unfähigkeit, sich an einem Diskussionsritual zu beteiligen, das darauf hinauslief, den intellektuellen Sieger zu ermitteln. Dieselbe Heftigkeit, nun aber nicht mehr namenlos und gefangen, spürte ich dann in seinem Stück. Die Wünsche und Alpträume, die dann in der Revolte von 68 hervorbrachen, wurden hier auf der Bühne zum erstenmal vorgeführt. Aber aus meiner Besprechung ließ ich jenen ersten Eindruck, der mich zum Schreiben anstieß, sorgfältig heraus. Dabei gehorchte ich einer Spielregel, die in Kritiken und Diskussionen über Kunst immer noch wirksam ist. Wer zuerst irgendwelche „objektiven“ Mängel und Widersprüche aufdeckt, beweist seine Überlegenheit, wer nur seine subjektive Wahrnehmung wiedergibt, verrät einen niedrigen IQ.

Kürzlich meldete ich mich nach einer Filmvorführung in der Berliner Filmakademie als erster zu Wort. Ich versuchte nur zu beschreiben, was mich an dem Film eines ehemaligen Absolventen beeindruckt hatte, an welchen Stellen ich aufmerksam oder gleichgültig geworden war. Es war, als hätte ich eine Stinkbombe geworfen. Ich solle inhaltlich argumentieren, statt Eindrücke wiederzugeben, was das für Maßstäbe seien, eine Person, ein Bild im Film spüren können, ich solle meinen Eindruck begründen. Ich versuchte das dann. Aber je mehr ich meinen Eindruck zu objektivieren versuchte, desto unsicherer wurde ich. Nach zwei Stunden Diskussion lag ein ehemals schöner und kompakter Film in Fetzen vor uns, und dem Regisseur bleibt eigentlich nur noch übrig, einen Eid zu leisten, daß er nie mehr im Leben einen Film drehen würde.

Immer noch, wenn auch mit anderen Stöcken, prügeln die Seminare aus ihren Teilnehmern alles heraus, was vital an ihrem Kunstinteresse ist. An ein abfragbares und möglichst telegraphisch weiterleitbares Ergebnis fixiert, lassen sie den materiellen Aspekt der Beziehung zwischen dem Rezipienten und dem Kunstprodukt außer acht: den Prozeß seiner Wahrnehmung. Was immer an Energien und Botschaften in einem künstlerischen Produkt stecken mag, sie teilen sich mit und wirken genau während der zwei oder drei Stunden, in denen ein Buch gelesen, ein Film gesehen, ein Theaterstück angeschaut wird. Wird dieser Wahrnehmungsprozeß nicht beschrieben, so bleiben auch die Ergebnisse fad, die man nach Hause tragen kann. Ein Zuschauer, der über seine Wahrnehmung eines Films spricht, sagt mehr über den Film, als einer, der nur über den Film spricht.

Um die Zeit, als ich den Aufsatz über das „Marat"-Stück von Peter Weiss schrieb, erhielt ich ein Stipendium des Literarischen Colloquiums in Berlin. Die Bedingungen, die ich vorfand, schienen günstig: eine Wilhelminische Villa am Wannsee mit eigenem Bootssteg, Geld genug für fünf Monate, ein warmes Essen zu Mittag, erfahrene Schriftsteller als Lehrer, die die Lehrerrolle ablehnten und uns sofort das Du anboten. Es gab keinerlei Forderung in eine bestimmte literarische Richtung, die realistische Schreibweise war genauso berechtigt wie die experimentelle, das politische Theater war wichtig, aber durfte das absurde nicht verdrängen, das dokumentarische Theater hatte sich bewährt, aber auch das Recht auf die Fiktion war verbürgt. Unsere Lehrer wechselten alle paar Wochen und mit ihnen die Themen und Stilrichtungen, Heinar Kipphardt stand für den dokumentarischen, Peter Rühmkorf für den poetischen und Gerhard Rühm für den Sang- und Klangaspekt der Theaterliteratur. Alles war offen, das Thema, die Stilrichtung, der Blick auf den Wannsee, die Bedingung zur Teilnahme war lediglich, daß man begabt war und schon irgendwie auf sich aufmerksam gemacht hatte. Daß wir begabt waren, sahen wir daran, daß wir hier zusammengekommen waren, daß wir schreiben wollten, wußten wir auch. Aber worüber? Fünf Monate saßen wir in frisch bezogenen Sesseln in dem riesigen Konferenzraum oder draußen in unseren

Liegestühlen mit dem Blick auf Segelboote und gepflegten Rasen und lasen uns Szenen vor über Themen wie „Staatstrauer", „Geldborgen", „Vertreterbesuch".

In seinen Geschichten aus Odessa erzählt Isaac Babel von seinen literarischen Colloquien mit Gorki. Babel berichtet, wie er als Zwanzigjähriger seine Geschichten zu Gorki brachte, der sie alle las, alle verwarf und von Babel verlangte, weitere Geschichten zu schreiben. Als schließlich beide dieser ergebnislosen Gespräche müde waren, sagte Gorki zu seinem Schützling: „Es ist ganz offensichtlich, daß Sie, mein Herr, nichts richtig kennen, aber an vielem herumrätseln ... Gehen Sie unter die Menschen."[2] Babel ging in Budjonnis Reiterarmee, kämpfte sieben Jahre gegen die Weißrussen und schrieb darüber sein erstes Buch.

Ich weiß nicht, wie wir auf einen solchen Ratschlag geantwortet hätten. Was hätten wir daraus machen sollen, Kellnern, Taxifahren, ein Ei im Kaufhaus fallen lassen, Käfigreinigen im Zoo? Sicher ist, daß uns jeder praktische Vorschlag zu wenig innovativ erschienen wäre. Daß es wichtiger sein könnte, neue Erfahrungen zu organisieren, wenn die alltäglichen zu undeutlich waren, kam uns nicht in den Sinn. Die Vorstellung von einem Thema, von einem gesellschaftlichen Ziel entstand dann auch nicht im Literarischen Colloquium. Sie entwickelte sich in den politischen Auseinandersetzungen auf der Straße.

Eine Gelegenheit, politisch Einfluß zu nehmen, und gleich von ganz oben, bot sich 1965. Der Verleger Klaus Wagenbach rief mich an und fragte, ob ich Lust hätte, mir zehn Mark in der Stunde zu verdienen. Ich konnte mir nicht vorstellen, daß es sich um eine schriftstellerische Arbeit handelte, denn bis dahin kannte ich nur Zeilenhonorare. Aber tatsächlich: zehn Mark die Stunde waren geboten, wenn ich für hohe SPD-Politiker Wahlreden schrieb.

Ich wohnte damals in einer Souterrainwohnung in Lichterfelde. Die Wände der Wohnung waren feucht und die Schritte meiner zweiten Wirtin, die viel energischer als die erste auftrat, kamen diesmal von oben. Von meinem Fenster aus konnte ich ein Stück Rasen und ein Blumenbeet sehen. Der Rasen war noch in Augenhöhe, aber die Blüten der Blumen unmittelbar vor meinem Fenster erreichte mein Blick nicht

---

[2] Isaac Babel: Geschichten aus Odessa. München: dtv 1972, S.108.

mehr. Dort unten, mit dem Blick auf die Stengel und die Beine der ein und aus gehenden Hausbewohner schrieb ich aufrüttelnde Reden über die deutsche Bildungskatastrophe, die Misere des deutschen Sports und über zwanzig Jahre Hiroshima. Themen und Thesen holte ich mir aus dem SPD-Wahlbüro in der Hardenbergstraße ab. Aber wenn die Reden fertig waren, waren es doch eher meine Reden. Ich wußte zwar, daß von uns in der Hauptsache nur Formulierungshilfen erwartet wurden nach dem Modell: „Der Marxismus ist wie eine alte Gaslaterne, die kurz vor dem Erlöschen ist." Aber mit derartigen Sinnsprüchen, gegen die ich inhaltlich nicht soviel einzuwenden hatte, gab ich mich nicht zufrieden. Einmal in Schwung gekommen, schrieb ich in diese Reden alles hinein, was mich persönlich betraf und empörte.

Während ich an meinen Sätzen feilte, stelle ich mir Tonfall und Gestik des Politikers vor, der ihnen Leben einhauchen würde. Aus irgendeinem Grund nahm ich an, daß Karl Schiller mein Sprachrohr war. Nie wieder habe ich seine Reden so regelmäßig und mit so großer Spannung verfolgt wie vor dem Radio in meiner Souterrainwohnung in Lichterfelde. Ich erwartete nicht, daß er meine Reden so hielt, wie ich sie schrieb, es war von „Glätten" und „Einpassen in die persönliche Diktion" gesprochen worden.

Tatsächlich habe ich dann nie einen meiner Sätze aus dem Radio gehört. Einmal glaubte ich in einer Genitivbildung eine meiner verblüffenden sprachlichen Engführungen wiederzuerkennen. Aber Kollegen wußten von ganzen Absätzen zu berichten, die Willy Brandt mit heiserer Wahlkampfstimme intoniert hatte. Irgendwie traf ich nicht den richtigen Tonfall.

Eines Tages, nachdem ich schon eine Menge Reden abgeliefert hatte, trat ich meinem Sprachrohr dann gegenüber. Karl Schiller hatte die Schriftsteller und einige hochgestellte Parteifreunde in seine Penthouse-Wohnung am Olivaerplatz eingeladen. Ich will nicht sagen, daß ich einen wiedererkennenden Blick des Gastgebers erwartete, als ich ihm vorgestellt wurde. Aber erstaunt war ich schon, als er mich nach einer Ansprache, in der ich nahezu alle Sätze benutzte, die ich ihm nun seit Monaten vergeblich in den Mund zu legen versuchte, interessiert ansah und fragte: „Warum schreiben Sie mir das nicht einmal auf?"

Daß eine Revolte bevorstand, die die Politik nicht mehr den Sprachrohren überließ und sie zu einer Sache jedes einzelnen machte, konnte ich mir damals nicht vorstellen. Aber das Bedürfnis nach einem Ausbruch kündigte sich längst vor 1967/68 in vielen einzelnen, meist unpolitischen Befreiungsversuchen an.

Ivan Binar

Wahrheit als Pflicht?

Das von mir gewählte Thema, die Verantwortlichkeit des Schriftstellers, führt mich als erstes zu der grundsätzlichen Frage: Wem und wofür hat ein Schriftsteller sich zu verantworten? – Allerdings gilt es in diesem Zusammenhang auch andere Faktoren im jeweiligen historischen Kontext zu beachten: die Funktion des literarischen Werks und dessen Stellenwert, wie es reflektiert wird und welche Rolle es spielt, und die Bedingungen, in denen es geschaffen wurde. Für die Bewertung der künstlerischen Qualität eines Werks sind die Entstehungsbedingungen zwar unwesentlich, um es zu analysieren, zu interpretieren und die Einstellung und Haltung seines Autors zu verstehen, ist es aber unerläßlich, auch die Umstände, unter denen es hervorgebracht wurde, zu untersuchen.

Nach der Niederschlagung des Prager Frühlings bis zum Regimewechsel des Jahres 1989 entfaltete sich die tschechische Belletristik in drei Bereichen: in den offiziellen Strukturen als zur Propaganda von Machtinteressen mißbrauchte unmündige Dienerin, in den inoffiziellen der sogenannten parallelen Kultur, wo sie der natürliche Ausdruck des freien Geistes war, und im Exil. Die dort verfaßte Literatur stand im Austausch mit dem unabhängigen Schaffen im Mutterland und war mit diesem untrennbar verbunden.

Schriftsteller, die offiziell publizieren wollten, mußten sich den Ansprüchen der Macht unterwerfen: Entweder dienten sie dem Regime mit vollem Einsatz oder suchten Kompromisse, wie sie, ohne Anstoß zu erregen, die Wahrheit zu Papier bringen und mit Allegorien und Anspielungen ihre Aufseher täuschen konnten. Die offiziellen Schriftsteller erzeugten vorfabrizierte, die Realität kaschierende Kulissen, bauten Potemkinsche Dörfer, färbten die Wirklichkeit rosa. Sie gehörten einer privilegierten Schicht an und wurden für ihre Dienste gehörig entlohnt.

Doch entstanden sogar unter diesen Bedingungen Werke, die man nicht vorbehaltlos verwerfen darf. Manchmal gelang der Eiertanz, fand der Autor einen Weg, wie er der Macht entsprechen und gleichzeitig die ersehnte Wahrheit ein wenig enthüllen konnte.

Bei der Beurteilung der offiziellen Produktion der tschechischen Literatur in der Zeit der sogenannten Normalisierung (1970-1989) darf man den politischen Druck, dem die Autoren ausgesetzt waren, nicht unbeachtet lassen. Die Bedingungen, unter denen sie arbeiteten, waren nicht „normal". Ohne schöpferische Freiheit, in geistiger Leibeigenschaft kann schwerlich ein autonomes Werk entstehen.

Waren aber die Bedingungen jener anderen, der Repräsentanten der inoffiziellen Literatur „normal"? Gab es Schriftsteller, die die Existenz verfolgter Regimegegner aus keinen anderen als künstlerischen Ambitionen wählten? – Schwerlich. Ihr Schaffen erfüllte in jener Zeit nicht nur eine ästhetische Funktion, es war auch eine gegen den Totalitarismus gerichtete politische Waffe, es formulierte und benannte die Wünsche, Sehnsüchte und Bedürfnisse der Menschen, von Bürgern ohne Bürgerrechte. – Sowohl die eine als auch die andere literarische Strömung der Normalisierungszeit nach ausschließlich ästhetischen Maßstäben zu beurteilen, wäre ungerecht, es müssen zusätzlich auch ethische Kriterien herangezogen werden.

Schriftsteller, die der zweiten, inoffiziellen Strömung angehörten, verhielten sich trotz der herrschenden Unfreiheit wie freie Menschen: sie entschieden sich selbst, also freiwillig für das Schicksal von Geächteten, indem sie sich um ein Leben in Wahrheit bemühten und für die Einhaltung elementarer Menschenrechte, für eine demokratische Gesellschaft einsetzten. – Sie gaben ihre Werke illegal in Samisdateditionen und in Verlagen im Ausland heraus und wurden ihres Schaffens wegen verfolgt, verhaftet und eingekerkert.

Schriftsteller, die ins Exil gingen, hatten die Möglichkeit der Wahl: tschechisch über tschechische Probleme zu schreiben, Teil der freien nationalen Kultur zu bleiben und zu helfen, ihr in einer demokratischen Welt Geltung zu verschaffen, mit dem Problem ihres unterjochten Landes, mit dem Los der Tschechen hausieren zu gehen und die demokratische Welt davon zu überzeugen, daß dieses Problem auch ihres wäre, – oder sich von der Last ihrer Volkszugehörigkeit zu befreien und eine neue Identität zu suchen. Was übrigens vielleicht gar nicht möglich ist. – Tschechische Exilverlage in Europa (Index, Konfrontace, Poezie mimo domov, Rozmluvy u. a.), in Kanada und Amerika (68-

Publishers) und in Australien gaben hunderte daheim und im Ausland verfaßte Buchtitel heraus, die nicht nur für die Tschechen in der Emigration bestimmt waren, sondern auch einen Weg zu den Lesern in der Heimat fanden. Auch Radio Freies Europa informierte über die verbotene tschechische Kultur. – Die Literatur dieser Zeit gab Auskunft vom Zustand eines okkupierten Landes und seiner Bewohner.

Nur: Worin besteht die Sendung der Literatur? – Die Wirklichkeit wahrheitsgetreu abzubilden? Das gesellschaftliche Geschehen zu reflektieren? Aussagen zu machen über den Menschen im Kontext der Welt? – Zu phantasieren, zu prognostizieren, rosa zu färben, sich billigem Geschmack anzubiedern, edle Ideen zu propagieren, Furcht einzujagen, zum Lachen zu bringen, zu unterhalten ... Was weiß ich!

Welche Beweggründe treiben einen vor ein leeres Blatt Papier, den Abgrund eines Bildschirms? Um seinen Lebensunterhalt zu verdienen, der Welt eine entdeckerische Wahrheit mitzuteilen, die eigene Eitelkeit zu befriedigen, einem krankhaften Schreibzwang freien Lauf zu lassen? – Allein vor dem Abgrund sammle ich Kraft, hoffe, zum Sprung entschlossen, daß alles ein gutes Ende nehmen, mich ein Schutzengel oder ein weicher Heuschober, ein Wunder retten würde ... Nein, so dramatisch ist es nicht, in einer leeren Seite verirrt man sich höchstens, verliert unter Umständen sich selbst. – Ich schreibe aus einem inneren Bedürfnis, bilde mir ein, Gott habe mir Talent gegeben, eine Begabung, die ich nicht vergeuden sollte. Ich empfinde dem Schreiben gegenüber Verantwortlichkeit, das Schreiben ist meine Pflicht, der Sinn meiner Existenz. Ich möchte mit dem Schreiben die Wahrheit herausfinden, mich zum Wesentlichen „durchschreiben", ein Zeugnis – mein subjektives Zeugnis – vom Zustand der Welt ablegen. – Die Wahrheit, die ich suche, ist nicht die Wahrheit eines beeideten Zeugen oder eines recherchierenden Journalisten. Das literarische Werk, die Belletristik ist weder die Aufzeichnung eines Chronisten noch eine Reportage von einem Kriegsschauplatz – und soll dennoch wahrhaftig sein. Ein in einem Roman oder auch in einem Gedicht beschriebener Vorfall hat nicht stattgefunden und ist trotzdem wirklich. – Der Schreibende baut ein Gebäude, schafft eine neue Realität und sagt dadurch etwas aus – über sich, seine Epoche, die Situation des Menschen in einem bestimmten Milieu und in einer bestimmten Zeit; alles ist erlaubt, nur lügen darf man nicht.

Nach den Erfahrungen mit dem Leben im Totalitarismus warne ich vor dem Mißbrauch der Literatur zu ideologischen Zwecken, zu Dienstbarkeit, zu Manipulation mit der Wahrheit. Korrumpierte Kulturschaffende haben uns schon in der Kindheit die Orientierung in der geistigen Welt kompliziert. Durch ihren Dienst an der Macht verlängerten sie die Dauer der Unfreiheit: sie glorifizierten Tyrannen, mißbrauchten die Sprache, verunglimpften Tugenden, devalvierten allgemein gültige Werte, betrieben Desinformation. Sie logen morgens, mittags, abends, sogar in der Nacht – mittels der Nachrichten, mit der Publizistik, mit Romanen und auch mit der Lyrik; mit Film, Theater, Musik und Malerei – mit allen Mitteln.

Die Literatur ist kein Dienst an etwas, ja sogar edlen Idealen sollte sie möglicherweise nicht dienen. Auch mit diesen kann Mißbrauch getrieben werden. Für mich ist Literatur ein unausgetretener Weg zu einem unbekannten Ziel, eine Suche … Wonach? – Nach einem verborgenen Schatz? Nach Hrabals „Perlchen auf dem Grund", also seelischen Qualitäten? Nach dem Stein der Weisen? Dem menschlichen Wesen? Der Wahrheit? … Es ist ein Abenteuer, Ausgang ungewiß.

Der Schriftsteller ist kein Demiurg, und er ist auch nicht verantwortlich für den Zustand der Gesellschaft, ähnlich wie ein Kartograph nicht für die Landschaft, deren Karte er zeichnet, der Meteorologe nicht für das Wetter verantwortlich ist. Er muß aber die Wahrheit sagen. Sofern wir uns einig sind, daß Verantwortlichkeit die Pflicht bedeutet, für die richtige Ausführung zu garantieren, Rechnung zu legen für das Vorgelegte, dann ist der Schriftsteller verantwortlich für sein Werk: dem Leser und auch seinem Gewissen gegenüber.

Aus dem Tschechischen von Christa Rothmeier

Reto Hänny

Freiheit für Grönland – schmelzt das Packeis

Tirade

Vorbemerkung 2005

Ende Mai 1980, im Vorfeld einer städtischen Abstimmung über einen Kredit von 60 Millionen Franken für die Renovation des Opernhauses, brachen in Zürich im Anschluß an eine Demonstration gegen „tote Repräsentation – für Lebensräume alternativer Kultur" unter dem Slogan „Wir sind die Kulturleichen dieser Stadt" Jugendunruhen aus (seit Jahren hatte die Jugend von der Stadt Freiraum für ihre alternative Kultur gefordert und nie bekommen; schon die 68er Unruhen entzündeten sich in Zürich an dieser unerfüllten Forderung). Im Anschluß an das, was vielen zum „unvergeßlichen Opernabend" werden sollte, setzten Jugendliche zum Schrecken der Etablierten mit viel Humor und Ironie den Ärger breiter Kreise im Laufe eines heißen Sommers tatkräftig in der Öffentlichkeit um, bis die Stadtverwaltung ihnen eine Abbruchliegenschaft als „Autonomes Jugendzentrum" AJZ zur Verfügung stellte. Nach 67 Tagen setzte die Polizei dem Experiment mit Schließung und Abbruch ein Ende – und öffnete dem Unmut erst recht alle Tore.

Der Meinung, daß zerstreutes Hinausschauen aus der sicheren Entfernung des Schreibtischs in solchen Momenten nicht ausreicht, konnte ich es mir als schreibender Zeitgenosse dank eines Stipendiums der Stadt Zürich leisten, die Vorgänge auf den Straßen ausführlich und von Nahem zu beobachten. Beim Versuch, sie zu dokumentieren, mich zu nahe bei den Ereignissen aufhaltend und in eine Falle tappend, wurde ich am Rande einer Demonstration am 6. September, zwei Tage nach der Schließung des AJZ, in einem noblen Außenquartier vor der Polizei in einen Hauseingang geflüchtet, mit anderen zusammen verhaftet.

Auszüge meines Protokolls über die mich schockierenden Vorgänge während der Festnahme und in der Haft, die im Magazin des Tagesanzeigers hätten erscheinen sollen, es aber nicht konnten, weil die Geschäftsleitung entschied, „in der gegenwärtigen kommunalpolitischen Situation unter anderem vom Unternehmensinteresse her" sei eine Veröffentlichung nicht statthaft, wurden von Redakteuren in einem Sonderdruck auf der Straße verteilt, bevor die Reportage mit dem Titel „Zürich, Anfang September" als Buch erschien, ergänzt durch den Essay „Vorspiel oder Wut hat eine lange Geschichte" sowie eine Tirade unter der Parole „Freiheit für Grönland – schmelzt das Packeis", die hier fünfundzwanzig Jahre später in unveränderter Form vorliegt.

Dieser Text, hervorgegangen aus einem nie abgeschickten Brief an Ludwig Hohl, den Querkopf der Schweizer Literatur, gestorben im Herbst 1980 bevor ich ihn besuchen konnte, ist ein Versuch, kollektive Wut und eigne Verzweiflung, Trauer auch, literarisch zu artikulieren, aus dem Bauch heraus, eingespannt in die Tradition und darin Halt suchend; ein Text über eine Befindlichkeit, Parteinahme, verständlich – damals – auf dem Hintergrund der Ereignisse.

R. H., Anfang September 2005

für L.H.

… mir zittern alle glieder
Wen ich die lipp' vnd naß' vnd beider augen kluft /
Die blindt vom wachen sindt / des athems schwere luft
Betracht / undt die nun schon erstorbnen augen-lieder:
Die zunge / schwartz vom brandt felt mitt den Worten nieder /
Vndt lalt ich weis nicht was …

ANDREAS GRYPHIUS, 1616–1664

gegenwärtig
wo
auf Zürichs Plätzen, in den Straßen und Gassen, auf dem Pflaster einer Stadt, die auch die meine sein soll
– unwirtlich und kalt, noch im Hochsommer fröstle ich in ihrer Glätte, fühl ich mich darin oft fremd und fern wie in Grönland –
und die bis vor kurzem in geschniegelter behäbiger Sattheit dahindösend zu völliger und endgültiger Unbeweglichkeit festbetoniert zu sein schien, idyllischer als der Mond
– schön deutlich an den aus der Hardau wie verkohlte Schwurfinger gen Himmel protzenden Hochhäusern, Potenzinsignien, mit ihren zu Sozialwohnungen verbrämten Selbstmordkabinen und am einzementierten putzigen Katzenkopfsteinpflaster der zutod sanierten Alt-Stadt; so weise wären eben unsere Stadt-Väter, mag manch einer im nachhinein einwenden, wo lockrere Steine längst ihren Platz gewechselt –,
plötzlich allerhand, ja unheimlich viel, und dies nicht negativ verstanden, los ist,
offen zutage
schlafraubend
intensiv –

BEWEGUNG,
die mit Sprache, zumal literarischer, vordergründig wenig zu tun hat,
aus sichrer Distanz, tränengas- und hartgummigeschoßhagelsichrer Distanz, allein, in wohliger Wärme, hinter Schreibtisch und vorgeschobenem Alter, hinter einem Wall fadenscheiniger Jährchen verschanzt, von idyllischem Abhang aus über Feld Wald & Wiesen und über ein paar den Blick kaum ankratzende Blocks hinweg betrachtet überhaupt nichts;

hintergründig, aus unmittelbarer Nähe besehen, am eignen Leibe mit eigenem Leibe erfahren
– die schiere Unwirklichkeit des Erblickten, so zynisch grotesk gegen alles Leben gerichtet kommt's einem vor, gibt Wirklichkeit dem Blick –, aus eigenster Getroffen- & Betroffenheit erfahren dafür plötzlich umso mehr;

mit Sprachen, in Wut und Spiel mit Fantasie enge Grenzen überwindend auf vielfältigsten Ebenen sich verflechtend und durchdringend, vom Körper getragen, aber nicht alleingelassen;
Sprache, die, gerade weil sie, um sich Luft für den lang genug zugeschnürten Atem zu schaffen, im Gegensatz zu der von der Last allzuvieler eingleisender zurechtstutzender verkrüppelnder Schuljahre und Semester gezeichneten Krückensprache vieler Studenten und erst recht Professoren, jegliche sie einengenden und also beengenden Konsensstützkorsette einer in geschliffener Kälte als nichts denn als Herrschaft oder Herrschaftsstruktur empfundenen Grammatik von innen und von
unten her
sprengt
aufbricht

pulvrisiert
musiziert
ins Fließen bringt
dem Lachen zuführt
da und dort, damit dies gelingt kurz
klein schlägt,
ein Stammeln, mag eingewendet werden, rüd noch dazu, meinetwegen, aber voller Leben, sich gegen jede voreilige Versöhnung und erneut leichtfertige und billige Vereinnahmung hartnäckig sträubend;

in Widerborstigkeit Hölderlin drum, ob sie's weiß oder nicht wissen will, und so vermessen der Vergleich allen guten Geschmacks vielleicht klingen mag, weit verwandter als der domestizierten gepanzerten gefängnisordnungsgittrigen Sprache oder Un-Sprache, der höhnisch höflichen Sprachhandhabung der Behörden und friedlichen Bürger, offenkundig, vielleicht am deutlichsten, in der Berichterstattung ihres ihnen treu nachhetzenden und sie zurechtweisenden und anspornenden Hauptorgans;
die Verachtung und der tonnenschwere falsche und zutiefst verlogene, mich beleidigende Ernst, der aus jeder Zeile der Berichterstattung ihres hochkarätigen Sprachrohrs trieft, bringt die hinter der Vortäuschung guten Geschmacks versteckte Brutalität nur umso zynischer zutage
– und dies nicht einzig im Inserateteil, wo die Polizei beispielsweise in jener Ausgabe, die schließlich unter Polizeischutz ausgeführt wurde, Polizeiaspiranten sucht, mindestens einssiebzig große tapfere Burschen, und ihnen nach gründlicher Ausbildung, bei vollem Lohn, wie betont wird, anspruchsvolle und vielseitige Tätigkeiten verspricht, bei denen immer der Mensch im Vordergrund stehe:

ja, um ihn mit Knüppel und Tränengas und einem Hartgummigeschoßhagel umzulegen;

eine Berichterstattung,
gegen die jeder Angriff RECHT ist,

DER HASS IST SO GUT ERLAUBT ALS DIE LIEBE, UND ICH HEGE IHN IM VOLLSTEN MASSE GEGEN DIE, WELCHE VERACHTEN. ES IST DEREN EINE GROSSE ZAHL, DIE IM BESITZE EINER LÄCHERLICHEN ÄUSSERLICHKEIT, DIE MAN BILDUNG, ODER EINES TOTEN KRAMS, DEN MAN GELEHRSAMKEIT HEISST, DIE MASSE IHRER BRÜDER IHREM VERACHTENDEN EGOISMUS OPFERN; GEGEN IHN KEHRE ICH SEINE EIGENEN WAFFEN; HOCHMUT GEGEN HOCHMUT, SPOTT GEGEN SPOTT, schrieb Büchner einst an seine Familie, zwei Jahre vor Zürich –;

eine Berichterstattung,
die ich längst lieber als perfide Kunst des Sperrdrucks und der Gänsefüßchen bezeichne: Wörter wie Repression und gar Vollversammlung kriegt dieses Blatt einfach nicht mehr ohne Ausschmückung aufs Blatt, zwischen Gänsefüßchen gezwängt, kursiv oder sonstwie verbogen;

fraternité égalité,
ein Erbe,
el siglo de las luces,
ins Deutsche übersetzt,
wurden von Anstreichern
auf Schreib-Maschinen
genauso an Füßen auf-
gehängt

und zu mal-
trätierten
in den Zeilenfluß ge-
zwängten
Floskeln
verdeppert,
zer-
stampft –;

um im Feuilleton
als Alibi die Hofnarren
sich die Zunge brechen zu lassen –;

vielleicht diese hehre Kunst, des Sperrdrucks, die voll genießen zu können ein Vorrecht des Geschmacks bleibt: die Vortäuschung von Geschmack als irritierende Spiel-Art des Gewöhnlichen –,
vielleicht diese Kunst der Berichterstattung, die Wörter wie Repression nicht mehr unvermurkst hinkriegt, weil die RABEN DER WOHLFAHRT, die Falken an der Goethe-Straße, die eines Tages plötzlich, ins Schludern geraten, im Namen der Werktätigen ihr Gedröhn anstimmen
– TÜRME AUS WORTEN;
DIE STIMME EINES MENSCHEN MUSS
IHR SCHELLEN ÜBERSCHREIEN –,
Repression wohl nie zu spüren bekamen, oder aber zu stumpf sind, willentlich, aus Eigennutz, oder nicht spüren wollen, daß sie Repression tagtäglich geballt gegen sich selber richten, in Zwänge eingespannt, die freiheitlicher Rechtsstaat heißen oder, im Klartext der Parteileitung einer Partei, die das Wort frei immer noch im Banner schwenkt: Was wir brauchen ist Ruhe, ein konsequentes Durchsetzen unseres Standpunktes des Rechts und die beharrliche Stützung der dafür verantwortlichen Staatsgewalt;

GELD UND GEWALT, GEWALT UND GELD,
DARAN KANN MAN SICH FREUEN;
GERECHT- UND UNGERECHTIGKEIT,
DAS SIND NUR LUMPEREIEN

Gewalt
SUCHT IHR GERECHTIGKEIT ODER NUR RACHE?
deren Schema, wenn Widerspruch und Abweichung zum Verbrechen werden, das Denken zur holzgeschnitzten handkolorierten Formel Ordnung muß sein gefriert, sich in der Liquidierung des Andern bloßlegt;

aber
WER GWALT HATT,
DER HAT ANGST,
und
DEN GWALT
MANN NIT LANGZIT BEHALT,
DEN MAN MUSZ SCHIRMEN MIT GEWALT
heißt es im Narrenschiff,
und Gewalt weckt wieder Gegengewalt, eine unendliche Kette von Rache und Widerrache,
SCHWUR UND GEGENSCHWUR ALLEIN HELFEN NICHT ZUM RECHT,
und, über zweitausend Jahre später:
WIE LANGE SOLLEN DIE FUSSSTAPFEN DER FREIHEIT GRÄBER SEIN? –
eine ungehörige Frage, ich weiß ich weiß, eines ehemaligen Bewohners dieser verkarsteten Stadt; –

BEWEGUNG
die Ausdruck, besser: die Eruption jahrelang falsch gelebten oder nicht gelebten oder abgemurksten Lebens, jahrelang angestauten Schweinemuts, ein altes Wort für Schwermut, unsere Zeit ist;

gleichzeitig aber, weg von fremdgewordenen Vätern und der Sprache dieser Väter, die Suche nach Möglichkeiten zu dessen Überwindung, von der LEIDENSCHAFT DER MITLEIDENDEN GLUT getragener Wille, endlich selber zu leben, statt weiterhin nur gelebt zu werden,

und wenn die grauen Eminenzen dieser Stadt auch nur ein Fünkchen der Fantasie jener der Straße ihr eigen nennen dürften, verteufelt als rechtswidrigen Druck der Straße – wen drückt die Straße? – würden sie,
DIE IM RAT SITZENDEN,
DIE FEIST AUF FEISTEN SESSELN INSTALLIERTEN,
DIE KEIN WIRKLICHES INTERESSE HABEN,
ALS IHRE STELLUNG ZU BEHALTEN,
DROSCHKENKUTSCHER DER MÄCHTIGEN
– keine Angst, der dies sagte, ist tot –
nicht weiter von Dialog palavern, um das Traktandum dann von der Liste zu haken, unter Polizeischutz, im Protzbunker verschanzt nicht mal mehr einen der Ihren, der das Gespräch in der Bereitschaft des Anhörens wagte, wieder zu ihnen hinein an die Sitzung lassend; doch wen stört dies, anderntags heißt es in der Zeitung, der Rat sei an der Ausübung seiner Funktion gehindert worden;
stimmt: einige aus dem Rat kamen an jenem Abend etwas verspätet zum Nachtessen in Kronenhalle und Zunfthaus –;

wirklich, besäßen die ein Fünkchen Leben,
DIESE NIE EINE VERÄNDERUNG WOL-
LENDEN,
DIESE NICHT-ARBEITER,
sie hätten das ihnen vors Haus getragene Angebot zum Dialog längst angenommen in einer andern als der bisherigen Sprache, denn bislang hieß die Sprache der Behörden der friedlichen Bürger immer wieder Chloracetophenon (CN) o-(Chlorbenzyliden)-malodinitril (CS),

Waffen, die nach den Brüsseler-Verträgen eigens
dazu bestimmt sind, die
erstickenden
toxischen
reizerregenden
lähmenden
wachstumsregelnden
die Schmierung zerstörenden
Eigenschaften für militärische Zwecke auszunutzen,

Stoffe, die Augen- und Hornhautverletzungen hervorrufen,
cancerogen sind,
letal,
die unser Stadt-Vater jedoch immer noch in erlaubte und unerlaubte zu unterscheiden sich getraut,
aber das Denken der Behörden, das Denken von Totenköpfen ohne Hirn, ist von der Flexibilität eines sechskantigen Hartgummigeschosses, Platzwunden schlagend bei jedem, der sich nicht zu schützen versteht, ins Aug fahrend jeden Blick tilgend;

eine andere Sprache allerdings, die ingrimmigste und lustvollste zugleich, und erst die, wurde in Zürich, wo ansonsten, über Jahre hinweg, statt daß

Probleme und Wünsche auch nur wahrgenommen würden, lieber eilfertig Kosmetik betrieben wird, die Sprache der Pflastersteine wurde, leider, möchte ich, GEGEN GEWALT, sagen, fast erschreckend schnell kapiert, wenn auch längst nicht verstanden;

statt daß man auf sie gehört hätte, sich in sie hineinzuhören und die darin übermittelte Botschaft herauszuhören versucht hätte, verstört, verunsichert, verängstigter als sonst schon, aufgeschreckt aus dem Schlaf VON DEN HEREINBRECHENDEN RÄNDERN –

statt daß sie hingehört hätten, schrien jene friedlichen Bürger, die vor dem Fernseher dahindämmernd ihre Angst nicht einzugestehen wagen und sich lieber in pelzige Sattheit verkriechen, angesichts ein paar zerschlagener Schaufenster plötzlich auf, als ob jeder einzelne von ihnen tief getroffen worden wäre, ihre eigne Haut nicht mehr spürend ist ihnen die Spiegelung fremder Geschäfte und nobler Cafés teurer Ersatz geworden, zu schützende Hülle –

Wahnsinn,
schrien sie aufgestört vor den Scherben, ehe sie ihre Sprache wiederfanden und versichert zurückfahren konnten
– ICH GEBE MICH DIESEM HELLEN WAHNSINN HIN, UM NICHT DER FINSTEREN SEITE DER VERNUNFT ANHEIMZUFALLEN,

Wahnsinn,
schrien die Fluchtgeldhorter und Kanonenfabrikanten und Waffenschieber bluttriefender Operettengenerale;

aus tiefer Sorge um den Detailhandel und das Ansehen Zürichs in der Welt, heißt es im Communiqué;
Geschäft, heißt es,
zur Sicherung von Arbeitsplätzen,
heißt es in einem Land, das kaum Arbeitslose kennt:
die schickt man, wenn der Frost einbricht, als Gastarbeiter zurück in ihre Heimat

Kalkulatoren
dröhnende Neonröhren
Siedlungsgroßräume
Arbeits-Frieden
Geld raschelt wie Herbstlaub leise im Nebel von den Bäumen segelnd, und der Lärm ganze Kontinente zerstampfender Stiefel schluckt der Ozean – und man verdammt alle jene, die lärmend Ersatz anzutasten wagten und die Spiegel zertrümmern, die nackt herausrufen Der Kaiser ist tot, zu schäbigstem Ungeziefer, und wie Fliegengift schmeckt das ins Gesicht gespuckt gekriegte Tränengas ja auch, das für Tage die Kehle verbrennt;

seit den Vorfällen Ende Mai zwischen NZZ-Hauptsitz und notdürftig verbrettert und vernageltem Opernhausfoyer
– drinnen wurde la sonnambula gegeben, die Stimme der neuen Armina etwas unkonzentriert im ersten Bild, lese ich in der Zeitung –,
ist mir die Sprache der Pflastersteine, als einzige einigen noch gebliebene Sprache, eine verständliche, adäquate, letztlich ohn-mächtige Antwort auf Sprach-Verteufelung, Problemverschleierung, Drahtzieherhetze, auf die stur jedem Befehl gehorchend unerbittlich blind-wütig wie Ochsen vorrückenden Mauern der Knechte der zurückgelehnt

im Hinterhalt feiernden Obern und deren ihres Idioms, Chloracetophenon –;

WIR HABEN GRUND GENUG
ZUM WEINEN,
AUCH OHNE EUER TRÄNENGAS;
WIR HABEN NICHTS ZU VERLIEREN,
AUSSER UNSERE ANGST,
und daß eine dauernd zurechtgestutzte Pflanze, ein zum Krüppel zurechtgeschnitztes Bäumchen, abgewürgtes Leben als das, zu dem es gemacht wurde, zurückschlägt, sollte niemanden erstaunen

gegenwärtig
mag ich drum nicht dichten, reimt sich mir kein
Vers auf den andern, mir ist nicht ums Singen allein
hinter dem Schreibtisch hervor
– vor dem Schreibtisch auf dem Balkon die Möglichkeit eines Sprungs übers Geländer, WEG MIT DEM TAG, STELLT DIE LAMPE UNTER KRISTALLGLOCKEN ZWISCHEN DIE OLEANDER –,

und wenn ich aus dem Tram steigend am Bellevue Sonntag früh von einem friedlichen Bürger mit Schäferhund an kurzer Leine meines Aussehens, meiner einige Zentimeter über seine Norm hinauswachsenden Haare wegen als einer dieser Sauhunde, denen mit einer Brechstange die Schnorre zerschmettert gehöre, tituliert werde, vergeht mir das Dichten, gründlich,

und noch viel gründlicher, wenn ich mir im Wirtshaus anhören muß, die NACKT GEGEN GEWALT demonstrieren gehörten mit einem tüchtigen Schlag in die Eier allesamt kastriert und anschließend von Turnern aus der Innerschweiz in die Limmat geworfen, der Rest ins AJZ gesperrt und der ganze Sauhaufen dort gen Himmel gesprengt, als Feuerwerk zum Nationalfeiertag:
denen ihre Fremd-Sprache, auch wenn es meine Muttersprache sein soll, will ich nicht länger verstehen.

KEINE MACHT FÜR NIEMAND
MACHT AUS DIESEM STAAT
DRUM GURKENSALAT
FREIHEIT FÜR GRÖNLAND,
NIEDER MIT DEM PACKEIS
DAS BEDÜRFNIS NACH LIEBE KANN ICH
ERST STELLEN, WENN EIN HERZ DA IST

um aber mit Sprache bis ins Versmaß hinein Barrikaden aufzubauen
KOLONIE LIEBT UND VERGESSEN DER GEIST
dazu brauche es Zeit, Zeit, die ich nicht zu haben meine, gegenwärtig, da ich sie, gegenwärtig, lieber lebe und nichts als unnütz sein will, durch kein Kunstwerk vereinnehmbar,

DU HAST ZWAR KEINE CHANCE, ABER NUTZE SIE

drum schreib ich diesen Brief, bevor ich wieder auf die Straße gehe
summen brummen singen
selber Augenschein nehmen, wie der Beton neue Risse abkriegt, das Gehör spitzend fürs Knacken im Eis, bis erneut und nur zu bald in der konsumwütigen Wüste vorgeschobene Kleinbürger die Sicht zu vernebeln trachten

mit Kanonen auf Dada

weinen schreien scherbeln

noch werden die Stricke erst gedreht
werden die Öfen erst geheizt
wird die Maschinerie erst getestet
noch schoß erst ein Anwalt
unbehelligt
scharf in die Menge
Notwehr recht-
fertigen Zyniker
mit Notwehr
fängt der Mord an

drum

TANZE ROSETTA TANZE DASS DIE ZEIT
MIT DEM TAKT DEINER NIEDLICHEN
FÜSSE GEHT

MEINE FÜSSE GINGEN LIEBER AUS DER
ZEIT

noch nicht

Anmerkung

Die Zitate werden größtenteils nicht näher identifiziert. In einem Klima, in dem einem das Reden vergehen kann, abgewöhnt werden möchte, werden sie mir zu Transparenten gegen die Angst, zu Gut, das allen gehört – ich mag unser ERBE nicht der Macht zur Verwaltung überlassen –, und wer sie als Hommagen, die sie auch sind, hört, liest vielleicht selber weiter. Ob in der Orestie, in Hölderlins Gedichten, im Werk Georg Büchners oder Ludwig Hohls, bei Achternbusch oder, Gedichte in einer kalten Zeit: auf Transparenten und Mauern die Inschriften der Zürcher Unruhe, die sich selber Bewegig (Bewegung) nennt.

Egon Schwarz

Europa, das gibt es nicht

Der altgriechischen Sage nach war Europa der Name eines geraubten, vergewaltigten und schließlich gottverlassenen Mädchens. Wenn diese Mythe symbolisch ist für die europäischen Anfänge und wenn der Geschichtsmorphologe Arnold Toynbee recht hat mit der Behauptung, eine Gesellschaft schleppe die mißlichen Umstände ihrer Entstehung durch die Jahrhunderte fort, dann würde das so manche der europäischen Kalamitäten erklären.

Es geht mir mit Europa so wie vielen Leuten vor einem Vexierbild. Man starrt lange erwartungsvoll hin, mit einem Mal sieht man die versprochene Gestalt, und gleich darauf verliert man sie wieder aus den Augen, so sehr man sich auch anstrengt, sie festzuhalten.

Damit man von einem Europa sprechen kann, das mehr ist als der westliche Wurmfortsatz der asiatischen Landmasse, müßte es eine Reihe von vorbildhaften, oder sagen wir bescheidener: signifikanten Gemeinsamkeiten geben. Diese würden aus dem Vexierbild hervorspringen, ohne sogleich zu verschwimmen.

Aber, wird man mir entgegenhalten, kann nicht jedes Ladenfräulein in wenigen Stunden von Stockholm an die Costa Brava oder nach Rhodos fliegen? Sind nicht die Grenzkontrollen so gut wie eingestellt? Erinnert sich überhaupt noch jemand an die lästigen Triptiks, die vorzuzeigen waren, wenn man mit dem Auto von einem Land ins andere fahren wollte? An die lächerlichen Mengen Butter oder Schokolade, die man verzollen mußte? Tagt das europäische Parlament mit seinen gewählten Vertretern vielleicht nicht in Straßburg? Ist die EG in den letzten Jahren nicht gewachsen? Häufen sich nicht die Anträge neuer Länder zur Aufnahme?

Woher also meine Skepsis? Die Antwort ist nicht leicht. Ich berufe mich auf einen Satz, den der Wiener Schriftsteller Arthur Schnitzler, der ja auch in einem angeblich harmonischen Vielvölkerstaat lebte, den Grafen in einer Szene seines „Reigens" sagen läßt: „Gerade die Sachen, von denen am meisten g'redt wird, gibt's nicht." In der Komödie bezieht sich das auf die Liebe, aber wo sie fehlt, läßt sich die Einsicht auf andere Gegenstände anwenden. Also warum nicht auf Europa?

Ich fürchte, ein paar ökonomische und politische Erleichterungen genügen nicht, um die Umrisse eines einheitlichen Kontinents in unserer verdrießlichen Vexierwelt klar heraustreten zu lassen, noch dazu, wenn man die Augen vor gegenläufigen Tendenzen geflissentlich zudrückt. Während im Westen zaghafte Schritte, zwei vorwärts und einer zurück, auf die Einigung zu unternommen werden, ist im Osten Zerfall an der Tagesordnung, große Gebilde brechen auseinander, fanatischer Nationalismus und Fremdenhaß flammen auf, Minderheiten werden verfolgt, Zwergstaaten bilden sich über Nacht, selten friedlich, viel öfter unter barbarischen Selbstzerfleischungen.

Was soll mir ein Europa, in dessen Mitte Asyl suchende Menschen von einem zügellosen Mob angegriffen und ihre Behausungen verbrannt werden, während die „normale" Bevölkerung diesem Schauspiel zustimmend beiwohnt? Und wie reagiert dieser Staat auf solche Greuel, ein Staat übrigens, von dem die stärksten Impulse zur europäischen Vereinigung ausgehen? Durch die Deportation der hilflosen Opfer dieser Attacken in einen anderen notorisch „europäischen" Staat, dessen Verfolgungen sie gerade erst entronnen waren.

Liegt Jugoslawien nicht in Europa? Haben die eifrigen Europäer des Westens einen Finger gerührt, um den Völkermord zuerst zu verhindern und, als das nicht geschah, ihn zu beenden? Uralte europäische Kulturwerte wurden zerbombt, schlimmer noch, ganze volkreiche Städte werden eingekreist, und es wird, ohne die geringste Rücksicht auf die Haager und Genfer Konventionen, auf die gefangenen Zivilisten geschossen, auf Kinder gezielt und getroffen, und nichts wird zum Schutz der Überlebenden unternommen.

Ich frage noch einmal, nicht die hoffnungslose Frage, was es ist, sondern bloß, was zu diesem Europa nun wirklich gehört. Der tschechische Schriftsteller und ehemalige Dissident Milan Kundera hat in einem weithin beachteten Essay in seiner Verzweiflung über die tödliche Gleichgültigkeit Europas und aus nur zu verständlicher Empörung über das Schicksal seiner Heimat Rußland kategorisch von dieser Zugehörigkeit ausgeschlossen.

Schon lange vor ihm hatte Metternich noch radikaler verkündet, am Rennweg beginne Asien. Da seine Wiener Wohnung an eben diesem

Rennweg lag, rechnete er sich offenbar mit knapper Not gerade noch zu Europa. Und ein arroganter, auf seine Kultur überstolzer Franzose hat verlauten lassen, südlich der Pyrenäen beginne Afrika, wahrscheinlich nach dem bekannten Rezept: Wer ein Europäer ist, bestimme ich, oder: Wo ich bin, ist Europa.

Ich habe eine andere These. Je weiter man sich entfernt, sei es zeitlich oder räumlich, um so einheitlicher, europäischer kommt einem Europa vor. Neulich blätterte ich in meiner Autobiographie und stieß auf folgende Passage: „Schwarz ragte der Riesenrumpf aus den sanft bewegten Wassern, als wir die schwankende Leiter emporstiegen. Es kam der Augenblick, wo sich der Koloß von fast zwanzigtausend Tonnen in Bewegung setzte und sachte von der Küste entfernte. Nach einer Weile war Europa nur noch ein grauer Strich, vom grauen Himmel und vom grauen Atlantik beinahe nicht zu unterscheiden. Erst siebzehn Jahre später sollte ich den Kontinent wiedersehen, in dem ich geboren war."

Hier hatte ich ganz unbewußt die Einheitsvokabel Europa hingeschrieben. Gemeint ist das Jahr 1939. Die Emigranten, die damals dem nicht allen seinen Kindern gegenüber liebevollen Kontinent den Rücken kehren mußten (oder soll ich sagen: durften?), hatten allen Grund, sich von ganz Europa verstoßen zu fühlen. Der Faschismus war ja keineswegs auf *ein* Land beschränkt oder gar eine aus anderen Weltteilen importierte Bewegung. Hitler war ein ausgepicht europäisches Phänomen, und seinen Opfern streckte Europa keineswegs mütterliche Hände entgegen. Dieses Mütterchen hatte Krallen. Liegt Auschwitz nicht in Europa? Kurz: Von Übersee aus betrachtet, schmilzt auch für ganz unbelastete Menschen dieses in der Nähe so zerklüftete Europa leicht zu einem grauen Strich zusammen.

Ähnlich steht es mit der zeitlichen Entfernung. Novalis ist nicht der einzige und keineswegs der letzte, dem das christliche Europa des Mittelalters als vorbildliche Einheit erschien. Schaut man aber genauer hin, dann war es mit der angeblichen Harmonie nicht weit her. Brauchen wir weitere historische Beispiele? Sollen wir von den vielen verbrüdernden Revolutionen, Ligen, Ententen und anderen Bündnissen reden?

Gut, ich höre und akzeptiere den Einwand, man solle keinen Utopien nachjagen. Überlassen wir es den Politikern, den Kontinent im Schneckentempo zu zivilisieren, und finden wir uns damit ab, daß wir bei dieser millimeterhaften Annäherung die Ankunft am Ziel nicht erleben werden. Halten wir uns doch, rät man mir, an Europens größte Kollektivleistung, die Kultur. Warum nicht auf diesem ungeheuren Gebiet die schwer faßbare Einheit suchen?

Damit habe ich als Literaturhistoriker in der Tat nicht die geringste Schwierigkeit. Gerne rufe ich mit Rilke aus: „Chartres war groß", und mit Hesse stelle ich mir, ungeachtet jeder Chronologie, einen kulturellen Überhimmel vor, wo die „Unsterblichen" Hand in Hand einherwandeln, wo Goethe und Mozart uns Sterblichen im Traum erscheinen und uns lehrreiche Rügen erteilen. Beethoven, Michelangelo, Dickens: Es fällt mir nicht schwer, alle diese Ungleichzeitigkeiten gleichzeitig zu verehren; ich versuche, Dante und Mickiewicz, die sich nicht hätten verständigen können, zu verstehen; und vielleicht gelingt es mir sogar, die Célines und die Mendele Mojcher Sforims, die einander verachtet hätten, zu achten. Ich las in der „New York Times", daß im Pariser Grand Palais eine Ausstellung eröffnet wurde, die auch nach Berlin gekommen ist. Sie sollte betonen, welch gute Europäer die Etrusker waren, wie durch sie bereits eine gegenseitige Befruchtung Europas stattgefunden habe. Sind die besten Europäer die verschollenen und ausgerotteten?

Ein wenig stutzig macht es mich schon, daß diese Wiederentdeckung der Etrusker ausgerechnet von Politikern und Industriellen ausgegangen ist, „die begierig sind, die Einheit Europas zu betreiben". Aber sei's drum. Nur kann ich dann nicht einsehen, warum die Südafrikanerin Nadine Gordimer, die Chilenin Gabriela Mistral, der Nordamerikaner William Faulkner und der Inder Rabindranath Tagore von unserem Empyreum ausgeschlossen sein sollen. Den europäischen Nobelpreis haben ja alle vier. Dies seien aber total „europäisierte" Schriftsteller, flüstert man mir von allen Seiten zu. Gewiß, aber das ist es ja gerade. Nein, dieses Geisterreich werden wir nicht auf Europa eingrenzen können, selbst wenn wir bereit sind, Europa über die Pyrenäen und den Rennweg hinaus auszudehnen.

Ziehen wir eine Bilanz. Irgendwann ist im 12. oder 13. Jahrhundert in Oberitalien die Arbeit erfunden worden, genauer: Es ist die Mode aufgekommen, mehr zu arbeiten, als zum Leben nötig war, und hat sich rasch über den ganzen Kontinent verbreitet, mit allen Begleiterscheinungen, guten wie schlimmen: Wissenschaft, Technik, dauerndes

„Wachstum", Anhäufung von Reichtum, mehr und mehr Freizeit, Bedürfnis nach Luxus, Unterhaltung, Kunst. Die vorhandenen Spaltungen, Gehässigkeiten, Aggressionen hat diese Entwicklung, wie eine unabreißbare Kette von Verfolgungen und Kriegen beweist, kaum berührt, höchstens verschärft. Doch eine Zeitlang, vielleicht sechs- bis siebenhundert Jahre, eine lächerliche Spanne im Gesamtschema der Dinge, hat diese Kultur Erstaunliches vollbracht, Leistungen, die die finsteren Abgründe Europas, wenigstens für diejenigen, die nicht hineinstürzten, überglänzten.

Ich erspare mir die Aufzählung dieser Schattenseiten und begnüge mich, darauf hinzuweisen, daß das Arbeitsprinzip mit allem Drum und Dran nicht auf Europa beschränkt blieb, daß es sich längst die ganze Welt, mit letzten Endes verheerenden Folgen für den Fortbestand der Menschheit, erobert hat. Wird durch Zufall irgendwo in einem Urwald oder auf einer abseits gelegenen Insel noch ein primitives Dorf gefunden, dann langt garantiert spätestens in vierzehn Tagen ein Fernsehteam ein und in drei Wochen der erste Touristenbus. Zukünftige Anthropologen werden, sofern es überhaupt so weit kommt, diese europäisierte Zivilisation ausgraben und den Menschentyp, der sie hervorgebracht hat, „Homo neckermanniensis" nennen. Heute ist Europa nirgends und überall.

Gila Lustiger

Die Enzyklopädie Ashe

In dem in Gold gepreßten LXIV Band der Enzyklopädie Ashe, in der die gesamten Lebensweisheiten, Eingebungen und Gepflogenheiten der Welt, der gesamte Erkenntisstoff aller Menschen in allen Disziplinen und Fächern zusammengefaßt ist, kann folgende Erfahrung eines bekannten französischen Staatsmannes nachgelesen werden:

Keiner kennt die gesammelten Forderungen, Ziele und Werte seiner Partei. Von jenem schon bei der Niederschrift fast in Vergessenheit geratenen Grundsatzprogramm ist ohnehin nur ein Bruchteil erprobt. Dieses besagt-unentbehrliche Quantum läßt sich nur partiell erklären. Nicht alles, was erklärt werden kann, wird auch vernommen. Von dem, was er auch tatsächlich hört, versteht ein Wähler nur Brocken. Von dem, was er begreift, glaubt er die Hälfte. Dieser Staub ist von so geringem Interesse, daß er keinen Wahlsieg herbeiführen kann.

Natürlich, fügt jener Politiker als eine Art Schlußbetrachtung hinzu, ist es immer angenehmer, sich von einem sympathischen Menschen rumkriegen zu lassen als von einem unsympathischen.

Von jenem Politiker, von dem Ashe auch zu erzählen weiß, daß er als Sprachrohr des „Kleinen Mannes" verstanden werden wollte und maßgeschneiderte Hemden mit eingestickten Initialen trug, sind zahlreiche Verfahren das Herz zu erwärmen, ohne dabei den Geist zu ermüden, erhalten geblieben. Es gibt viele Methoden die Begeisterung der Mitmenschen zu wecken. Die induktive, die deduktive, die analytische, synthetische, experimentelle, die genetische, nihilistische, vergleichende, die sehr umstrittene systematische, die pragmatische, die historische, strukturelle, die semiotische, allegorische, logische, die ontologische, kosmologische, neoplatonische, neupythagoräische, marxistische, ethnographische, phänomenologische, kognitive, hermeneutische, die klassizistische, akromatische, scholastische, die (in jeder Hinsicht empörende) spekulative, die dialektische, kant-laplacesche, transzendentale und empirische.

Die besten Wege zum Ziel zu gelangen bleiben die einfachsten:

Das Händeschütteln. Das Kinder-Hochheben. Das Zuhören mit „mhm" und „aha". Das entspannte Reden mit raumgreifenden Gesten zur Unterstreichung des Gesagten. Das Antworten auf Fragen mit unkomplizierten Worten. Das Schulterklopfen (mit und ohne Lob). Der Blickkontakt. Die Forderungen nach Gesetz und Ordnung. Das Vermeiden von Fremdwörtern. Das Beteuern und Wiederholen von Standpunkten, unter Auslassung von Beweisen. Das Beleben der Rede mit Anekdoten und Geschichten aus dem eigenen Leben. Die Schlagfertigkeit bei Angriffen und Vorwürfen. Das Versprechen von Steuersenkung. Das Schließen und hiernach folgende Dementieren von Bündnissen. Das Verspeisen leckerer Mahlzeiten in der Öffentlichkeit. Die öffentliche Förderung von Wohltätigkeitskampagnen für kranke Kinder. Die Verfassung eines Romans (Kochbuches, Memoiren, Biographie). Das Signieren von Autogrammen mit persönlichen Widmungen. Die Auswertung beliebter Themen wie Kriminalität und Asylrecht. Das Sitzen auf der Ehrentribüne bei Fußballturnieren. Die Einseitigkeit und Überschwenglichkeit der Gefühle. Das Beschaffen eines Haustieres, wenn möglich Hund. Der Spaziergang mit Hund vor Kameras, wenn möglich mit Wald als Hintergrund. Die Einteilung der Welt in links-rechts, gut-böse, ja-nein. Die Einführung einer einfachen Ja-Nein Wahl, ohne ermüdenden Einfluß auf die Gestaltung der Vorschläge. Das Lächeln. Das Anfreunden mit Prominenz (Spitzensportler, Schauspieler, Musiker). Das Anprangern von Sündenböcken (Polen, Emigranten, Amerikaner, Frauen, Engländer, Ossis, Kapitalisten, Bosnier, Esten, Armenier, Juden, Tasmanier, Katharen, Tutsi, Hutu, Azteken, Inkas, Konzerne, Araber). Das herzliche Lachen. Das öffentliche Ausüben alltäglicher Pflichten und Obliegenheiten, wie zum Beispiel das Kaufen eines Laibes Brot. Das öffentliche Ausüben von interessanten Freuden und Fröhlichkeiten, wie zum Beispiel mit dem Rad zum Picknick fahren.

Auch einfache Gesten setzen Grundwissen und Kompetenz voraus. Beim Händeschütteln geben die Damen den Herren, die Älteren den Jüngeren, die Ranghöheren den Rangniedrigeren zuerst die Hand. Kommt ein Politiker zu einer größeren Gruppe von Personen, schüttelt er der Reihe nach durch die Runde. Durchaus erlaubt und auch sinnvoll ist ein freundschaftliches Begrüßungswort. (Erleidet der Politiker, trotz all den eben angeführten Strategien und Ressourcen eine saftige Wahlniederlage, kann er sich ja wie die Epikureer [oder gewisse Protestanten] ins Privatleben zurückziehen.)

Zu den Charakteristika der Enzyklopädie Ashe gehört, jeder Meinung sogleich eine Gegenmeinung hinzuzufügen. So und nicht anders wird der Benutzer dieses allumfassenden Nachschlagewerkes in selbständigem Denken unterwiesen. Auf die Gefahr hin, den Leser mit dieser Technik in die Nähe einer bodenlosen Skepsis zu führen, sollen nun also auch konträre Betrachtungen erwähnt werden. Sie entstammen den geheimen Heften Hoffstätters, eines Schneiders, der einem russischen Tyrannen bis zu seiner Hinrichtung liebevoll gedient hat.

Erste hoffstätterische Maxime: Wie die Mythen, Denkmäler, Bildergalerien, Bücher und Bauwerke seit dem Altertum beweisen, haben immer nur sagenumwobene Helden Eindruck auf das Volk gemacht. Deshalb sollte das Volk nie von dem täglichen Leben eines Staatsmannes in Kenntnis gesetzt werden. Hat der Staatsmann Leiden (Rheuma, Allergien, Bluthochdruck, Kopfschmerzen), sollten diese stets ins Tragische gesteigert werden. Das gleiche Prinzip der Aufschneiderei gilt natürlich auch für Tugenden.

Zweite hoffstätterische Maxime: Das Volk will überrascht, erschüttert und geblendet werden. Das Wunderbare und das Legendäre sind die Krücken jedes Regenten: ein großes Wunder, ein großes Verbrechen, ein großer Sieg, eine große Hoffnung.

Dritte hoffstätterische Maxime: Das Volk berauscht sich an seiner eigenen, rohen Kraft. Es ersehnt sich einen, der ihm durch seine uneingeschränkte Gewaltherrschaft als Spiegelbild dient. Diener und Herrscher. Bote und Gebieter. Beispiel und Despot.

Vierte hoffstätterische Maxime: Das Volk will nicht verstehen, sondern hoffen. Nicht überstehen, sondern überspringen. Nicht wissen, sondern glauben. Nicht armselige Provinzwirklichkeit, sondern Don Quijote-Fiktionen. Bis in die obersten Sphären erhöhen, um hinunterstürzen zu können.

Fußnote: Ein kluger Despot träumt seinen Fall voraus.

In der Zeit des Untergangs der griechischen Stadtstaaten lehrte ein Bauerssohn, der Vordenker der Enzyklopädie Ashe, daß der Wahrheitsgehalt unserer Sinneswahrnehmungen und unserer Urteile nicht eindeutig feststellbar ist. Aus diesem Sachverhalt folgerte er, der Weise wüßte sich jeden Urteils zu enthalten, indem er alle Urteile zum Ausdruck bringe. Bis zu unübersichtlichen Verschlingungen, Verwirrung, Unklarheit, Tumult, Chaos, Werden der Welt.

Als das Römische Reich den Höhepunkt seiner Entwicklung überschritten hatte, erlebte dieser Agnostizismus eine erneute Blüte. Der Arzt Sextus sammelte Argumente, die er zur Widerlegung aller Meinungen aller vergangenen, gegenwärtigen und zukünftigen Philosophen zu nutzen empfahl, die die Existenz gesicherter Urteile anerkannten. Er schuf damit eine der wichtigsten Sammlungen, Anhäufungen, Verwirrung, Unklarheit, Tumult, Chaos, Werden der Welt.

Das beste Argument für den Skeptizismus, so Ashe, ist die Tatsache, daß sich die Philosophen nach zweieinhalb Jahrtausenden nicht einmal in den Anfangspositionen haben einigen können. Wenn sie aber grundverschiedene, sich gegenseitig ausschließende „Wahrheiten" erkannt haben wollen, wie soll dann die Wahrheit überhaupt existieren? Allerdings, so Ashe, gebe es ein Paradox, das den Skeptizismus aufhebt.

Ashe Paradox: Wenn nichts absolut wahr, unwiderlegbar und unbezweifelbar ist, wie kann dann der Satz, daß nichts absolut wahr, unwiderlegbar und unbezweifelbar ist, absolut wahr, unwiderlegbar und unbezweifelbar sein?

Dieses Paradox, nach Ashe das Ashe Paradox genannt, ist ein Argument zugunsten mancher Berufe, die keine Unschlüssigkeiten und Bedenken dulden: Grundschullehrer, Farb- und Stilberater, Autoverkäufer, Bilanzbuchhalter, Lokführer, Lebensmittelkontrolleur, Dolmetscher, Priester, Fliesenleger, Seiltänzer, Journalist, Zollbeamter, Uhrmacher, Gitarrenbauer, Hundetrainer, Populist.

(Die Vermutung, seine Weltanschauung könne nicht absolut wahr, unwiderlegbar und unbezweifelbar sein, scheint einem Populisten genauso absurd, wie der Zweifel daran, daß die Überzeugungen des

Andersdenkenden absolut falsch, widerlegbar und bezweifelbar sind. Man könnte es auch einfacher ausdrücken. Ich habe recht, sagt der Populist, und wenn der Andersdenkende sich bemüht, dann kann er die Wahrheit, die in meinem Besitz ist, begreifen.)

Es gibt Populisten, die Skeptiker sind. In der Ausgabe der Enzyklopädie Ashe von 1879 sind die wunderbar schwermütigen Sonette (zwei bis dreitausend) eines italienischen Staatsmannes aufgezeichnet, der nach einer Flasche Rotwein der schwindelerregenden Melancholie und dem Skeptizismus verfiel. Er gab jedoch bald seine Nachtgedanken über das Leben und den Alkohol auf und gründete mit Hilfe der Monte Dei Paschi Bank einen lokalen Fernsehsender. Allen Leidensgenossen (Nörglern, Zaghaften, Träumern), die weiterhin jammerten, daß Sinne und Verstand trügerisch und Erkenntnisse relativ seien, gab er als „Geheilter" folgende Ermunterung mit auf den Weg: Da man sich im Leben für etwas entscheiden müsse, solle man sich (verdammt noch mal) der Mehrheit anschließen, mit dem Wissen, daß dies falsch sein könne.

Neben der Aufzählung der schnurrigsten Sonderlinge, ungeheuerlichsten Seltenheiten, kompliziertesten Genealogien, seltensten gesprochenen Sprachen, heiligsten Reliquien, amüsantesten Bedeutungslosigkeiten und größten Pechvögel und Glückskinder der Geschichte hat die Enzyklopädie Ashe in ihrem Index auch die wortgewandtesten Vertreter der Public Relations verzeichnet. Ausgeschlossen wurden der Sohn eines Bäckers, der Sohn eines Staatssekretärs, der Sohn eines Mitglieds der NSDAP, der Sohn eines Bankangestellten, der Sohn eines adligen ungarischen Immigranten, der Sohn eines Fabrikarbeiters, der Sohn eines Präsidenten der Vereinigten Staaten von Amerika. Die Zahl derjenigen, die Worte einzig und allein zu dem Zwecke benutzen, andere zu einem ihnen förderlichen Denken und Handeln zu bewegen, ist groß. Nur das Feinste vom Feinsten ist und bleibt die Devise Ashe.

Randbemerkung: Von dem Gründer der Public Relations wird erzählt, daß er als junger Mann nuschelte, und daher die Aussprache mit Steinen im Mund übte. Seine Nachfolger sind (unter anderem) Julius

Caesar, die Jakobiner, Casanova, Erasmus Desiderius, Friedrich der Große, Giovanni Boccaccio, John Locke, Montesquieu, Voltaire …

Geschrieben Ende Juni, im Andenken an Emilio Guerreiro (Widerstandskämpfer gegen die Salazar- und Caetano-Diktatur, Partisan im Spanischen Bürgerkrieg, Mitglied der Résistance in Frankreich)

Wie handelt man, wenn man euch glaubt,
was ihr sagt?
Vor allem: Wie handelt man?
Brecht

Unterwegs in Europa

Flucht, Asyl und Migration, Gegenszenen

Beatrice von Matt

Polemiker aus Verzweiflung

Albin Zollingers geistige Landesverteidigung

Wir schreiben das Jahr 1940. Der nervöse junge Dichter und Lehrer Walther Byland sitzt im Zürcher „Bahnhofbuffet dritter Klasse". Eine Schlüsselszene spielt sich ab: Zufällig trifft er im proletarischen Bierlokal, wo ihm wohler ist „als drüben auf Sofas bei den Verwaltungsräten", mit dem Schriftsteller Bader zusammen, einem erklärten Linken. „Einen Augenblick schwankten sie; geistig verfeindet mochten sie einander als Menschen wohl." Die Sympathie hilft nichts, auch wenn Byland den ersten Schritt tut. Könnte man nicht als Mensch zum Menschen reden? fragt er den andern: „Sie sind Linksmann, Bader. Sie begrüssen mich an dem Orte aus einem Erstaunen heraus, mit dem ein Bankherr den Bettler in seiner Halle empfangen mag. Sie erklären die Armut als Ihr Eigentum." Aber die beiden kommen nicht zusammen. Bader lehnt ein Gespräch ab mit der Begründung: „Aus den Menschen reden Systeme, Herr Doktor Byland." Dieser geht wehmütig grüßend an seinen Tisch zurück: „Sein Linksblatt haltend, sah er sich aus den Augen des Widersachers als einen Heuchler und Scharlatan. Er griff zur Zeitung der Hochfinanz. Er las nur scheinbar."

Das einsame Sitzen zwischen den Zeitungen zeigt es an: Der Mann hat keinen Ort. Zugehörigkeit wird ihm nicht zugebilligt, obwohl er sich mutiger als andere für einen verbesserten Zustand seines Landes einsetzt.

Byland ist eine tragende Figur in Albin Zollingers letzten Romanen „Pfannenstiel" und „Bohnenblust", und er gleicht seinem Verfasser aufs Haar – auch was die biographischen Fakten betrifft. Er schreibt Lyrik und Prosa und war mit der Redaktion einer Zeitschrift betraut. Er unterrichtet, leistet Aktivdienst „in einem Territorialbataillon". Als scharfer Beobachter seines Landes veröffentlicht er kulturpolitische Artikel, mit denen er sich zwischen alle Stühle setzt. Übrigens hat auch Bader, der im Bahnhofbuffet protzig die Armut vertritt, sein erklärtes Urbild: den marxistischen Schriftsteller Jakob Bührer.

Albin Zollinger war ein brillanter Streiter, der kulturpolitische Mißstände heftig bekämpfte. Er wollte die „vergrasende schweizerische Provinz“ aufreißen und ihr inneres Leben erneuern. Er bezog Stellung zu außen- und innenpolitischen Ereignissen. Er schrieb gegen Mussolinis Angriff auf Abessinien und gegen Franco-Spanien. Er setzte sich für die diskriminierten schweizerischen Spanienkämpfer ein („Die beiden Spanien“). Er äußerte sich zum Dilemma der schweizerischen Neutralität und wandte sich gegen Waffenexporte („Die schweizerische Neutralität“ und „Opera buffa“). Er prangerte die Kulturpolitik der Nazis an („Banausen am Werk“). Er verteidigte Ramuz' Attacke gegen die Schweiz und griff dessen Kritiker an („Noch einmal Ramuz“). Im Roman „Bohnenblust“, der in den Monaten nach der Generalmobilmachung von 1939 spielt, denkt Zollinger nach über den großen Krieg vor den Grenzen und die Kleinkriege innerhalb, den geisterhaften Frieden.

Gedichte mit politischem Inhalt gibt es von Zollinger nur einige wenige, dagegen viele passioniert vorgetragene Meinungen in den Romanen „Pfannenstiel“ und „Bohnenblust“. Vor allem wichtig aber sind seine Artikel in der Zeitschrift „Der Geistesarbeiter“ und im kulturellen Monatsblatt „Die Zeit“ und gelegentlich auch im „Volksrecht“. Die fulminanten Analysen bezeugen einen Standort der Kritik, aus einer linksliberalen Position, nicht aber der Parteizugehörigkeit. Zollinger blieb in den verschiedenen Lagern dementsprechend unbeachtet. Was er sage, sei in Watte gesprochen, beklagt er sich.

Er war ein Opfer schweizerischer Vorurteile, dieser Primarlehrer ohne öffentliches Gewicht, Verfasser von Gedichten, auf die man glaubte verzichten zu können. Zur Gleichgültigkeit gegenüber der Kunst traten die schnellen Einteilungen: von Bührer/Bader aus gesehen gehörte Zollinger zum Bürgertum, unterstützte er dessen „System“, während dieses Bürgertum ihn bei den Linken einreihte, sobald er sich politisch äußerte.

Auch der „gefürchtete Herr Doktor“, wie der mächtige Zeitungsmann Eduard Korrodi, Feuilletonchef der NZZ, im Roman genannt wird, siedelte ihn dort an. Er hatte Albin Zollinger als Lyriker gefördert, seine Prosa und seine kulturkritischen Arbeiten lehnte er ab. Besonders vehement griff Korrodi die Zeitschrift „Die Zeit“ an, deren Redaktion Zollinger ab Mai 1936 innehatte. Er erklärte sie kurzerhand und fälschlicherweise zum sozialistischen Kampfblatt und warf dem Autor Verrat an den Idealen reiner Dichtung vor. Dann schwieg er über ihn jahrelang. Zollinger kam sich abgeschoben vor.

Die politischen Debatten in seinen Romanen lösten bei vielen Befremden aus und wurden als „journalistisch“ abqualifiziert. Felix Müller hat 1983 in seiner verdienstvollen Edition von Zollingers späten Prosawerken die Pressereaktionen zusammengetragen. Man bewege sich im Roman „Pfannenstiel“ durch ein „Dickicht von polemischem Journalismus: Diskussionen, Meinungen …, die dem Dichter durchgehen“, meinte sogar Max Frisch in seiner Rezension vom 22. 11. 1940. Schon zwei Jahre später sollte Frisch das freilich anders sehen. Nur Max Rychner rühmte die politischen Passagen: „Leben und Sterben der Zeitschrift gibt Albin Zollinger Gelegenheit, unsere Lage vor dem neuen Krieg kulturkritisch zu überprüfen: mit Spott, Schmerz und Hoffnung. Er hat einen geübten Sinn für die Geistesträgheit und die Machttendenz der Mittelmässigkeit, und er hat noch etwas, was in Zeiten heroischer Reden jammervoll einschrumpft: Mut, Zivilcourage.“ (10. 11. 1940).

Zollinger aber hat sich aufgerieben, gerade weil er nicht nach Schema und mit den rasch erkennbaren Parolen der einen oder der anderen Seite focht. Das hat die Angesprochenen überfordert, und der Dichter fühlte sich mit seinen Veränderungsvorschlägen ausgestoßen ins Niemandsland.

Die Mißachtung von allen Seiten treibt Byland dem „Wahnwitz der Angst“ entgegen, „dem Punkt, wo alles in Nacht zerspringen musste“. Am Schluß des Romans tötet ihn eine Handgranate im Militär. Kurz nach der Niederschrift, im November 1941, stirbt Zollinger selbst an Herzversagen, 46jährig.

Schon im Oktober 1937 hat er das Ende der Zeitschrift „Die Zeit“ ankündigen müssen. Der schweizerischen Presse warf er dabei vor, das Unternehmen ignoriert zu haben, „da wir weder rechts noch links standen, sondern die Unabhängigkeit unseres Urteils wahrten“.

Wo sind Zollingers Gedanken und Manifeste zu verorten? Wir lesen einen gläubigen Humanisten, einen leidenschaftlichen Verfechter seines Landes. Eine der ersten kulturpolitischen Mahnreden, sie erschien im Juni 1936, trägt den Titel „Geistige Landesverteidigung". Für Zollinger, wie überhaupt für seine Zeitgenossen, war das zunächst kein negativer, kein reaktionärer Begriff. Im Gegenteil, er drückte sein eigentliches Anliegen aus. Er wollte die Schweiz mit geistigen Waffen verteidigen. Gefahr droht dem Land von außen, sagt der Autor, „grösser und grundsätzlicher" als diese „ist die des Siechtums aus dem Innern". Festgefahrene Meinungen sind ein hervorstechendes Krankheitssymptom: „Wir müssen miteinander reden, uns gegenseitig ein wenig Kredit schenken, die materiellen Besitzer müssen um Gotteswillen einsehen, dass nur die Kultur, das Fluidum geistigen Bewusstseins, nicht eine Fortifikation aus Bankhäusern ein Land legitimiert und am Leben erhält." Nicht die Besinnung aufs Nationale sei die Lösung, wir sollten nicht die „Requisiten der Väter, Halbarte und Morgenstern, mit dem Fabrikations-Armbrüstchen schablonieren".

Wir seien doch „im Kleinen ein verwirklichter Völkerbund", ein Refugium also von vergessenen Haltungen. Das „Polynationale, Humanistische, Pazifistische" müßten wir vertreten, das täten wir aber nicht, weil wir „alles verpassen und verwarten".

Albin Zollinger – das Urbild eben des einsamen Byland zwischen den Zeitungen! – macht konkrete Vorschläge, z. B. die Gründung einer „deutsch-europäischen Zeitschrift". In der zunehmenden Verdüsterung gelte es, „Kombattante" zu finden, „Kombattante des Geistes". In der von Thomas Mann ins Leben gerufenen Zeitschrift „Mass und Wert" sieht der Dichter diesen geistigen Ort verwirklicht. Hier betrete man eine neue Gegend, „ein Drittes Europa, das einen gewissen ‚Marxismus' ebenso wie seine Reaktion hinter sich gebracht und die Höhe des wahren Humanismus gewonnen hat, in der sich wieder atmen lässt".

Die Schweizer, die Erfinder der politischen Freiheit, hätten „aus historischer Dekadenz die Witterung in Dingen der Freiheit" verloren. So blieben die demokratischen Kampfmittel gegen den Totalitarismus sowohl Hitlers wie auch Stalins ungenutzt. Das ist „die Blutschuld unserer Gewöhnung".

Im Artikel „Die schweizerische Neutralität" unterstreicht er deren Notwendigkeit, betont aber gleichzeitig deren heimtückische Gefahr:

„Haben wir also zu den Problemen, welche die Welt bewegen, zu schweigen? Führt diese Neutralität, ein Postulat der Staatsklugheit ebenso wie einer höheren Menschlichkeit, in ihrer Auswirkung zu Sklavenvorsicht, Opportunismus, Unmündigkeit ... Macht sie das Mitdenken überflüssig? ... Dann wäre sie der Untergang der Nation. Ich sähe in ihr die Ursache unserer berüchtigten ‚Verschweizerung'."

Die politischen Essays liegen, herausgegeben von Gustav Huonker, im Band sechs von Albin Zollingers „Werken" gesammelt vor. Ungesichert und vom stilistischen Gestus her eher unwahrscheinlich ist seine Verfasserschaft bei einem scharfen „Volksrecht"-Artikel vom 13.5. 1938 über die Enteignung jüdischer Vermögen in Deutschland. Dieser Text „Der Griff nach der Substanz" ist entgegen Zollingers Gewohnheit nur mit „Albin" signiert. Der NZZ wird darin Gleichgültigkeit, mangelnde Mißbilligung der Konfiskation vorgeworfen, und der Autor prophezeit, beim Geldverkehr mit den Nazis werde sich in der Schweiz bald kein Mensch mehr „darum kümmern, ob es sich um ehrliches oder um geraubtes Geld handle".

Für Zollinger hat alles Dichten eine politische Komponente. Was er in der Lyrik sucht, ist nicht zuletzt die Auflösung schal gewordener Oberflächen, das geheime, geheimnisvolle Leben der Landschaft, der Stadt („das heimliche Zürich"). Visionär entdeckt er die Verbindung zu längst vergessenen Räumen und Zeiten – die Wiedererweckung eingeschlafener Seelen, „die Korrektur der Wirklichkeit zugunsten der Wahrheit". Der Lyriker führe „aus der Diaspora in die Heimat zurück".

So sind die Absichten des Dichters gar nicht so weit weg von denen des politischen Denkers. Er stellt fest: „Lyrik als Deutung der Welt in Zeichen ist eine verbindliche Disziplin und als solche der Logik durchaus verbunden." Denn Kunstwerke sind „energetische Zentren, welche die Welt verändern".

Was Byland im Roman aus der Depression reißt, ist der Entschluß zur tatkräftigen Unterstützung eines Emigranten. Er will einen Mann, einen Juden, wie vermutet wird, aus dem Gefängnis von Regensdorf befreien, dessen einziges Verbrechen darin besteht, keine Papiere zu haben. Er ist niemand zur Last gefallen, arbeitete „still und dankbar" über Büchern. Ohne Gerichtsurteil sitzt er nun verwirrt in Einzelhaft. „Sein Kommunismus, in welchem zu missionieren er aus Takt unterließ, erinnerte an die heilige Überzeugung eines Urchristen". Byland unternimmt verschiedene Demarchen und tritt einem hohen Regierungsvertreter mit den Worten entgegen: „Ich rede davon, dass Rechtslose hierzulande ins Zuchthaus verborgen werden." Er droht mit der Öffentlichmachung des Falls. Denn „alles Mögliche verschwand unterm Hute der öffentlichen Vorsicht".

Zu dieser öffentlichen Vorsicht hat ironischerweise beim Erscheinen des Romans 1942, gleich nach Zollingers Tod, die Eliminierung aller Episoden und Gespräche gehört, die den genannten Emigranten betrafen. Ein „Memorandum" des Verlags vermerkt die Änderungen des Typoskripts bei der Drucklegung (Die Artemis-Ausgabe von 1983 hat sie rückgängig gemacht. Man kann sie dort also erstmals lesen.): „Die Geschichte mit dem Emigranten ganz gestrichen, da sie in dieser Art der Behandlung nicht befriedigt; weder kommt in der einseitigen Darstellung der besondere Standpunkt der Schweiz zur Sprache, wozu beim Gespräch mit dem Regierungsrat Gelegenheit gewesen wäre, noch erfährt das Emigrantenproblem eine menschlich vertiefte Behandlung." Die Flüchtlingspolitik war ein heißes Eisen. Daran wollte man sich nicht die Finger verbrennen.

Andere Stellen wurden gestrichen mit der Begründung, sie seien „dem Andenken Zollingers … mehr zu schaden als zu nützen geeignet". „Als für die Schweiz wie für das Ausland untragbar" erschien eine Passage, die die „alteingesessenen Grosskaufleute" kritisierte. Das sinkende Schiff (Schweiz und Europa) hätten diese verlassen und wohnten nun in Kapstadt, Rio de Janeiro oder Costa Rica.

Das Wort „Bösewicht" für Hitler wird getilgt, „um überflüssige Beanstandungen zu vermeiden".

Die offizielle geistige Landesverteidigung sah zunehmend anders aus als die von Zollinger ursprünglich gemeinte. Die Watte, in der das offene Wort erstickt, wuchs in allen Ritzen wie ein Schwamm. Ludwig Hohl, der sich mit seinen bissigen Notizen zu Schweiz und Schweizern nicht gerade in die Herzen der Landsleute schrieb, lebte an der Armutsgrenze in Genf. Zollinger setzte sich für eine Ausgabe von „Nuancen und Details" ein und protestierte 1938 dagegen, daß man Hohl die

Mitgliedschaft beim Schweizerischen Schriftstellerverein aus gesuchten statutarischen Gründen verweigerte.

Frisch, der den Polemiker Zollinger zuerst noch kritisierte, wurde schließlich sein wichtigster Schüler. Ein Jahr nach seinem Tod, im Oktober 1942, schrieb er in der „Neuen Schweizer Rundschau“: „Albin Zollinger ist Schweizer, somit im Grunde seines Wesens, wie er selber sagt, immer auch ein Erzieher ..., Sohn eines Volkes, das er gefährdet sieht, in Überschätzung seines äusseren Friedens geistig zu vergrasen, empfindet er es als seine Aufgabe, Fragen aufzuwerfen. Sein vornehmstes Streben war es nicht, zu gefallen, wo ihn ringsum eine nationale Selbstgefälligkeit entsetzte, sondern Bücher zu schreiben, die es in sich haben, umstritten zu sein ... Wo es indessen am geistigen Streitmut der Umwelt fehlt, kann auch einen reinen Dichter wie Zollinger es war, die Verzweiflung ergreifen, dass er den Leuten, um ihre Stimme zu hören, persönlich auf die Füsse tritt, da wo sie noch empfindlich sind. Er hat es getan bis zur Aufopferung seiner Kunst, Polemiker aus Verzweiflung.“

Ernest Wichner

Schreiben nach *der Diktatur*

Gestatten Sie, daß ich mit einigen Überlegungen zum Titel beginne, um mir selbst einen praktikablen Anfang für jene zu schaffen und nicht ins kalte Wasser vorgezeichneter und vermeintlich feststehender Behauptungen zu geraten, die dann doch den Behauptenden selbst ab- und zurückschrecken müßten vor den Anfang und in einen Kreislauf hinein, in dem, wie in einem Laufrad für verstörte Heimtiere, der Titel uns immer weiter einen von Umdrehung zu Umdrehung leerer werdenden Kopf bewegte.

Also möge die Laufrichtung geändert sein und der Kopf einen veränderlichen Titel um- und umwälzen, bis sich ein Anfang einstellt, der logisch seiner Überschrift folgt. Das heißt, wir beginnen bei dem, was die Wörter zu sagen sich angewöhnt haben:

Schreiben, betrachten wir als wie auch immer explizit auf Mitteilung erlebter, das heißt auch phantasierter bzw. imaginierter Erfahrungen zielenden Prozeß einzelner, dafür in besonderem Maße befähigter, sich der Wörter, des Papiers sowie unterschiedlicher Geräte bedienender Menschen.

Nach, dürfen wir als Präposition ansprechen und dem Wörtchen abverlangen, es möge eine Richtungs- oder Zeitangabe faßlicher gestalten. In unserem Fall wollen wir die Zeit- wie die Ortsbezüglichkeit zugunsten eines funktionalen Sonderfalles vernachlässigen. Wir entscheiden uns fürs Aparte, den herbeigebeugten modalen Gebrauch, den wir befreundeten Malern abgelauscht haben.

Der Diktatur, das Substantiv mit dem bestimmten Artikel täuscht; es tut so, als stünde uns die Option frei „nach einer Diktatur" zu sagen und damit den unbestimmten Artikel und nicht das Numerale dem Substantiv vorangestellt zu haben. Denn noch wollen wir nicht die Diktaturen zählend zu qualifizieren beginnen, sondern lediglich feststellen, daß die Sprache immer bloß eine, die Diktatur bereithält und uns suggeriert, wir wüßten, von welcher zu sprechen sei. Von dieser, nicht von jener. Artikellos kann nach Diktat, nicht nach Diktatur geschrieben werden. Wenngleich mitunter scheinen mag, die Dringlichkeit des von verderbten gesellschaftlichen Verhältnissen Mitgeteilten verdanke sich in erster Linie dem Diktat jener Verhältnisse – was gewiß nicht vorschnell von der Hand zu weisen ist, uns jedoch hier nicht länger aufhalten, sondern lediglich registriert und einem anderen Nachsinnen überantwortet werden soll.

Was aber hatte der Maler gesagt, als wir eine Sekunde lang die schiere Wörtlichkeit aus dem Sinn verloren und uns bereit gezeigt hatten, einen anderen als den Wortsinn hinzunehmen? Er gehe hinaus und male nach der Natur. Dies war die Auskunft, die dazu geführt hat, daß uns die Präposition ins Kursive gerutscht ist, so daß wir fortan nicht mehr fragen wollen, wo oder wann jemand schreibt, sondern wie: nach der Diktatur. Nicht jener von damals hier und dort, sondern dieser jetzt, in diesem oder jenem Kopf, in dem sie nach wie vor nistet und Bilder entstehen läßt. Und daß dieses Jetzt auch jenes des lesenden Kopfes mit einbezieht, dem der geschriebene Text Jahrzehnte voraus sein mag, sei hier der Korrektheit halber benannt, nicht etwa weil es kategorial einen Unterschied markierte.

Auf einer Mappe mit 17 Gedichten, die er aus 125 für eine Anthologie junger österreichischer Dichtung eingesandten Gedichten ausgewählt hatte, notierte Paul Celan in Paris ein Zitat von Robert Musil: „Der Ausdruck, den wir den Dingen geben, entwickelt erst den Sinn, sie richtig aufzunehmen.“ Erst im künstlerischen Ausdruck kommt den Dingen jener Sinn bei, der sie überzeugend macht, vielleicht auch wahr. Die Prägekraft der poetischen Formel verleiht der Welt Gestalt und Richtung; dies mag bei der Lektüre der Gedichte Paul Celans bedacht werden, denn so erfahrungsgesättigt sie immer scheinen mögen, sind sie doch zugleich auch Entwürfe in ein Zukünftiges hinein, das sie häufig festlegen – als wüßte der Poet seine Stellung in der Welt vorauszubestimmen, als habe er die Zukunft hinter sich.

Das letzte von wenigen Gedichten, die Paul Celan zwischen Dezember 1947 und Juli 1948 in Wien geschrieben hat, steht gut lesbar in seiner Handschrift auf einer Ansichtskarte, die das Datum 28. Juni 1948 trägt. Die Innsbrucker Absenderadresse ist durchgestrichen und 31, Rue des Écoles, Paris 5e hinzugefügt. Der Pariser Poststempel hält als Absendedatum den 10. September fest, der Bukarester Eingangsstempel weist den 15. September 1948 aus. Adressat der Sendung war Alfred Margul-Sperber, der in Bukarest verbliebene Freund und Förderer, von dem er sich vor seiner Flucht aus Rumänien im Dezember 1947 verabschiedet hatte. Nun empfing dieser aus der gleichen Rue des Écoles, in der Paul Celan zur Zeit seines ersten Paris-Aufenthaltes 1938/39 seinen damals dort lebenden Onkel Bruno Schrager besucht hatte, den die Deutschen in Auschwitz umgebracht haben, die poetische Mitteilung vom Fortgang der Reise:

Auf Reisen

Es ist eine Stunde, die macht dir den Staub zum Gefolge,
dein Haus in Paris zur Opferstatt deiner Hände,
dein schwarzes Aug zum schwärzesten Auge.

Es ist ein Gehöft, da hält ein Gespann für dein Herz.
Dein Haar möchte wehn, wenn du fährst – das ist ihm verboten.
Die bleiben und winken, wissen es nicht.

Ganz im Präsens, in stillgestellter Zeit, vollzieht sich ein prophetisches Protokoll, in dem Aufbruch und Ende in eins fallen. Dem nunmehr auch aus Österreich Fliehenden folgt nur noch, was durch die vorhergehenden temporären Zufluchtsorte (Bukarest und Wien) hindurch ging, der Staub. Und daß Paris ihm niedere Erwerbsarbeit abverlangen werde, ist ebenso gewiß, wie die Hoffnungsferne, die ihn dort empfangen wird, auch wenn – im eingefügten Satz „Es ist ein Gehöft, da hält ein Gespann für dein Herz“ – die Reise zu einem Ruhepunkt gelangen könnte, bleibt es fraglich, von welcher Art das Gefährt sein mag, das auf das Herz des Emigranten wartet.

Im Augenblick der Fahrt bleibt sinnliches Erleben, die kindliche Freude am Wind, der durch die Haare weht, durch ein Verbot verwehrt. Die Reise, ein rasanter Bogen von Bukarest über Budapest, Wien und Innsbruck nach Paris, in die Stadt von Rilkes „Malte Laurids Brigge“, des früh schon bewunderten Paul Eluard, des Surrealismus und Existenzialismus, scheint still zu stehen. Allein der Reisende hat eine Vorstellung von dem, was ihn am Endpunkt seiner Peripetien erwartet; die ihn winkend verabschiedet haben, können nicht wissen, was sich im gedehnten Augenblick des Bewegtwerdens als Selbstwahrnehmung vollzieht. Bewegung und Stillstand, Aufbruch und Verbot sind derart ineinander verknotet, daß eine Momentaufnahme der Vergeblichkeit entsteht: als stünde über allen Bahnhöfen, daß jede Hoffnung fahren zu lassen sei; und sie führe ab, ließe den Reisenden zurück, voll des ganz vorausgeschauten, unentrinnbaren Schicksals. Und als gäbe es noch so etwas wie Schicksal. Nein, das Schicksal ist mittlerweile abgeschafft, deutsche Beamte haben es in Tabellen und Statistiken verwandelt, in Listen mit Toten, in Leichenverwertungsformulare, Berichte und Protokolle. Was bleibt, sind Erfahrungen, ist das Erlebnis zufälligen Überlebens; der Schmerz über den Verlust der Eltern, Freunde und Verwandten bohrt sich durch den Leib und entfaltet seine definitive Prägekraft.

Paul Celans Dichtung war für uns, Gymnasiasten und junge Studenten zu Beginn der siebziger Jahre in Rumänien, ein in vielfacher Hinsicht schockierendes Erlebnis. Wir stammten aus deutschen Bauern- oder Handwerkerfamilien, hatten unsere Kindheit auf Dörfern oder in Kleinstädten verbracht, die fernab einer modernen deutschen Hochsprache in der anachronistischen Mundart der früheren süddeutschen Herkunftsgebiete sowie in geschichtlichen und sozialen Erfahrungen erstarrt waren, die all das leugneten, was zum politischen und kulturellen Erfahrungshorizont Paul Celans gehört hatte. Wir empfanden uns als die Nachkommen der potenziellen oder tatsächlichen Täter; sie hatten Paul Celans Eltern umgebracht, die mit ihm verwandte Dichterin Selma Meerbaum-Eisinger, sie hatten Lager bewacht, fremde Territorien erobert, ihr Leben ihrem Führer opfern wollen und saßen nun herum bei Leichenbegängnissen, sprachen von ihrer großen Zeit, von ihren Heldentaten und davon, wie sie davongekommen waren. Und es schwang ein Triumph in ihren Reden mit, eine Genugtuung, die den Schritt hin zur Verdammung der gegenwärtigen Lebenssituation klein und unerheblich machte. 1970 war ich achtzehn Jahre alt, Rolf Bossert und Richard Wagner waren gleichaltrig, Herta Müller war siebzehn. Am 1. Mai 1970 ist Paul Celans Leichnam bei Courbevoie, flußabwärts von Paris, in der Seine gefunden worden. Wir hatten drei, vier Gedichte von ihm gelesen – ganz gewiß die „Todesfuge“ – und wußten, daß er aus Rumänien geflohen war. Und wir wußten auch, daß wir kein Recht hatten, uns in seinen Schatten zu stellen, daß wir zu jenen gehörten, die sein Leben zerstört hatten. „Es ist eine Stunde, die macht dir den Staub zum Gefolge" galt in einer anderen Lesart auch für uns. Wenngleich für uns eine Stunde gewesen war, die uns das Blut, das Feuer, den Rauch und die Schande zum Gefolge gemacht hatte. Gnädig aber war uns Ceauçescus Diktatur; selber Opfer geworden, verringerte sich allmählich die moralisch gebotene Distanz, und Paul Celan verwandelte sich vom zufällig entkommenen Opfer der eigenen Kohorte zum Vorläufer.

Rolf Bossert, 1952 in der kleinen südbanater Industriestadt Reschitza in proletarisierte, ehemals kleinbürgerliche Verhältnisse hineingeboren, hatte von 1971 an in Bukarest Germanistik studiert, 1979 einen ersten Gedichtband „siebensachen" und 1984 den zweiten Band „neuntöter" publiziert. Mit seiner Frau und den beiden Söhnen lebte er seit Ende der siebziger Jahre in Bukarest in äußerst prekären Verhältnissen. Im März 1981 war er auf der Straße vor dem Bukarester Haus des Schriftstellerverbandes von professionellen Schlägern der Securitate so schwer zusammengeschlagen worden, daß ein zweimonatiger Krankenhausaufenthalt und daran anschließend ein Monat psychiatrische Anstalt notwenig wurden. Etwa ein halbes Jahr nach seiner Genesung, im Januar 1982 berichtete er darüber in einem Brief an Wulf Kirsten und schloß: „So wird man älter, aber hab ich mir's anders vorgestellt? Verletzbarer und radikaler sind wir, glaube ich, alle geworden, die wir hier im nördlichsten Balkan noch versuchen, einzelne Sätze in der schönen Sprache Deutsch zustandezubringen. Die Staaten werden mächtiger und hemmungsloser, und die Kinder bringen immer noch Katzen um."

Als die Bosserts sich 1984 entschlossen, einen Ausreiseantrag für die Bundesrepublik Deutschland zu stellen, verlor Rolf Bossert umgehend seine Arbeitsstelle bei einem Verlag; er wurde mit Veröffentlichungsverbot belegt, Hausdurchsuchungen, Verhöre und die Beschlagnahme seiner Manuskripte folgten. In den achtziger Jahren, halbtot geschlagen, ohne gesichertes Einkommen, in Elend und Angst schrieb Rolf Bossert seine schönsten Gedichte, fand er die härtesten Fügungen. Wut und Verzweiflung hatten seine Stimme zur Kunst hin entstellt, sie forderten ihm strahlende Bilder ab und brachten ihn um. Eines der letzten vor der Ausreise (im Dezember 1985) in Bukarest geschriebenen Gedichte spricht Paul Celan direkt an, es verbündet sich in der Ahnung eines definitiven Scheiterns mit dem früher Gescheiterten.

Reise

Flüstere mir ins Aug
deinen Blick auf die braune Seine.
Die Welle des Jahres Siebzig,
kreist sie noch
um das splitternde Wort
aus dem Krankenland
mit den Buchen?

Ach, meine Jungfernreise,
um den Preis einer Vorsilbe.

Kaum acht Wochen nach seiner Ankunft in Deutschland, am Morgen des 17. Februar 1986 lag Rolf Bossert tot vor einem Aussiedlerwohnheim in Frankfurt am Main, das Treppenhausfenster am 2. Stock über ihm stand offen. Wieder waren an Bahnhöfen Freunde zurückgeblieben, hatten gewunken und nicht ahnen können, was der Abreisende längst schriftlich festgehalten hatte: „Aus" lautet die Vorsilbe im Wort „Ausreise"; nicht weniger als das Leben selbst war der Preis, den der Reisende für die Illusion einer Milderung seiner Lebensumstände zu bezahlen hatte. In seinem Nachlaß fand sich neben einigen anderen Gedichten auch das Gedicht „Erdharz"; es klingt, als sei es nach dem 17. Februar 1986 geschrieben, mindestens jedoch so, als habe der Autor die konkreten Umstände seines Todes klar vor Augen gehabt. „Der Ausdruck, den wir den Dingen geben, entwickelt erst den Sinn, sie richtig aufzunehmen", Robert Musils Text auf Celans Mappe hat seine schlimmstmögliche Wendung genommen:

Erdharz

Ihr starren Messer. Daß euch
der Tod selbst
flexibel erscheint,
eine biegsame Rute.

Ein Trottoir haut ihr
mir durchs grüne Herz.
Zum blassen Tempel der Haut
dringen Macheten vor.

Meine Hoffnung die Angst:
Blitzender Vogel Kolibri,
der den Käfig verläßt. So

bleib ich allein,
mit dem Asphalt
neben den Lungen.
Die Rinde

einer Definition
vom Freisein.

Einige Wochen lang hielt ich diesen Text für abgeschlossen. Was festzuhalten war, schien erfaßt, wenngleich weder dieser noch irgendein anderer Text je zu einem überzeugenden Ende gelangen können. Sind sie erst einmal, so werden sie von anderen Texten aufgenommen, weitergesprochen, verändert und ergänzt. Hier aber stellte sich eine kleine Minutennovelle des ungarischen Schriftstellers István Örkény ein, die alles bis dahin Gesagte überflüssig zu machen drohte. Was tun? Sie so vorzeigen, wie Terézia Mora sie vor wenigen Jahren erst ins Deutsche gebracht hat. Und feststellen, daß auch das Bossertsche „Freisein" schon eine präfigurierte Formel in Örkénys „zu Hause" gefunden hatte, das einmal ein Wort für Heimat war, und zwar so lange, bis beide Sachverhalte abgeschafft, der Mensch ein in eine – und zwar endgültig vorherbestimmte – Richtung Reisender geworden und über den Bahnhofseingängen die Inschrift angebracht worden war: „Lasciate ogni speranza voi, ch'entrate".

Zu Hause

Das Mädchen war erst vier Jahre alt, und sicherlich waren seine Erinnerungen verschwommen. Um ihm die bevorstehende Änderung bewußtzumachen, ging seine Mutter mit ihm an den Stacheldrahtzaun und zeigte ihm von weitem den Zug.
„Freust du dich garnicht? Dieser Zug wird uns nach Hause bringen."
„Und was ist dann?"
„Dann sind wir zu Hause."
„Was ist denn zu Hause?" fragte das Kind.
„Wo wir vorher gewohnt haben."
„Und was ist da?"
„Kannst du dich noch an deinen Teddy erinnern? Vielleicht gibt es sogar noch deine Puppen."
„Mama", fragte das Kind. „Gibt es zu Hause auch Wächter?"
„Nein, dort gibt es keine."
„Dann können wir von dort doch fliehen, nicht, Mama?" fragte das Mädchen.

Noch einmal zurück zu Paul Celan und zu einem Geschehen, das sich im wesentlichen 1964 in Frankfurt am Main zugetragen und in dem die Diktatur in allen Stellungnahmen mitgeschrieben hat. Im Jahre 1963 war Paul Celans Gedichtband „Die Niemandsrose" im S. Fischer Verlag erschienen. In einer Besprechung, die am 2. Mai 1964 im Literaturblatt der „Frankfurter Allgemeinen Zeitung" erschien, schrieb Hans Egon Holthusen, in München lehrender Literaturwissenschaftler und ehemals Mitglied der SS, die Formel „Mühlen des Todes" sei bei Paul Celan als Zeichen für die „Vorliebe für surrealistische, in X-Beliebigkeiten schwelgende Genitivmetaphern" zu lesen. In der gleichen Zeitung veröffentlichte der junge Literaturwissenschaftler Peter Szondi, dessen Familie 1944 aus Budapest nach Bergen-Belsen deportiert worden und nur durch einen besonderen Zufall der nationalsozialistischen Vernichtungsmaschinerie in die Schweiz entkommen war, einen Leserbrief, in dem er seinem ungleich bekannteren Kollegen mitteilte, er wolle „die Erinnerung an das, was gewesen ist, durch den Vorwurf der Beliebigkeit vereiteln", daß aber Paul Celan sehr wohl Adolf Eichmanns Ausspruch „wenn ich in drei Tagen nichts aus Istanbul erfahren habe, lasse ich die Mühle in Auschwitz arbeiten" bekannt sei. Hans Egon Holthusen antwortete an gleicher Stelle empört und verstieg sich zu der Feststellung, Paul Celans Gedicht „Spät und tief" aus dem Band „Mohn und Gedächtnis", auf das sich seine Äußerungen bezogen, habe „mit dem Thema Auschwitz und Nazigreuel überhaupt nichts zu tun". Bis zu dieser Stelle mag diese kleine Affäre sich im Rahmen der üblichen Wahrnehmungsverschiebungen oder -eintrübungen abgespielt haben, die im Gespräch über zeitgenössische Literatur immer mal wieder vorkommen und mitgeschrieben werden. Auf der nächsthöheren Eskalationsstufe allerdings verläßt sie diese Zone, um für unseren Fall dann doch noch paradigmatisch zu werden. Peter Szondi hatte sich im gleichen Jahr auf einen Lehrstuhl an der Frankfurter Universität beworben und war – vor allem dank der Unterstützung durch Theodor W. Adorno – in die engere Wahl gekommen. Das Protokoll der Kommissionssitzung vom 22. Juli 1964 teilt jedoch mit, warum Peter Szondi mit seiner Bewerbung in Frankfurt scheitern mußte:

> Anwesend: Dekan [Konrad Kraft], Adorno, Habermas, Viebrock, Burger, Stöcklein, Weber, von See
>
> Herr Burger stellt fest, daß alle anwesenden Philologen Herrn Szondi ablehnen, daß nur die Herren Adorno und Habermas sich für Herrn Szondi einsetzen. Es überwiege bei Herrn Szondi die philosophisch-soziologische Perspektive, die in Frankfurt ohnehin gut vertreten sei.
> Herr Viebrock: Herrn Szondis Leserbrief gegen Holthusen in der FAZ wirkt befremdlich.
> Herr Adorno hält den Holthusen-Brief für eine „taktische Torheit".
> Herr Burger macht geltend, daß Herr Habermas allein der Kommission beigetreten sei, um Herrn Szondis Kandidatur zu fördern.
> Dekan stellt fest, daß man nicht gegen den geschlossenen Willen der Fachvertreter entscheiden kann, und schlägt vor, die Kandidatur Szondis fallenzulassen.

Herr Burger ist nicht vorwiegend wegen des Leserbriefs gegen Herrn Szondi, sondern deswegen, weil die Befürchtung besteht, daß der Einfluß der wissenschaftlichen Richtung Herrn Adornos zu stark werde.
Herr Adorno bittet daraufhin, aus der Kommission austreten zu dürfen.
Herr Stöcklein sieht in dem Leserbrief ein Zeichen einer geistigen Krise und spricht sich vorwiegend deswegen gegen Herrn Szondi aus.

Letztlich hat der Dekan vorgeschlagen, Gutachten über diejenigen Herren einzuholen, „die wirklich in Frage kommen“, und unter diesen Herren befand sich auch ein gewisser Hans Schwerte, ein Mann, der 1909 in Königsberg als Hans Ernst Schneider geboren worden war, SS-Mitglied seit April 1937 und schon im Februar 1938 hauptamtlicher Referent im „Rasse- und Siedlungshauptamt“ der SS in Berlin. Er hat nach 1945 Hans Ernst Schneider für tot erklären lassen und unter dem Namen Hans Schwerte nicht bloß seine eigene Frau ein zweites Mal geheiratet, sondern auch das schon einmal abgeschlossene Studium noch einmal wiederholt und mit lupenreiner Vergangenheit in der deutschen Nachkriegsgermanistik Karriere gemacht. 1965, als er eine Professur in Aachen erhielt, galt er in Fachkreisen als linker Liberaler, als hochschulpolitischer Reformer und Kritiker der nationalsozialistischen Germanistik. Hans Joachim Schädlich hat diesem Musterexemplar eines politischen Chamäleons in seinem Buch „Anders“ 2003 das Denkmal gesetzt, das ihm gebührt.

Was aber hat all dies mit unserem Thema zu tun? Wäre es nicht richtiger, ich spräche gleich von Hans Joachim Schädlich und von Herta Müller, die beide mit den Büchern, die sie in der Diktatur geschrieben haben – ich meine Hans Joachim Schädlichs Erzählungsband „Versuchte Nähe“ und Herta Müllers Erzählungen „Niederungen“ – vorgeführt haben, was „Schreiben nach der Diktatur“ heißt? Es wäre bestimmt ein Weg, aber ein anderer.

Hier jedoch meine ich, im prophetischen Gestus des Sprechens einerseits sowie in der schieren Alltagsposse andererseits die Spur eines Phänomens gesehen zu haben, das mit „Schreiben nach der Diktatur“, das heißt Schreiben nach dem unbewußt (oder halbbewußt) vernommenen Diktat der Diktatur, zu umreißen wäre. Und das den Blick abzöge von der Frage, wie in irgendeiner zeitlichen Distanz zu dem, was man Diktatur nennt, geschrieben wird, um einen Moment lang bei der anderen, mir ungleich wichtigeren Frage zu bleiben, wie Diktaturerfahrung oder Diktaturerleben das Schreiben ebenso prägen wie das Verhalten.

Wenn Paul Celans Gedicht „Auf Reisen“, das er seinem in Bukarest verbliebenen Mentor und Freund Alfred Margul-Sperber auf einer Postkarte zugeschickt hat, mit der Zeile „Die bleiben und winken, wissen es nicht“ endet, dann lese ich das es als großes ES: sie wissen nicht, mit welcher Erfahrung und vor welcher Gefahr der Reisende geflohen ist, auch wissen sie nichts über das Ziel dieser Reise. Sie „bleiben und winken“ – der Bruch, erkauft durch Armut, Fremdsein, in psychische Krankheit und letztlich Selbstmord mündend, wird von ihnen nicht vollzogen. Dafür wird der Jude A. M.-Sperber in Bukarest Parteigedichte schreiben und den Stalinpreis entgegennehmen. Und Celans Gedicht wird sich so lesen lassen, als habe er gewußt, was kommen müsse.

Beinahe noch tragischer jedoch kann einen das Geschehen des Jahres 1964 berühren. Als dramatischen Höhepunkt der Ereignisse lese ich hier T. W. Adornos Äußerung in der Berufungskommission, Peter Szondis Brief zur Verteidigung eines Freundes und Korrektur einer groben Unempfindlichkeit, die sich anmaßte, Paul Celan das Recht auf sein Schicksal abzusprechen, jedenfalls darauf, dieses auszudrücken, sei eine „taktische Torheit“ gewesen. Und wenn ich diese Äußerung hervorhebe, so nicht etwa, weil ich sie politisch interpretieren wollte, sondern weil sie das ganz elementare Geprägtsein von der Diktatur und ihren Geboten zur Vorsicht, zur Anpassung und letztlich zum Freundesverrat ausdrückt und damit zu erkennen gibt, wie auch in dem aufgeklärtesten Kopf – dem eines Mannes, der wesentlichen Anteil am Entstehen der „Studie über den autoritären Charakter“ hatte – diese Prägungen weiterhin wirksam bleiben. Zwei Jahrzehnte nach der Diktatur, die ihm selbst, Paul Celan und Peter Szondi nach dem Leben trachtete, unterläuft T. W. Adorno diese Bemerkung. Und plötzlich ist die Diktatur mit im Raum. Die Tatsachen stehen Kopf:

nicht etwa Holthusens borniertes Leugnen ist der Skandal, sondern die Angegriffenen sind die Täter – und wenn nicht gerade Täter im manifesten Sinne, dann befinden sie sich doch immerhin in einer „geistigen Krise“.

Daß uns dies jederzeit in ähnlicher Weise widerfahren kann, sollte uns allen Scharfsinn gegen uns selbst aufbringen lassen – auch und gerade beim „Schreiben nach der Diktatur“; von mir weiß ich jedenfalls – ich habe es in den letzten dreißig Jahren oft genug an und mit mir selbst erfahren müssen – daß mir die Deformationen aus jener Diktatur, in der ich geboren wurde, mein Leben lang werden erhalten bleiben.

Aagot Vinterbo-Hohr

Palimpsest

Während des ersten Krieges, der auch in der Luft geführt wurde, konnte es geschehen, daß Flugzeuge ins Trudeln kamen und stürzten ohne Rauchfahne.
Die toten Piloten hatten keine Schußwunden, auch waren keine vitalen Teile des Flugkörpers von Projektilen getroffen.
Man stand vor einem Rätsel. Sollten junge Männer Selbstmord begangen haben, nachdem sie einen Kampf auf Leben und Tod gewonnen hatten?

Im letzten Kriegsjahr wurde ein junger Mediziner einberufen. Er hatte gerade die Prüfungen des ersten Studienabschnitts abgelegt und war zu unerfahren, um als Feldarzt zu dienen. Da er zudem der Besitzer eines Flugzeuges war, wurde er sofort in den Einsatz geschickt. Seinen ersten Luftkampf hatte er gewonnen er und nahm Kurs auf die Base.

Einige Sekunden vergingen, bis er begriff, was er vor seinen Augen hatte: Der Boden kam in langsamen Drehungen auf ihn zu. Er war auf dem Weg nach unten, während er sicher war, geradeaus zu fliegen.
Nur einige Wochen vorher war er über das Gleichgewichtsorgan und dessen Funktionsweisen geprüft und gebeten worden, den Corioliseffekt zu erklären. Unwirklich wie im Traum keimte die Einsicht, daß die Eigenschaft, die den Menschenkörper im Drehen vor Schwindel bewahrt, dabei war, sein Verhängnis zu werden.
Noch während die Gedanken arbeiteten, hatte er das Flugzeug aufgerichtet, das erste von denen, die in die tödliche Spirale hinein gegangen waren.

Er wurde aus dem Kriegsdienst entlassen, setzte seine Studien fort, habilitierte mit Untersuchungen über den Schutzmechanismus, der viele Leben gekostet hatte, und wurde nach wenigen Jahren Professor. Dann ist er aus der Forschung verschwunden.
Zwölf Jahre blieb er weg. All diese Zeit arbeitete er als Arzt in einem abgelegenen Bergdorf. Nach dem nächsten Krieg kehrte er zurück und nahm seine Forschung über den menschlichen Sinnesapparat wieder auf. Schlaganfälle hatten wichtige Sprechmuskeln gelähmt, seine Vorlesungen hielt er mit Hilfe von Kehlkopfmikrophonen.
Rohe Studenten des ersten Studienabschnitts machten sich lustig über sein maskenähnliches Gesicht. Er verwendete Christian Morgensterns Paradoxe, wie Korff's Brille und die Riechorgel, um seine Hörer wach zu halten. Er war täglich auf seiner festen Runde zu sehen, ein alter Mann mit seinem weißen Bullterrier.

Die letzten Jahre auf der Lateinschule hatte Johann die ganze Zeit gehungert. Daheim auf dem Hof konnten sie nichts mehr erübrigen. Er weichte die Gerstenkörner über Nacht ein, das Wasser, in dem sie quollen, war sicherlich auch nahrhaft. Ansonsten pflückte er Kamillenblüten und im Spätherbst gefrorene Hagebutten zum Teemachen.
Er erinnerte sich noch an das helle Gefühl der Leichtigkeit, das der Hunger hervorrief, wie die Gedanken geschärft wurden, Vergil wirklicher als die Kameraden. Lange hatte niemand etwas merken können, er behauptete seinen Platz unter den Besten, obwohl er nicht die Kraft hatte, lang zu lernen ohne Unterbrechung.
Langsam war er in die Stille hineingeglitten, wo alles unwichtig erscheint, er stand neben sich und hörte sich antworten.
Er würde nicht mehr viele Jahre auf diese Weise aushalten, und vor dem anderen Hungerleben fürchtete er sich mehr. Ein einziger Ausweg für begabte arme Jungen stand noch offen, ein Umweg.
So war er Pater Gregor Mendel geworden.

Erst viel später hat er verstanden, daß in diesen Jahren etwas mit
ihm geschehen war. Wenn er in der Seelsorge zuhörte, war ihm, als
vernehme er die eigene Stimme. Das drückte ihn nieder. So wurde er
abgestellt, Kinder in Naturkunde zu unterrichten.
Im Klassenzimmer ging es ihm gut. Während der Lehrerprüfung aber
überkam ihn eine lähmende Scheu, er brachte kein vernünftiges Wort hervor
und fiel durch.
Der Gedanke war das einzige, was er hatte. Daß der ihm nicht
gehorchte, erschreckte ihn über die Maßen.
Die Jahre in Wien milderten den Schrecken, die Studien stärkten ihn.
Zum Schluß vermochte er, die unsichtbare Wand zu erkennen.
Er ging ganz dicht an sie heran und entdeckte, woraus sie gemacht war.
Zurück im stillen Klostergarten, wo alles in Blüte stand,
atmete er den Geruch des Hochsommers ein und wußte, daß
es für die Arbeit hier und im Klassenzimmer reichen würde.

Den Eishauch hatte er zum ersten Mal nach der Veröffentlichung
seines Vortrags an der Wissenschaftsakademie in Brno gespürt.
Pater Gregor zweifelte, daß dies Sorge um sein Seelenheil bedeutete.
Acht Jahre lang hat niemand an seinem Tun etwas Falsches gefunden.
Von alters her war das Kloster wegen seiner Viehzucht berühmt,
der Klostergarten ein Mustergut. Dieser Mönch säte Erbsen,
pflückte ihre Blüten und betrachtete in Ruhe deren Farbenspiel.
Jetzt, als er es mit Zahlen beschrieben hatte und die Mathematik
als gut befunden war, wurde er unablässig vermahnt.
Er hatte sich dem gebeugt und war der Berufung zum Abt gefolgt,
auf der anderen Seite der Macht welkten alle Hoffnungen.
Der Wind wurde stärker, warf Brocken, denen er nicht auszuweichen
vermochte. Die Kälte wurde zu tausend Eisnadeln gegen die Haut.

Wien hatte gesprochen, mit der üblichen Arroganz gegenüber allem, was aus der Provinz kam: – Des is' nix!
Das hatte Pater Gregors Gemütsruhe nicht erschüttert. Hier heraußen erwartete man nichts von dort. Seine Hoffnung war der große Naegeli in der Schweiz, ihm schickte er seine Abhandlung und einige Samenkörner. Naegeli antwortete, die Theorie wäre nur ein Entwurf, säte die Samen und vergaß die Pflanzen.
Statt dessen schickte er Samen des rätselhaften hieracium, das seine Geheimnisse so leicht nicht preisgibt.
Jedes Jahr hatte Pater Gregor seinen Forschungsbericht geschickt. Nie bekam er Antwort.
An den erbärmlich verwachsenen, vom Frost verwüsteten Beeten dachte Abt Gregor weit zurück und gab dem Brennen, das unvergeßlich ist, endlich einen Namen.
Naegeli hatte ihn hungern lassen.

Irena Brežná

Der Hinterhof als Lebensentwurf

Unterwegs in Europa von Gemeinschaft zu Gemeinschaft

Ich komme aus einem Hinterhof Europas, dem Hof meiner slowakischen Kindheit, den ich nie verlassen wollte. Dort war ich Anführerin einer Bande, die auf die Straße hinausging, um gute Taten zu vollbringen. Kaum jemand nahm uns ernst, doch wir nahmen uns ernst. Als ich 18 Jahre wurde, erblühte im ganzen Land der sogenannte Prager Frühling. Es war auch mein Frühling, ich fing an, die Zeitungen zu lesen und meinen Eltern das Schweigen über die kommunistischen Verbrechen vorzuwerfen. Das lähmende Gefühl, nach der Revolution geboren zu sein, im Schlaraffenland des Nichtaufbegehrenmüssens und -dürfens, da die Proletarier schon befreit worden waren, schlug in Euphorie um. Eine Bürgerin wurde geboren, die darauf brannte, dem Sozialismus ein menschliches Antlitz aufzudrücken.

Während die Truppen des Warschauer Paktes Ende Sommer 1968 die Tschechoslowakei niederwalzten, war ich in Wien. Ich blickte gebannt ostwärts, doch meine Mutter setzte sich ans Steuer des Wagens, der uns westwärts fuhr. In diesem Weggetragenwerden vom Recht auf Widerstand, weg von der Bürgerin, habe ich alles verloren. Ich sah nicht die Welt, die mir zu Füßen lag, und die ersten Jahre in der Schweiz verschwanden hinter einem Tränenschleier.

Doch der Hof lebte in mir heimlich weiter als Entwurf. Eines Abends wartete ich an einer Tramstation in einem Vorort von Basel (ja, ich wartete auf etwas), als ein kleiner weißer Bus vorbeifuhr und neben mir anhielt. An der Bustür hing ein Plakat, das ich so in Erinnerung behalten habe – ein Mensch ist bis zum Hals von Seilen eingeschnürt und sein zum Schrei geöffneter Mund ist zugestopft. Ich betrat den Bus, in dem ich eine Art Erleuchtung erlebte. Im Inneren lief ein Video über Folterungen in Chile, und junge Menschen sammelten Unterschriften gegen das Regime Pinochet. Diese Gleichaltrigen wirkten auf mich anziehend, frei, sie schauten sich den Schatten der Welt an und nahmen sich das Recht auf Widerstand. Ich unterschrieb, ging aus der Trauer hinaus und betrat die Welt. Die Gefangenenhilfsorganisation

Amnesty International wurde jahrelang meine Gruppe. Wir setzten uns für die Freilassung von politischen Gefangenen ein, unabhängig von der Nationalität, Hautfarbe und politischen Überzeugung.

Die feinen und festen Fäden, mit denen ich mit verschiedenen Gruppen verbunden bin, bilden den Hinterhof, in dem unsere Bande gute Taten vollbringen will. Mögen wir von den Mächtigen dieser Welt auch nicht ernst genommen werden, wir selbst nehmen uns ernst. Wo ich hinkomme, suche ich Hinterhöfe und finde Hofkinder, Landsleute in Geist und in der Tat. Wenn ich im Herbst 2005 wieder in Wien bin, diesmal in einer Gruppe, die sich Gedanken über Verfolgung und Flucht macht, dann schließt sich einer von vielen Kreisen, und ich weiß abermals – der Fluch des Exils kann gebannt werden. Es ist möglich, aus schrecklichen Verlusten mobile Höfe zu erschaffen, kleine Busse, aus denen wir von der Welt erzählen.

In den Kulturen Möglichkeiten aufzugreifen, um die vielen Facetten der menschlichen Existenz auszuleben, ist ein modus vivendi, gar eine ars vivendi, eine Gnade der Heimatausdehner, eine ars emigrantis. Man muß nicht mehr einer Kultur verpflichtet sein, sondern trägt die Wurzeln in der Hand, geht herum und steckt sie in viele Blumentöpfe hinein. Wie Platons Ideen sind Bräuche quer über Kontinente gelagert auch in mir, und es braucht bloß die Zündung bei der Begegnung mit ihnen, um sie zu aktivieren und sie mir mit jener Selbstverständlichkeit anzueignen, die nur eine Einheimische haben kann. Einheimisch bin ich überall, kann es überall werden. Im einzelnen sind alle Kulturen gespeichert. Das Verbleiben bei verschiedenen Völkern oder Gemeinschaften, die Leichtigkeit, mit der ich mit ihnen zu verschmelzen und sie von innen heraus zu fühlen vermag, diese Transformationsfähigkeit liefert mir den empirischen Beweis für diese Annahme. Ich überziehe mir Bräuche wie passende Trachten und erkenne im Besonderen das Allmenschliche.

In meinen Träumen ziehe ich mich ständig um und bin unterwegs. Lange habe ich meine Umziehträume nicht verstanden und meinte, mich in ein einziges anständiges Kleid und in ein abgeschlossenes, solides Haus hineinzwingen zu müssen. Dann, erst dann, würde ich ankommen. Doch ich bin schon längst angekommen, indem ich in Bewegung bleibe, unterwegs von Gemeinschaft zu Gemeinschaft.

Meine Identität ist nicht, sie entsteht. Ich brauche nur die Transformationen zu bejahen, die Kunst zu würdigen, Platons nackte Ideen aus der dunklen Höhle ans Licht zu ziehen, mich in sie zu kleiden.

In meiner deutschen Schreibsprache wohnt der Einfluß des Slowakischen, das Verlangen, die deutsche Sprache einer Klangästhetik aus der Muttersprache anzupassen, das Weiche, das Poetische im Deutschen ausfindig zu machen. Ich stülpe die Nüchternheit im Deutschen über das Ausufernde, aus dem ich komme, ich grenze es ein. Ich schreibe als Frau, als ursprünglich Slawin, aber ich schreibe Deutsch, schreibe in dieser strengen, ja männlichen Sprache als Zwitter, als umgekehrter Transvestit. Doch nicht aus Gegensätzen besteht mein Deutsch, bestehe ich. Schließlich schreibe ich und bin ein polyphoner Mensch, polyphon geworden. Schicht um Schicht lagern sich in meiner Persönlichkeit die Kulturen ab. Sie lagern dort nicht nur, sie halten Zwiesprache untereinander, und ich wage zu behaupten, sie bilden inzwischen ein luftiges, und daher widerstandsfähiges Fundament. Es sind mitnichten beliebige Schichten, sie wurden sorgsam ausgewählt, erprobt, bis sie sich gesenkt haben und den noch unbekannten Platz machen. Die leere Schicht zuoberst halte ich staubfrei.

Als ich während des Krieges 1996 mit einem Schweizer Fernsehteam im zerstörten Grosny ankam, zog ich ein langes Kleid an, rollte ein seidenes schwarzes Tuch und band es mir um den Kopf. Eine Händlerin, die ein paar Eier vor einem Hausgerippe anbot, sagte: „Sie kommen von weit her, aber Sie trauern mit uns. Möge Allah es Ihnen mit Gutem vergelten." Der Kameramann, der seine auf Zürich beschränkte Identität plötzlich in Ruinen zerbrochen sah, störte sich an diesem Heimischwerden und ermahnte mich streng: „Wir müssen das Fremdsein aushalten." Er schickte sich an, für eine Woche lang ein Fremder zu sein, ich war es in seiner Heimat schon seit drei Jahrzehnten. Doch zwischen Zürich und Grosny ist ein wesentlicher Unterschied. Ins verletzte Grosny zu kommen, um dort fremd sein zu wollen, sich nicht berühren lassen zu wollen, ist wie einem Stürzenden die Hand zu verweigern. Stürzt das Mitgefühl durch die Ruinen hindurch ins Nichts, zerbricht jegliche Identität.

Meine tschetschenische Freundin wollte mich ebenfalls als Fremde, wollte mich als exotisches Geschenk für den blutigen Kriegsfürsten von Grosny und bat mich: „Nimm das Tuch ab, ich will dich Schamil Bassajew vorstellen. Soll er eine freie Europäerin sehen und nicht eine gewöhnliche Tschetschenin." Ich sehe das freie Europäertum jedoch gerade darin, mich einer durchschnittlichen tschetschenischen Frau äußerlich anzugleichen, da ich innerlich mit ihrem Leid eins bin. Ich binde mir in Grosny den Kopf, ich entschließe mich, an Grosny gebunden zu sein. Nicht an Grosny der Täter, an Grosny von Putin und Bassajew, sondern an Grosny der Trümmerfrauen. Ein zusammengerolltes schwarzes Tüchlein über meinem Haar heißt, daß ich Trauer trage – Trauer für den Tod einer nahen Verwandten, für den Mord an abertausenden Verwandten aus dem Nordkaukasus. Die Blutsbande habe ich längst hinter mir gelassen, aber nicht den Begriff der Verwandtschaft. Er weitet sich ständig, mit jeder Transformation. Die Kleidung wechselt, das Gemeinschaftsgefühl soll mir erhalten bleiben. Das schwarze Tuch am Kopf wäre allerdings bloß eine leere theatralische Geste, wenn ihr nicht handfeste Taten zugunsten der Irrenden im Trümmerwald folgen würden. Aus transformativem Handeln, nicht bloß aus dem Gefallen an einem neuen Brauch erwächst Identität. Und nicht jedes Wolfsrudel ist auch meines.

In Dubrovnik traf ich 1998 kroatische Bäuerinnen, die aus ihren Dörfern von der serbischen Soldateska vertrieben worden waren. Internationale Organisationen schenkten ihnen humanitäre Hilfe – leblose, graue Kleider, die westliche Frauen abgelegt hatten. Die Bäuerinnen erzählten von ihrer Verletzung durch diese Geste des müden Wohlwollens. Nun hatten sie ihre Häuser verloren und sollten auch die ureigenste weibliche Haut einbüßen – ihre selbstgenähte, farbige, traditionelle Kleidung. Einige wollten in Wut die bedrohliche westliche Nivellierung wegwerfen, um ihre Identität zu wahren, doch eine Idee der Transformation wurde geboren. Die Frauen zerschnitten die fremde Identität in Streifen, in Vierecke, in Dreiecke und nähten die von der Form befreite Wolle, Seide, Baumwolle, Spitze aneinander zu großen farbigen Decken, in die sie sich einhüllten. Die Wärme des selbsterschaffenen Patchworks konnten sie annehmen, darunter bewahrten sie sich auf der Flucht, um später in ihre Dörfer zurückzukehren. Die innovativen, stolzen Bäuerinnen zeigten mir, wie kollektive Identität sein kann. Sie schenkt Geborgenheit, aber liegt nicht direkt an der Haut und muß zuerst zerschnitten und dann von uns selbst neu zusammengenäht werden. Das gemeinsame Schneidern, eine archaische weibliche Tätigkeit, identitätsstiftend.

Dort, wo Europa zusammenwächst, wo Gemeinschaften den bunten Überhang der europäischen Identität fantasievoll weiterknüpfen, flechte ich meine Fäden hinein und lausche dem Summen der Webstühle.

Als ich einmal mit dem Zug von Frankfurt nach Basel fuhr, wurde ich Zeugin dieser summenden Tätigkeit. Bei der Frankfurter Buchmesse waren abertausende Geschichten versammelt, aber im Zugabteil fing unverhofft auch eine an gesponnen zu werden. Eine ältere westdeutsche Frau erzählte einem Studenten aus Leipzig von damals, als die Mauer die Deutschen voneinander ferngehalten hatte. Sie erzählte, wie sie als Westlerin die DDR empfand, als einen Hort der irrealen Sehnsucht, wo erstarrte schwarz-weiße Menschen vor dem Stacheldraht in Richtung Westen blicken und sich von farbigen Zeitschriften „Bravo" und „Spiegel" die Offenbarung versprechen. Schrecklich war das, die armen Menschen, seufzte die Großmutter. Der Student, in die Defensive gedrängt, erwähnte seine Mutti. Die Großmutter fuhr ihn heftig an. „Mutti, Mutti, wie spießig", spottete sie, mit dieser alten Niedlichkeit sei es vorbei. „Jetzt seid ihr im Westen, hier gibt es nur noch die Mutter."

Auch wenn der Westen bei diesem Gespräch dominant und vereinfachend auftrat, zwischen den Generationen und den politischen Prägungen fand eine warmherzige Annäherung statt, im Sprechen über die deutsche Vergangenheit, über die Definition der Sprache. Ich saß unweit des ungleichen Paares, zog im Geist meine Ohren wie Antennen in die Länge und fühlte mich als dritten, verbindenden Teil, als die mittlere Generation, zwar schweigend, doch aktiv, war unter die Haut der zwei Passagiere gekrochen und sprang hin und her, als eine Europäerin, die gleichermaßen die westliche wie auch die östliche Haut auf sich trägt und beide aufeinander abzustimmen versucht. Im Begreifen der Wichtigkeit dieser verknüpfenden Arbeit, die jene sich nahgekommenen Menschen leisteten, gesellte ich mich dazu. Wir bildeten eine ganze Familie. Und es schien mir, als sei der dumpf ratternde Zug eine Nähmaschine, die das zerrissene Europa zusammennäht, mit Worten wie diesen, die sich unterwegs wie Fäden von Mensch zu Mensch entwirren und neu verknüpfen. Wie es mich beglückt, in dieser ratternden

Epoche dabeizusein, mich dazuzuzählen, mitzuhören, mitgenäht zu werden, mitzunähen am Kleid der Mutter Europa, in Erzählungen, in Begegnungen, im Mitfühlen, im Mitdenken, im Mitschreiben.

Marica Bodrožić

Wunden haben keine Grenzen

„Aber ich habe diese Welt gemeint!“ sagte sie.
„Ich habe gemeint, glücklich in dieser Welt –
glücklich mit lebenden Menschen.“
Virginia Woolf

In Zeiten des Wandels haben nicht nur die Grenzen Verschiebungen erfahren, wurden die Fahnen ausgetauscht, auch unsere menschlichen Namen sind Veränderungen unterworfen worden; neue Tonalitäten haben in sie Einzug gehalten; der Buchstabe, jeder für sich, hat neue Räume erobert und ist am unbekannten Ort angeklungen, manchmal als fremd.

Was in einem Hier vertraut klingt, erwirkt im Anderswo eine Lähmung der Zungen. Ich habe oft bemerkt, daß die Menschen Angst vor Buchstaben haben, die sie nicht so häufig aussprechen oder nicht gut genug kennen. Sie scheinen sie an ihre Furcht vor dem Unbekannten zu erinnern. Wörter wie „eigen“ und „fremd“ werden gesagt, schnell dahin und getrennt voneinander, als seien sie nicht eigentlich Wörtergeschwister, die zueinander gehören, ganz ähnlich wie man als Mensch zu sich selbst gehört. Unsere Identitäten sind dabei, Lieder zu werden, die lernen, durch Dissonanzen hindurchzugehen. Sie erhalten neue Körper. Die Kleider hat uns schmerzverzahnt bereits das letzte Säkulum geschneidert. Aus dem Unterwegssein als Mensch wurde ein Rausschmiß aus dem Menschsein; ein messergebeizter Fußtritt in die ausgelagerten Vororte des Herzens; heraus aus der Welt des inneren Menschen ging es, hinein in den blanken äußersten Haß.

Die neuen Grenzen tragen an ihrer Ursprungsstelle diese Hiebe noch in sich. Dennoch zog man weiterhin, im Rücken des Rückens von 1945, noch bis vor kurzem in Europa per Kopflineal neue Grenzen. Und schreckte nicht davor zurück, die Luft zu verschmähen, über den Städten einer Welt, die niemals die ihre sein wird, solange nicht, bis man sie ohne Urteil umarmt, so, wie sie gerade ist.

Der Kopf aber hält offenbar noch immer einiges aus; die Willkür hat großen Hunger; in den Brustkörben, eine Dunkelheit ohne Stunden. Der menschliche Verstand hat auch das Grausamste noch erklären können, sich auf Systeme stützend, die Geschichte der Niedertracht fütternd – wofür, noch und noch? Für die Selbstsucht, den Wahn, für eine Definition und den kurzfristigen Gewinn.

Geweint aber hat der Mensch seit jeher mit einem anderen Organ. Der Verstand machte diese Arbeit nicht für uns. Das Organ der Seele ist das unbetrügbare Auge, und dieses Auge hat doch auch, im Gleichmaß zum Schrecken, die wichtigen Fragen gestellt. „Wer steht auf der anderen Seite?" Dieser Frage hat der in Triest lebende Schriftsteller Claudio Magris ein Büchlein gewidmet, in dem er über „Grenzbetrachtungen" schreibt, die sich aus seinem eigenen Dasein, aus seinem Leben ergeben haben. Dieses Leben hat ihn in seinem Schreiben zu einem der nachdrücklichsten und sanftmütigsten Vermittler zwischen Menschen und Ländern gemacht.

Woher nehmen wir uns, noch immer, das Recht über so viele einzelne Menschenleben hinweg in einem Kollektivhabitus zu reden, ganz zu schweigen von den gehorteten Äxten, die als Urteile, Bewertungen, Inanspruchnahmen der Wahrheit in den Wörtern feilgeboten werden, ganz gleich, welche Wirkung sie auf einzelne Biographien haben. Die Grenze sei, heißt es bei Magris, etwas Zweifaches und Doppeldeutiges. Bisweilen sei sie eine Brücke, um dem anderen entgegenzugehen, bisweilen eine Schranke, um ihn zurückzustoßen. Oft entspringe sie dem Wahn, jemanden oder etwas auf die andere Seite verweisen zu wollen. „Ich glaube", heißt es weiter, „daß die Literatur unter anderem auch eine Reise auf der Suche nach der Entzauberung dieses Mythos der anderen Seite ist, der Versuch, zu verstehen, daß jeder bald hier und bald dort steht – daß Jedermann, wie in einem mittelalterlichen Mysterienspiel der Andere ist."

Die Grenze ist eine Institution der Angst. Solange wir sie noch nicht erkannt haben, brauchen wir sie, um vorwärts zu schreiten. Und die Grenze ist ein Sich-Erhebenwollen über den Anderen; eine Barriere, die der Überheblichkeit entspringt. Zugleich ist sie eine Wunde, gezeichnet, vermerkt mit einer Bedeutung. Darin verwandt mit der Biographie eines Menschen.

Einst, an den Grenzen ehemaliger kommunistischer Länder oder noch heute, an Flughäfen von Staaten, in denen bis vor kurzem die Diktatur das Sesam-Öffne-Dich-Wort war, kamen und kommen ganze Kindheiten ins Zittern. Das Kindsein verlor sich damals auch in mir selbst, vor Angst und wegen der blankgewetzten und winterfesten Wörter der Zöllner. Sie zeigten ihre Macht, ihr Terrain war die Grenze, an der sie sich offenbar als jemanden erlebten und damit vielleicht in sich das terrain vague, die Leere überwanden. Pistolen und Gewehre; Waffen stützten ihre Rückgrate. Um sich selbst zur Stütze genommen haben zu können, hätten sie ihre eigene Angst eingestehen müssen, schwächer zu sein als an der Angel zappelnde Fische.

Ihre Unbeholfenheit hätten sie sich und uns Reisenden eingestehen müssen, ihre Unbeholfenheit und vielleicht auch ihre Albträume vor den vielen unbekannten Gesichtern, vor Menschen, die es jedesmal auf sich nahmen, die Grenze zu passieren, vorbei an den Waffen und den dazugehörigen Grenzwachen. Stets aufs Neue, und die Einfachsten unter ihnen, gingen sie der Grenze entgegen, jeder Grenze, die sich ihnen in den Weg stellte, unter den straffähigen Augen der Zöllner erinnerten sie sich an ihre Dörfer, an ihre Herkunft, an ihre Namen. Dafür war die Grenze gut. Welche Kraft es sie aber gekostet haben muß, welchen Mut erfordert, sich selbst immer wieder mit ihrem eigenen Gesicht in Einklang zu bringen.

Wenn auch der Berufsstand des Zöllners etwas anderes von ihm erwartet, den Heimreisenden war er doch eine Art Helfer; trotz allem. Was ein Mensch wohl träumen mag, der sich jeden Tag eine staatlich verordnete Mütze auf den Kopf setzt, die sein Gesicht beschirmt und seine Stirn versteckt, als halte er sich unter ihr verborgen, stamme nicht wie die anderen vom Unsichtbaren ab, sei geradewegs bereits als Mützenträger fertig, geboren.

An der Mütze wie auch an der Uniform erkennt man ihn, den Wächter, der die menschlichen Herzen schneller klopfen, die Handinnenflächen schwitzen und die Münder der Grenzpassierenden verdächtig ausfallende Wörter sagen läßt. Solch eine uniformierte Gestalt befördert im Geist einen Reisenden unausgesprochen in den Raum der Mutmaßungen; die Pässe und Identitätskarten werden in diesen

Augenblicken mit einem Mal ernsthaft bedeutungslos. Die eigene Übereinstimmung mit sich selbst spielt sich wie von einer unbekannten inneren Kraft gelenkt in den Vordergrund. Die Stimme gehorcht alsbald auch anderen Gesetzen; nur nicht denen der Gleichmut und des doch mitgebrachten Friedens. Als untergrabe die Uniform alles unter Menschen Erworbene und fordere die letzten dunklen Zonen unserer unsichtbaren Koffer (in ihnen Länder und Flüsse und Berge und Täler und unbekannte Gewässer) auf, ans Licht zu gehen, hinauszutreten in die Welt der Namen, der Sätze, der Wörter, der Buchstaben. Da aber vor uns ein beißwilliger Hund steht und wir spüren, der Hund selbst ließe uns gleich durchgehen, aber seine Natur wurde zurechtdressiert, fürchten wir uns mit einem Mal um und mit uns, wir, die wir den Frieden in unseren Taschen mitgebracht hatten, zusammen mit unserer Unschuld.

Die Grenze hat uns also ausgeliefert an die rohe Masse unserer unbetretenen Zimmer. Weit und breit, wohin das Auge auch schaut, steht jeder für sich allein. Nur noch das Volk, das größere Ganze unserer Koffer, ist noch dabei, aber was kann dieses Ganze uns geben? Die Furcht vor der Furcht kann nur der Einzelne überwinden. Manchmal habe ich es mir vorgestellt und im Bild gesehen, wie dieses Erleben eines einzigen Menschen in einem weißen Punkt gebündelt wird und dort leuchtet, mit der Sonne verwandt, von ihr angestellt; und dieser Punkt erregt die Aufmerksamkeit der Anderen, weckt ihren Wunsch, für den Punkt zu arbeiten, sich die eigene Verwandtschaft mit sich selbst zu verdienen. Dann wächst der Punkt und wächst. Dann sieht er mehr und mehr aus wie eine Sonne. Bald erkennen auch die Zöllner den Zusammenhang und kommen nicht mehr mit ihren Mützen zur Welt, gehen mit freier Stirn und mit einem wohlwollenden Blick auf die Kofferträger zu. Solange wir unterwegs sind und Grenzen passieren, werden wir diesen Blick brauchen, um sorgenfrei unsere Reise fortsetzen zu können. Der Zöllner wäre dann nicht mehr ein Bewohner seiner Autorität. Ihm wäre das Avancieren zum Punkt hin recht und die anderen, alten Mittel nicht. Aber braucht der Zöllner nicht uns dafür, damit er ein empfundenes Wort, einen Achtung spiegelnden Satz spricht?

Die Gräben der Vergangenheit warten genauso wie der Zöllner, ohne es zu wissen, auf ihren Moment der Gegenwart; auf den Augenblick des Bewußtseins, des Wissens um sich selbst. So die „Kultur der Lüge“ und das Gewährenlassen der Angst nicht in unserer Sprache, in unserem Selbst behoben und also bereist werden, werden die Gräben und die Mützen tiefer rutschen. Das jüngste europäische Beispiel, gemeinhin als „jugoslawische Tragödie“ bezeichnet, zeigte am Beginn des 21. Jahrhunderts, was aus Menschen wird, die vergessen, ihre Sprache zu leben, die sich benutzen lassen und dem Benutztsein als Handlanger zum Opfer fallen. Nicht angeschaute Wunden sind Stauräume, die sich gegen uns alle wenden. Wunden haben keine Grenzen. Nicht im Menschen und auch nicht auf unserem Planeten. Sie sind da, sie beharren auf sich als Gegenwartsform.

Im Grunde habe ich nie empfunden, daß ich zu einem Volk, zu einer Nation gehöre. Es ist mir bis heute fremd geblieben. Ich glaube, fern jeder Romantik, daß der Mensch sich selbst genügen muß und daß der Napoleonische „Code civil“ längst eine neue Zeit eingeleitet hat, in der auch der Raum neue Bedeutungen erhalten hat und in dem die Gemeinschaft eine entscheidende Rolle spielt. Das Neue hat bereits mit Platos Höhlengleichnis symbolischen Einzug in die Menschenwelt gehalten. Unsere Zeit, das, was davon übrigbleibt, wenn wir Einstein gewähren lassen, weist uns immer mehr auf die persönliche Zeit hin. Wir aber entscheiden allein, welche Reisen wir machen wollen. Jene, die uns vorangegangen sind, mit ihren großen Menschenträumen, mit ihren geflügelten Pferden und der Kraft des Leonardo da Vinci, haben gezeigt, wie wir leben könnten. Damit aber stünde unsere Entscheidung für die Schönheit an. Unsere Entscheidung, für sie zu sein.

Wenn wir verstehen, daß die Schönheit vom hassenden Blick nie geduldet wurde, können wir in der ganzen Geschichte der Menschheit Beweise dafür finden; der zuletzt erbrachte, schreckliche Beweis läßt sich selbst bei geschlossenen Augen im einstigen Jugoslawien aufspüren. Der Architekt Bogdan Bogdanović hat in dem Essay „Die Stadt und der Tod“ geschrieben: „Der Schlag gegen Dubrovnik – mir graut davor es auszusprechen, aber ich muß es tun – wurde in voller Absicht gegen das Beispiel einer außerordentlichen, fast symbolischen Schönheit geführt.“ Wie ist es möglich, frage ich mich, daß die europäische und amerikanische Welt auf die gleiche Weise gehandelt und Städte und Menschen bombardiert, es wieder vergessen hat, wie einen schlecht zu verdauenden Kontoauszug und ohne es auf sich selbst zu beziehen.

Schönheit beunruhigt Aggressoren jedweder Nationalität. Sie steht, wie im Falle Dubrovniks (oder auch der Stadt Mostar und der Alten Brücke, die in der Zwischenzeit wieder aufgebaut wurde) auf der anderen Seite. Wir haben sie schon oft zu unserem Feind erwählt. Die andere Seite hat uns bedroht. Wir haben sie zerstört, damit sie nicht spricht. Schönheit spricht immer; ihr Sprechen ist die vollkommenste Form des Schweigens. Der Schatten will auch wachsen. Aber selbst dafür braucht er die Schönheit, die bei all ihrer Fragilität die Grundlage unseres Daseins ist. In der Natur ist das ein Gesetz, das jeder Bewegung innewohnt und in einem genau abgestimmten inneren Plan die Katastrophe meidet. Der Mensch ist auch diese Bewegung, er ist als Mensch verwandt mit sich selbst. Was folgt für uns daraus, wenn nicht das freie Leben? Alle Monarchien, Regimes und Diktaturen sind zerbrochen, sind dabei zu zerbrechen und werden zerbrechen, einmal und dann ganz. Schon jetzt aber töten wir nicht mehr im Namen eines Staates, für eine Konfession, für einen herrschsüchtigen Tyrannen. Wir müssen uns damit abfinden, daß wir das Töten nur aus uns selbst heraus tun.

Ernst Jandl hat in seinem Nachruf auf Erich Fried geschrieben, dem Tod des Dichters folgten wir, „hier und jetzt“. Wer tot sei, der sei zurückgekehrt in die „absolute stille“:

> ein ganzes tapferes leben hindurch hat erich fried mit mächtiger stimme für den guten weg des menschen geworben. das einmalig kostbare, von seinem herzen und seinem hirn produziert, hat er kraft seiner sprachkunst haltbar gemacht, und es gibt uns halt. in sein für immer dauerndes schweigen hinein, und aus diesem heraus, rufe ich [...] in sorge um unsere geschundene welt nach frieden, freiheit, liebe – nicht nach ein wenig mehr davon, sondern nach allem davon; denn sie sind, jedes der drei, unteilbar: der friede, die freiheit, die liebe.

Wie können diese drei Unteilbaren je abstrakt gedacht werden? Was hier Ernst Jandl ausgesprochen hat, ist mit der Schönheit und mit ihren Wunderlampen verwandt. Es ist einfach zu leben, trotz Entwurzelung, Aufbegehren und Verzweiflung; und ihretwegen geht den drei Unteilbaren eine andere Unteilbare voraus. Die Vergebung.

Mit der Vergebung nimmt uns keiner das Denken ab. Nimmt uns keiner das Fühlen ab. Nimmt uns keiner die großen Entscheidungen ab, über Krieg und Frieden: „Wir wählen ihn immer wieder“, wie es bei Erich Fried heißt. Die Freiheit beginnt als Bild, so, wie auch das Unterwegssein als Gedanke beginnt. Die Entscheidung für das Bild und für das Leben in diesem Bild muß einzeln, kann nur einzeln immer wieder neu getroffen werden. Dann wird der leuchtende Punkt unserer bereiten Gedanken größer und größer werden. Denn der Mensch ist mit der Sonne verwandt.

Hamid Sadr

Entwurf eines Briefes an einen erratischen Erzähler

Die Notwendigkeit:
Ich *muß* ihm schreiben, weil er mir als Erzähler nicht unangenehm ist. Zwar oft auf manieristische Art unnötig witzig und manches Mal auch ein wenig liebeskitschromanartig, aber nicht unangenehm.

Dann kommt die Frage: Was soll ich ihm schreiben? Und wie?

Sicher nicht im Großer-Bruder-Stil; eher bedacht und ruhig, kollegial und leise. Denn mein erster Eindruck von ihm war nicht schlecht[1]: Ein begnadeter Schauermärchen-Erzähler, habe ich gedacht. Einer also, der schon als Kind im Mittelpunkt der großen Familienfeste steht und, trotz des entsetzten Ausdrucks auf dem Gesicht der Mutter, frech Kuriosa über die nahen und fernen Verwandten ausplaudert, Lachtränen, Lachhusten und Kränkungen aller Art herbeiführend. Und jetzt erscheint er plötzlich in der Gestalt der großen Essayisten, welche uns mit ihren Empfehlungen zur Bekämpfung des islamischen Terrorismus auf die Nerven gehen.[2] *„Radikale Islamisten haben kein Interesse daran, den Irak von der Tyrannei zu befreien, sie haben kein Interesse an der Emanzipation der Frauen, an Reform, Erziehung, Gedankenfreiheit, Innovation oder unabhängigen Forschung"*, schreibt er und resümiert: *„Religion und die von ihr hervorgebrachte Ideologie [ist] unbedingt der bestimmende Faktor hinter islamistischem Terrorismus: [...] Das Problem besteht darin, dass die radikalen Verse, mit denen Terroristen ihre Aktionen rechtfertigen, demselben Koran entstammen, den gemäßigte Muslime lesen."*

Frage: Kann ihn die Ermordung von Pim Fortuyin und Theo van Gogh in Holland so getroffen haben, daß er nun als Fundamentalist argumentieren muß?

---

[1] 18. Freiburger Literaturgespräch 1994.

[2] Leon de Winter: Mörderische Frömmigkeit. In: Der Spiegel, Hamburg, 18. 7. 2005, S. 108–110.

Es geht nicht nur um die Gefühle: Seine diesbezügliche Trauer, seine Angst und seine unbändige Wut teile ich auch. Auch ich reagierte auf die 55 U-Bahn-Opfer in London zornig und verzweifelt. Ich verfolgte sogar eine Woche lang die Trauer der iranischen Exilgemeinde über den Tod von Behnaz Mazki (48), einer iranischen Biologin, die am Morgen des 7. Juli ihre Wohnung im Norden von London verließ und wie alle anderen 54 Opfer zur Arbeit (in einem Kinderkrankenhaus in London) unterwegs war. Ich erfuhr von ihrem Mann, Nader, von der 24jährigen Tochter, Saba, und vom 22jährigen Sohn, Said, der für den DNA-Vergleich den auftauchenden Polizisten ein Sample von seinem Mundspeichel geben mußte.

Eine Frage an ihn: Hat die iranische Gemeinde in London deswegen die eigene Religion in Frage gestellt?

„Der islamistische Widerstand gründet sich auf den tiefen Glauben, dass diese modernen westlichen Institutionen und Konzepte der Scharia, dem islamischen Gesetzeswerk, diametral entgegenstehen.“ Müßte man nun die iranische Exilgemeinde, die noch nicht aus dem Islam ausgetreten ist, als Ackerland des islamischen Terrorismus sehen? Daß ich mich als Agnostiker und unversöhnlicher Gegner des politischen Islam und Khomeinis islamischer Republik, und dies schon von erster Stunde seiner Machtergreifung an, jetzt gezwungen sehe, die islamische Weltgemeinde in Schutz zu nehmen, hat mit seiner Art zu kritisieren zu tun. Weiß er überhaupt, was er mit seinem rigorosen Vorgehen gegen den Islam hervorruft? Es ist doch nicht einmal zwei Jahre her, daß die Straßenschlachten zwischen Jugendlichen in Bradford blutige Folgen gehabt haben. Nicht sie, doch er mußte es wissen, wie sich der religiöse Antisemitismus zu einem rassistischen Antisemitismus entwickelt hat.

Nein, die Trauer und der Fluch eines Erzählers sollen anders aussehen. Sie dürfen vor allem nicht die Oberflächlichkeit der Zeitungswelt so billig und so unwürdig abbilden. Dadurch merkt man, wie wenig er sich in der Welt der religiösen Widersprüche auskennt. Nicht nur die Weltanschauung der islamischen Selbstmordattentäter, sondern auch die Welt all jener Strömungen in dieser Religion, die die Terroristen moralisch unterstützen, ist ihm fremd. Er kennt sie alle nicht, weil er sie bis jetzt nicht *wie wir* als Feind erlebt hat. Er ist nur schockiert, weil solche Attentate im liberalen Holland (und Europa) bis jetzt nicht vorgekommen sind. Und leider fördert er jene Kräfte, die alle Errungenschaften der Aufklärung mit dem Vorwand *„wie kann man überleben, wenn man sich an Regeln hält, die der Feind nicht akzeptiert"* (er in einem Interview) vernichten möchten. Dadurch sieht *seine Fatwa* dem Fluch des kabbalistischen Rabbiners Josef Daya, der nach dem Todesfluch über Rabin jetzt von allen Rabbinern das grüne Licht bekommen hat, die Vorbereitungen zum Aussprechen des aramäischen Todesfluches *pulsa denura* über Sharon zu treffen, nicht so unähnlich.

Die Trennungslinie zwischen uns, die eigentlich keine Linie, sondern ein Punkt ist, beginnt am Tag nach dem Terror in London. Der Zeitpunkt der Trennung war, so denke ich, als wir beide unseren Blick von den feinkörnigen, verschwommenen Fotos aus den Videokameras in der Londoner U-Bahn genommen haben. Die Frage: Wie könnte man am besten mit diesem neuen Typus von Attentätern fertig werden, wurde von uns beiden gestellt. Nur, während ich für mich die genaue Weltsicht der „europäischen" Selbstmordattentäter durchlässig machen wollte, erwog er die Möglichkeit, den ISLAM als Quelle des Terrors an die Wand zu malen. Wir sahen zwar die gleichen Fotos an, aber mit zwei völlig verschiedenen Betrachtungsweisen: Er verdächtigte eine ganze Religion und wollte ihre Anhängerschaft auf eine Masse von verblödeten, bornierten, gefühllosen Fanatikern reduziert wissen, während ich einen Blick in die Köpfe der Täter werfen wollte.

Ich sah mir lange die Ausweisfotos der vier Attentäter an und war von einer anderen Überlegung schockiert: Keines dieser Gesichter zeigte das Typische, die von den Zeitungen des Westens produzierte Maske eines „gewöhnlichen" islamischen Terroristen. Die verschwommenen Augen, die blassen Gesichter mit einem Fünftagebart. Nichts dergleichen. Alle vier waren unauffällige, normale, in Europa geborene und aufgewachsene Emigrantenkinder. Jene Gestalten also, denen man täglich unter den 5,4 Millionen Bus- und 3 Millionen U-Bahn-Benützern in London begegnet und die von niemandem des Terrorismus verdächtigt werden. Allein das – und ich gebe es offen zu – war die Ursache auch meiner unbegrenzten Angst, denn nur der Gedanke, täglich in einem U-Bahn-Waggon oder in einem Linienbus beim Anblick eines Rucksackes mit der vermeintlichen Bombe vor einem Fuß Todesangst zu bekommen, ist schauerlich. Das „Normale" an Hossein, Tanweer, Khan, und Jamal (nicht vergessen, alle hatten auch einen englischen

Paß in der Tasche) ist das Schrecklichste an allen vier Personen. Sie mir so vorzustellen, daß sie an diesem verfluchten Donnerstag morgen zuerst beteten, dann mit der Familie oder Frau in aller Ruhe frühstückten, von ihnen Abschied nahmen und mit einer Ladung Sprengstoff im Rucksack zuerst zur Verabredung kamen und dann jeder zu seiner U-Bahn-Station fuhr; mit dieser Gelassenheit, meine ich – das ist der zweite schreckliche Aspekt in dieser Sache.

Über alles andere hinaus wäre mir dies wichtig: eine Möglichkeit gehabt zu haben, in die Köpfe dieser Massenmörder hineinzuschauen, im Moment bevor sie starben. Daher auch das Starren auf die Fotos, um die kleinsten Unterschiede im Längsschnitt und Querschnitt festzustellen. Das ist mir wichtig, denn das ist eine Möglichkeit, etwas über ihre unerschütterlichen Mord- und Selbstmordabsichten zu erfahren. Während ich verzweifelt versuche, zumindest bei einem dieser Attentäter etwas zu vermuten, glaubt der liberallustige Erzähler aus Holland, mit einem einzigen Koranzitat das Geheimnis einer islamischen Weltgemeinde mit einem Schlag enträtselt zu haben. Er zitiert Sure 8, Vers 12–13 des Koran, die besagt: *„Wenn dein Herr den Engeln offenbarte: Ich bin bei euch, daher gib denen, die glauben, eine feste Haltung. Ich werde diejenigen, die nicht glauben, in Angst und Schrecken versetzen. Daher haut auf ihre Hälse, und schlagt ihre Fingerspitzen ab. Denn sie haben Allah und seinem Gesandten zuwidergehandelt. Allah bestraft streng"*, und lehnt sich zufrieden zurück. Es grenzt schon fast an Kunst, die Mohammedaner auf dem ganzen Erdenball als potentielle Massenmörder zu sehen. Für ihn ist, so wie er in seinem Essay schreibt, das Motiv der Bombenattentäter offensichtlich; dieses wird von der Religion selbst, in ihrer Heiligen Schrift, dem Koran, gestiftet:

„Es ist offenkundig, was der zweite Teil dieser Passage bedeutet: Enthauptet die Ungläubigen, und hackt ihre Fingerspitzen ab. Der Aufruf wird im Irak und anderswo vielfach befolgt – wie es Daniel Pearl und Theo van Gogh erleiden mussten."

Und warum es so ist, weiß er genau, weil die Muslime der ganzen Welt *„Juden und Christen als minderwertig [betrachten], da sie einer unvollständigen oder korrupten göttlichen Offenbarung anhängen."* Deshalb ist es auch für ihn unwichtig, wer diese Attentäter sind, von wem sie angestiftet wurden, wo sie geboren sind und welche Vergangenheit sie hatten. Sie sind alle Mohammedaner, und das ist genug. Für ihn ist es einfacher, in einem selbst konstruierten schwarzen Loch namens „moslemische Weltgemeinde" zu wühlen und über eine Milliarde Mohammedaner der Welt als potentielle Terroristen zu verdächtigen. Ein Großschriftsteller betrachtet die Große Welt und weiß, wovon er spricht! Daß ein pakistanischer Erzähler namens Nadeem Aslams zehn Jahre lang braucht, um in einem Roman nur die Verschlossenheit einer undurchschaubaren Gemeinde (nämlich der pakistanischen Gemeinde in London) zu beschreiben, ist wirkungs- und bedeutungslos. Denn diese sogenannten Nebensächlichkeiten, wie er sie in diesem Roman beschreibt, zum Beispiel: Warum, wenn die Pakistanis, die so grundsätzlich all das, was sie im Gastland sehen, als Teufelswerk ablehnen, trotzdem dort bleiben wollen und /oder wie schwer es dieser Gemeinde fällt, sich ihrem kleinen Pakistan in London zu öffnen, und wie aussichtslos eine Integration für sie sein kann, ist für unseren holländischen Erzähler irrelevant. Die Mühe, zumindest im Kopf nach Leeds zu fahren, um in Aylesbury südlich der Stadt nach dem 22jährigen Tanweer zu fragen, möchte er sich ersparen. Denn: in Erfahrung zu bringen, ob der Sportstudent, der als Cricketspieler viele Pokale gewonnen hatte, auch von dieser pakistanischen Gemeinde akzeptiert wurde oder nicht, ist für ihn uninteressant. Nachzufragen, in welcher Sprache Jamal, der 19jährige Jamaikaner, den Koran gelesen habe? Unwichtig. Warum er, der sein Baby in einem roten Fiat Brava spazierenführte, Mohammedaner wurde, bedeutungslos. Ist er nicht neugierig auf Sidique Khan, den 30jährigen Vater von Maryam, der mit seiner 14 Monate jungen Tochter so gerne spielte. Ihm ist lieber, sich eine Milliarde gesichtsloser Selbstmordattentäter vorzustellen, die ihm jedesmal beim Einsteigen eines Busses oder einer U-Bahn als Sitznachbar mit einem Rucksack vor dem Fuß erschrecken, als sich mit den Gesichtern und Lebensläufen der vier Attentäter auseinanderzusetzen.

Hier ein Vorschlag an ihn: Bevor du in Zeitungen und Zeitschriften weiterhin Amok läufst, nimm dir Zeit, fahre kurz nach England und von London 270 Kilometer Richtung Norden, steige in Leeds aus. Die stillgelegten Textilfabriken der Stadt sollen dich nicht erschrecken. Die 720.000 Einwohner haben Arbeit genug (nur vier Prozent sind arbeitslos). Leeds hat einen halbberühmten Fußballclub, der sich Leeds United nennt, und wenn man nach dem Viertel Holbeck im Süden der Stadt fragt und dort nach einem kleinen Eckladen von Ajimal Singh, kann man erfahren, ob es stimmt, daß der 18jährige Selbstmordattentäter Hasib Hossein dort oft auf der Straße Fußball spielte. Man kann auch nach Beeston, einem anderen Stadtteil von Leeds fahren und dort nach der Tempest Road fragen: Die Straße führt einen Hügel hinab. Shehzad Tanweer, der Cricketspieler, war dort zu Hause. Wenn man die 800 Meter lange Straße zu Fuß nach unten geht, sieht man die Backsteinhäuser, die, alle zweigeschossig, einen kleinen Vorgarten haben. Der „Spiegel"-Reporter behauptet einige Seiten vor deinem Essay, er sei hinauf zum Hügel gegangen und habe dort an der Kuppe, Tempest Road Nr. 1, einen Imbißladen gesehen, der Shehzads Vater gehört. Frage zur Sicherheit, ob es stimmt, daß sein Sohn manchmal in „South Leeds Fisheries" ausgeholfen habe. Du kannst ihn auch fragen, ob es ihm der Islam erlaubt, Kafirs etwas zu verkaufen. Er wird dich anstarren, denn für die Moslems sind die Angehörigen von „Buchreligionen" (Christen, Juden und Zarathustra-Anhänger) keine Kafirs. Ich vermute dies nur, denn ich war noch nie dort, aber ich meine, wenn man auf dem Nachhauseweg des jungen Massenmörders hundert Schritte weitergeht, sieht man eine Ladenzeile, in deren Mitte „All Nation Food" neben dem Hamara Jugendzentrum (Youth Access Point) liegt. Die vier jungen Massenmörder haben sich dort getroffen. Worüber sie miteinander gesprochen haben, weiß niemand, aber das Paradoxe steckt irgendwie in diesem „niemand". Dadurch kann uns klar werden, wie wenig wir eigentlich über „solche Leute" wissen. Denn die Frage, was in den Köpfen von Menschen vorgeht, die am Morgen mit einer Bombe im Rucksack das Haus verlassen, um so viele Menschen wie möglich in den Tod mitzunehmen, bleibt unbeantwortet. Du beharrst auf deiner Ignoranz, die aus „die Mohammedaner sind an allem schuld" besteht. Und die Radfahrer? Hast du vergessen? Und die anderen Erklärungen? Davon möchtest du nichts wissen, oder? Zum Beispiel: „Ihre Aggression richtet sich dagegen, daß sie werden, wie wir sind", sagt Oliver Roy, denn „sie leben im Westen, im Käfig der westlichen Werte und Rechte, mit denen sie sich nicht identifizieren". Du hältst aber von solchen und ähnlichen Thesen nichts, sie sind dir zu intellektuell. Lieber möchtest du dich in eine apokalyptische Stimmung begeben, die die Leistungen der Aufklärung gegenüber dem mittelalterlichen Fundamentalismus (bei allen Religionen) in Frage stellt.

„Zur Debatte steht, ob es unter westlicher Aufsicht möglich ist, eine stabile Bürokratie und eine friedfertige Mittelschicht in diesen gescheiterten arabisch-islamischen Nationalstaaten, in denen die Gesellschaftsordnung weitgehend auf Stammesloyalität, Korruption und der Unterdrückung der Frauen basiert, heranzuziehen", schreibt er in seinem Essay. Was tun wir dann gegen diese bedrohliche „islamische Weltgemeinde", die, wie er meint, über eine Milliarde Mitglieder zählt? *„Ein weiteres Haupthindernis"*, schreibt er, *„besteht darin, Radikale zu kritisieren, ohne tatsächlich den Islam selbst zu kritisieren."*

Hinzu kommt noch ein viel größeres Hindernis, nämlich der zunehmende Erdölpreis, wobei auch die US-Reserven in zehn Jahren verbraucht sein werden. Dann noch die atomare Aufrüstung der islamischen Terroristen?

István Eörsi, ein anderer Denker in dieser Sache, mahnt: „Wir müssen zur Kenntnis nehmen, daß es neben unserer US-europäischen Perspektive auch eine andere Perspektive gibt, die davon ausgeht, daß die Notwehr berechtigt ist. Vielleicht ekeln wir uns vor ihren Mitteln, vielleicht verachten wir ihren Fanatismus, aber eines muß klar sein: Unsere Mittel sind auch nicht schöner, unser lukrativer Zynismus ist zwar vielleicht unterhaltsamer, aber keineswegs moralischer als mörderischer Fanatismus."

Was nun?

Werkräume des Möglichen

Die „Ost-Erweiterung" der Literatur

Marina Koreneva

Unpoetische Randbemerkungen aus einem Petersburger Werkstattraum

Im Zeitalter der Marginalisierung des Wortes gleicht jedes Gespräch über Literatur einer Trauerrede und jeder Text darüber einem Nachruf: Kein schlechtes Wort über die Toten. Man redet vom schweren Verlust, hofft aber, daß die Verstorbene im Geiste der Verbliebenen weiterlebt und daß die von ihr angefangene Sache weitergeführt wird. Und sie wird tatsächlich weitergeführt – von den seltsamen Originellen (Enthusiasten? Zynikern?), die im rasanten Tempo, den Schritt mit der Beschleunigung der Weltproduktion haltend – denn die Zeit verringert sich, das haben die litraturfreundlichen Russen schon Mitte des 19. Jahrhunderts festgestellt – das literarische Schreiben noch betreiben, um die (vermeintlich) danach lechzende Leserschaft mit Textstücken zu beliefern. Exmittiert aus den geräumigen Appartements mit einer Dachterrasse und schönem Blick auf die Menschheit ins weniger anmutige Parterre, glaubt die „Literaturgilde", noch nicht alle Möglichkeiten ausgeschöpft zu haben, und träumt sogar von der Erweiterung der Werkstatträume, damit man Platz auch für die gleich oder ähnlich oder sogar anders gesinnten Kollegen aus nahen bzw. fernen Ländern hat. Vielleicht kann man bei denen auch etwas lernen, vielleicht gibt's da um die Ecke etwas Interessantes – der Mensch ist ja ein neugieriges Wesen, homo scribens allemal. So kann auch ein Kulturdialog enstehen, phantasiert man weiter und richtet den Blick auf das Naheliegende: Jahrhundertealte deutsch-russische kulturelle Beziehungen, bessere Voraussetzungen für einen Austausch, für gegenseitige Bereicherung kann man sich nicht vorstellen. Fürwahr. Selbst die beiden Kriege des 20. Jahrhunderts konnten es nicht verhindern: Man braucht nur in den Zeitungen und Zeitschriften aus der Zeit des Ersten Weltkrieges zu blättern, um mit Erstaunen neben den Frontberichten und Reportagen über die Greueltaten des Gegners „gemütliche" (aus heutiger Sicht befremdliche) Besprechungen deutscher Romane oder ganze Listen der Neuerscheinungen aus dem deutschsprachigen Raum zu entdecken. Da findet man Novalis, Goethe, Hoffmann, Heine, aber auch Meyrink, Werfel, Wassermann usw. Das Phänomen erklärt sich zum Teil ganz einfach. Als reiches Land hatte Rußland auch eine reiche Sprache, die einem erlaubte, durch feine Sprachnuancen zwischen dem Guten und dem Bösen zu unterscheiden. Alles, was schlecht war, zum Beispiel der Krieg, galt als „preußisch", im Notfall „teutonisch", alles, was gut war, zum Beispiel „klassische deutsche Kultur", konnte man als „deutsch", im Notfall „germanisch" bezeichnen. Das eine hatte mit dem anderen nichts zu tun. Das gleiche wiederholte sich dann einige Jahrzehnte später, zwar etwas anders und mit anderen Akzenten, aber man konnte auch während des Zweiten Weltkrieges über die deutsche Literatur in der Zeitschrift „Internationale Literatur", herausgegeben von den Exildeutschen, lesen, geschweige denn, daß die besten Übersetzer der deutschen Literatur, wie auch die besten Übersetzer der russischen Literatur, die in der Nachkriegszeit tätig waren (und manche noch bis heute tätig sind), ihre Liebe zu der jeweiligen Literatur und Sprache paradoxerweise eigentlich „im Krieg" gefunden haben. Es geht dabei nicht nur um das Vorhandensein oder Nichtvorhandensein der Übersetzungen, es geht vor allen Dingen darum, daß – trotz aller Schwierigkeiten – ein kultureller Austausch ununterbrochen lief, solange es zum Austausch etwas anzubieten gab, gemäß den Erwartungen, die man der Literatur gegenüber hatte. Und was man von ihr erwartete, sieht man, wenn man allein russische Spuren in der deutschen Kultur und deutsche Spuren in der russischen verfolgt: Ideen, diese seltsamen wandernden Phantome, die keine Grenzen kennen und leicht von Schiller zu Dostojewskij hinübergehen, um dann bei Hesse oder Thomas Mann zu landen, von Goethe zu Tolstoj, von Tolstoj zu Werfel, von Werfel zu Bulgakow usw., um bei bekannten Namen zu bleiben. Die ganze Literatur sieht dann wie ein Zaubertal aus, wo sich die einzelnen Echos sammeln und mitschwingen. Es geht manchmal sogar zu weit. Man denke an die Wirkung, die Dostojewskijs Werke in Deutschland ausübten, so daß die deutschen Kriminalisten in den 1920er Jahren in die Klassifikation der Verbrechertypen eine neue „Sorte" einfügen mußten – Roskolnikoff, ein Täter „mit Idee". Man wünscht natürlich keinem Land, daß eine Fremdliteratur neue Verbrechertypen exportiert. Aber die Gefahr, wenn man von der heutigen russischen Literatur spricht, ist ziemlich gering. Der europäische Leser kann ruhig schlafen: Die Verbrecher gehören jetzt ausschließlich der Kriminalliteratur und selbst da töten sie völlig „ideenlos“. Einfach so. Manchmal sogar ohne sichtbaren Grund.

Bei der Intensität der kulturellen Wechselbeziehungen, die so vielversprechend anmutete, könnte man hoffen, daß es immer so bleibt. Aber nichts ist ewig unter den Sternen, wie man weiß. Ein krasses Zeugnis davon: Rußlands Kulturjahr in Deutschland (2003) und Deutschlands Kulturjahr in Rußland (2004), gemeinsame Regierungsaktion beider Länder, groß angelegt und hochgestochen, als Krönung eines Kulturdialogs gedacht. Zwar hat man das Ganze vorsichtshalber als „Kulturbegegnungen“ bezeichnet, um damit zu betonen, daß es um etwas Neues geht – neue Stimmen, neue Stimmungen, neue Gesichter aus dem neuen Rußland und aus dem neuen Deutschland. Ein Neuanfang also. Was daraus geworden war, sah eher wie ein Ende aus. Ende eines alten Kulturdialogs, der zu einem Gespräch zwischen dem Blinden und dem Tauben degradierte. Man redete aneinander vorbei. Beispiel 1: Frankfurter Buchmesse 2003, Gastland Rußland. Eine Fülle von Namen, Titeln und leiblich anwesenden Autoren. Das Beste vom Besten. Man fühlte sich fast zu Boden gedrückt von dem Gewicht und der Wichtigkeit der neuen russischen Literatur: ein „Idol der jungen Generation“ neben dem anderen, lauter Reformer des Stils, Revolutionäre der Sprache, vertreten (wenn man den Rezensionen glaubt) durch amüsante, spannende, innovative, provokative u.ä. Texte, und alle in allem fremd. Fremd dem Westen. Aber auch dem Osten. Denn: Das, was in Frankfurt zu sehen war, wirkte aus der russischen Sicht etwas seltsam. Ist das *meine* Literatur? – dachte man als Leser und versuchte, sich damit zu identifizieren. Der Versuch scheiterte. War aber lehrreich, weil er einen auf Gedanken und Ideen brachte. Ist die Provokation, von der man so gerne in Frankfurt sprach, nur eine Form des Konformismus? Warum es heute nicht mehr reicht, wenn der Text allein für sich steht? Warum muß der Autor und somit auch sein Buch zu einem Medienereignis gemacht werden? Die Gedanken waren formlos und etwas düster, eine Idee dafür klar und deutlich: Man muß etwas in die Gegenrichtung machen. Und zwar besser. Auf jeden Fall anders. Und wir haben es gemacht. Anders. Ob besser? Es geht um das Projekt „Schritte. Zeitgenössische deutschsprachige Literatur aus der Schweiz, Österreich, Deutschland in russischer Übersetzung“, initiiert von der S. Fischer Stiftung, von ihr auch zum größten Teil gefördet, von beiden

Regierungen unterstützt, präsentiert auf der Internationalen Moskauer Buchmesse 2004, die man als Beispiel 2 für eine mißlungene kulturelle Kommunikation nehmen könnte, bei aller Fülle der herausgebrachten Bücher, mit denen sich bestimmt viele deutschsprachige Leser identifizieren würden, denn es ging um solche Namen wie Marlene Streeruwitz, Elfriede Jelinek, Paul Nizon, Sten Nadolny, W. G. Sebald, Thomas Brussig, Wilhelm Genazino, Emine Özdamar, Katja Lange-Müller, Julia Franck, Judith Kuckart, Uwe Timm u. a. m.

Im Rahmen des Projekts „Schritte" wurden in einem Jahr 50 Titel aus dem Deutschen ins Russische übersetzt – keine schlechte Leistung der daran beteiligten Übersetzer und Verleger und gleichzeitig ein abenteuerliches Unternehmen, von dem ich, als Mitherausgeberin der Reihe, einiges gelernt habe, allein weil man dadurch hinter die Kulissen des Büchermarkts wie auch der verlegerischen Tätigkeit kommt und einen neuen Blick auf die Regale in den Buchhandlungen gewinnt. Im Gegensatz zu ihren westlichen Kollegen, die sich – zwar sporadisch und launisch, aber immerhin – um die russische Literatur bemühten, so daß man wenigstens das Gefühl der Präsenz hatte, zeigten die russischen Verleger kein Interesse daran, was sich da hinter der Oder oder an der Donau abspielt, fest davon überzeugt, daß Goethe und Schiller für die deutschorientierten Leser völlig ausreichen und daß es für besonders Neugierige noch Thomas Mann und Kafka, im Notfall Rilke und Hesse gibt. Eine ideale Voraussetzung für den Projektanfang: Ganze Generationen deutschsprachiger Autoren waren verschollen, vor uns lag eine Wüste, ein Neuland, das man frohen Mutes besiedeln konnte. Ein Phänomen, wenn man bedenkt, daß es schon fast 20 Jahre her ist, daß Gorbatschew sein Projekt „Perestrojka" in Gang gesetzt hat. Natürlich hat man in dieser Zeit vieles gemacht: Es sind sämtliche Werke von Kafka, Hesse, Rilke erschienen, ein paar moderne deutsche Autoren haben sich durchgeboxt – Christian Kracht und Ingo Schulze. Man hat auch eine wunderschöne „Österreichische Bibliothek" gemacht, aber in kleinen Auflagen – tausend Exempare im Durchschnitt, und das in einem Land mit 150 Millionen Einwohnern. Das alles verlor sich im Schatten der etwas monströs wirkenden Ausgaben jener Autoren, deren Namen vielleicht noch unseren Urgroßmüttern etwas sagen könnten, besonders denjenigen, die Lust auf alles um sich herum vernichtende Vampire hatten oder ihr „Leserherz" gerne den hinterlistigen

Erbschleichern schenkten, die halb Europa wegen zwei Diamanten vergiften. Eben darum geht es zum Beispiel in den kilometerlangen Romanen von Klara Fiebich (28 Bände), Georg Ebers (32 Bände) oder Heinrich Adler (18 Bände). Vor solchem Hintergrund startete das Projekt „Schritte", und zwar unter dem Motto „Auch die Masse macht die Klasse". Eine „mehrköpfige" Gruppe von Moskauer und Petersburger Germanisten und Übersetzern hat 465 Titel begutachtet und etwa 120 Titel in die engere Wahl gezogen, wobei es Fälle gab, wo ein Buch von drei Personen begutachtet wurde, weil die Meinungen zu weit auseinandergingen: *Ein abstraktes gekünsteltes Konstrukt mit einem höchst unsympathisch wirkenden Ich im Mittelpunkt, dessen egozentrisch masochistische Züge jeden normalen Leser abstoßen wird*, schreibt der eine über Wolfgang Hilbig und fügt in Klammern seinen „privaten Kommentar" hinzu: *Der Mann hat ja Probleme! Wenn ich so etwas lese, macht bei mir alles zu.* Und nebenan findet sich eine ganz andere Bewertung: *Der Autor demonstriert solch eine Fülle von Emotionen, so überzeugend und aufrichtig, daß dieser Text niemanden kalt lassen kann*, und in Klammern ist zugefügt: *Wenn man das liest, da öffnen sie alle Schleusen!* Was macht man, wenn sich bei dem einen etwas schließt, bei dem anderen dagegen etwas sich öffnet? Man geht zum Verleger und fragt, *was möchten Sie eigentlich*, zumal da in unserem Fall der Verleger die Produktionskosten tragen und die Bücher dann noch verkaufen mußte, denn gefördert wurde nur die Übersetzung. Wenn man die Antworten summiert, so sieht es ungefähr so aus: der Text muß womöglich *gesund* sein (?!!), *so wie die Spanier schreiben, wissen Sie*, sagt der „summierte" Verleger, *die Hauptfiguren nicht zu alt und nicht zu jung* (?!!), *so wie es bei den Amerikanern ist, verstehen Sie*, erklärt der Verleger weiter, *und daß sich diese Hauptfiguren bitte nicht auf jeder Seite entblößen* (?!!), *es reicht, daß die unseren immer nackt da herumlaufen*, kommentiert er mit einem müden Seufzen, *und um Gottes Willen keine Experimente, wie es die Franzosen so mögen und unsere Schriftsteller so gerne nachahmen, es muß eine „normale"* (?!!) *Geschichte sein, in der man versteht, wo vorne, wo hinten ist, und bitte bitte bitte keine schweren, langweiligen Themen wie Vergangenheit, Väter und Söhne, Verantwortung, Krieg, West-Ost, Wiedervereinigung, mit denen sich die Deutschen immer noch schwertun. Ach ja*, besinnt sich der Verleger, *wir wollen ja doch eben deutschsprachige Autoren machen, aber vielleicht findet sich auch da etwas Leichtes, etwas*

Ironisches, oder auch Seriöses und dabei nicht so Schwerfälliges, denn unser Leser ist doch ein „Spezialfall“: wir haben einen sehr müden Leser. Haben Sie Mitleid mit ihm … Vor solch einer Aufgabe kann man nur resignieren. Oder auch nicht. Wenn man sich dessen bewußt ist, daß es außer Literaturautobahnen auch kleinere Landstraßen gibt, auf denen man etwas ins Land einschmuggeln kann. Und erstmal abstellen. Am Rande. Bis der müde Leser sich vielleicht erholt. Und da wir nicht wissen, ob er sich jemals erholt, bleibt uns nichts übrig, als weitere Texte zu schmuggeln und zu hoffen, daß nach dem Textaustausch irgendwann auch der Ideenaustausch kommt. Die Hoffnung stirbt doch als letzte, das haben wir von Remarque gelernt. Immerhin.

Giwi Margwelaschwili

Das Ende von Nebusaradan, des Obersten der Leibwache des Königs von Babel

„Am zehnten Tage des fünften Monats, das ist das neunzehnte Jahr Nebukadnezars, des Königs von Babel, kam Nebusaradan, der Oberste der Leibwache, der stets um den König von Babel war, nach Jerusalem und …"

Und weil der reale Leserkopf am Himmel dieses alten Urbuchweltbezirkes (Jeremia 52,12 ff.) sich plötzlich weigerte, dem dort vorschriftlichen Gang der Ereignisse weiterlesend Leben einzublasen, weil er sich die Geschehnisse dort plötzlich ganz anders, nämlich in einem zu dem geschriebenen Wort völlig konträren Sinne vorstellte (und Buchweltbezirksereignisse als lebendige Realitäten im Grunde ja nur Leservorstellungen sind), verbrannte Nebusaradan *nicht* das Haus des Herrn und auch *nicht* das Haus des Königs und alle Häuser von Jerusalem, die Mauern der Stadt riß er auch *nicht* nieder. Ja, das alles ist da, Gott sein Dank, unterblieben, denn weil der reale Leserkopf da oben es anders wollte, berannte Nebusaradan Jerusalem vergeblich. Ja, er blitzte ab von dem hohen Gemäuer dieser alten Urbuchweltbezirkshauptstadt (das die reale Leserphantasie, wo es zu wanken und einzubrechen drohte, immer schnell wieder verstärkte oder vor den Angreifern doppelt so hoch aufrichtete).

So konnte Nebusaradan die kupfernen Säulen am Hause des Herrn und die Gestelle und das kupferne Meer dort *nicht* zerbrechen, *nichts* davon nach Babel bringen. Und was da golden und silbern war an Bechern, Räuchergefäßen, Becken, Töpfen, Leuchtern, Löffeln und Schalen kam *nicht* in seine Hände. Die zwei Säulen, das Meer, die zwölf kupfernen Rinder darunter und die Gestelle, welche der König Salomo hatte machen lassen für das Haus des Herrn wurden *nicht* zur Beute Nebusaradans.

Und den obersten Priester Seraja, den zweitobersten Zephanja, die drei Hüter der Schwelle, den Kämmerer, der über die Kriegsleute Jerusalems gesetzt war, die sieben Männer, die stets um den König von

Juda sein mußten, wie auch den König selbst, dessen Schreiber und Feldhauptleute und alles Volk im Mauerring der Stadt konnte Nebusaradan *nicht* gefangennehmen und *nicht* zum König von Babel nach Ribla bringen. Und der konnte alle diese Buchweltmenschen folglich auch *nicht* totschlagen, weil eben Nebusaradan die Juden diesmal aus Juda nicht hatte wegführen können, weil er von diesem Feldzug diesmal mit völlig leeren Händen wiederkam.

Tja, und weil er es nicht geschafft hatte, seinen Auftrag zu erfüllen, ließ ihn der König von Babel zur Strafe dafür totschlagen zu Ribla, das im Lande Hamath liegt. Aber das hatte der reale Leserkopf bestimmt nicht mehr gewollt. Das überraschte und lähmte ihn völlig. Das konnte er lesend nicht voraussehen und darum auch nicht verhindern, weil es nirgends geschrieben steht. Ja, dem Ende Nebusaradans, des Obersten der Leibwache des Königs von Babel, schaute der Leser nur ganz entsetzt und machtlos „von oben“ zu.

Viivi Luik

Hoffnung auf dem Hof des Irrenhauses

Damals, vor etwa zwanzig Jahren noch, schien das Ende des Jahrhunderts in unendlicher Ferne zu liegen. Niemand wußte, wie dieses Ende anfangen und woran es zu erkennen sein würde.

Nun, da es vorbei ist, erinnert man sich, wie zu Beginn jenes Jahrhunderts alle modernen Denker wie aus einem Munde versicherten, das 19. Jahrhundert sei in dem Moment zu Ende gegangen, wo alles, was an ihm einst neu und bahnbrechend war, sich in ein reaktionäres Hemmnis verwandelt habe. In dem Moment, wo Menschen erschienen seien, die nach einer Veränderung verlangten, Menschen mit einem neuen Weltbild: dem des 20. Jahrhunderts.

Folgerichtig müßte man nun fragen, ob für das 21. Jahrhundert dasselbe gilt. Hat sich all das Neue und Bahnbrechende, das das 20. Jahrhundert prägte, mittlerweile in ein reaktionäres Hemmnis verwandelt? Machen sich Menschen bemerkbar, die nach einer Veränderung verlangen, Menschen, die sich von den Ideen des vergangenen Jahrhunderts nicht mehr beflügelt, sondern erstickt fühlen? Diese Frage anders als mit einem Ja zu beantworten fiele außerordentlich schwer.

Am meistens hat seine Glaubhaftigkeit im 20. Jahrhundert der Geist eingebüßt. Daraus läßt sich kein anderer Schluß ziehen als der, daß eben der Geist demnächst wieder auf der Tagesordnung stehen, aktuell werden, in Mode kommen wird und was dergleichen Redewendungen mehr sind.

Ab und zu stößt man in durchaus seriösen Zeitungen und Zeitschriften auf Artikel, in denen in umgangssprachlichem Ton von wissenschaftlichen Beweisen für die Existenz des Geistes die Rede ist, die von anerkannten Physikern erbracht worden seien. Diese Beweise würden das Weltbild der klassischen Physik und die daran angelehnte konventionell-materialistische Weltanschauung im Nu zum Einsturz bringen, wenn die Medien sie aufgreifen und unterstützen würden. Menschen, die dieses neue Weltbild wie selbstverständlich annehmen würden, gibt es schon, und damit hätte es begonnen, das neue Jahrhundert, unbegreiflich zunächst für den Teil der Menschheit, der das Bedürfnis nach Veränderung nicht verstehen kann und in dem alten Jahrhundert befangen bleibt. Dieses neue ist weder gut noch schlecht, sondern einfach unausweichlich und wegen dieser Unausweichlichkeit schrecklich. Denn Veränderungen sind immer schrecklich und unbarmherzig, so wie Geburt und Tod.

Misthaufen und Blütenkelch sind eins. Das sollte uns Hoffnung geben. Der Misthaufen kann sich immer in einen Blütenkelch verwandeln. Wer die schöne Blüte betrachtet, darf den ekligen Mist nicht außer acht lassen, und umgekehrt.

Jedes lebende Wesen muß sein Leben durchleben und sterben, und zugleich trägt es in sich die Sehnsucht nach der Unsterblichkeit. Daher rührt auch die Sehnsucht nach Beweisen für die Existenz des Geistes, eine Sehnsucht, die stets größer wird und die widersprüchlichsten Formen annimmt.

Man könnte sich fragen, ob nicht viele Greueltaten unserer Zeit auf die Verachtung zurückzuführen sind, die der Mensch für seine eigene Sterblichkeit empfindet. Man verachtet im anderen das, was man selbst ist, und vernichtet, indem man den anderen vernichtet, auch die eigene Sterblichkeit und Unzulänglichkeit. Es gibt wohl nichts Schwereres, als sich selbst zu verstehen und sich selbst zu verzeihen. Die meisten Menschen verachten sich selbst aus ganzem Herzen; und welches Erbarmen gegen andere könnte da aufkommen, wenn man Erbarmen nicht einmal gegen sich selbst kennt.

Heute sind Zerstörung und Greueltaten womöglich das einzige, was hoffen läßt, denn in ihnen drückt sich gnadenlos die Unzufriedenheit des Menschen mit sich selbst und seinem Bild von der Welt aus, seine Sehnsucht nach Veränderung und Anderswerden. Eine Sehnsucht nach Verständnis und Erbarmen, so widersprüchlich es einem zunächst vorkommen mag.

Heute ist die Welt zu einem Theaterstück geworden, zu einer Oper, zu einem Film, wo alle Mitwirkende sind und zugleich alle Zuschauer. Das ist ein völlig anderes Lebensgefühl als noch vor zehn Jahren, geschweige denn vor zwanzig oder vor fünfzig Jahren.

Der Zweite Weltkrieg ist tausend Jahre her, kein Mensch interessiert sich mehr dafür. Alles geschieht in immer größerem Ausmaß, alles wird schneller vergessen, alles ist Bild. Menschen sind lebende Bilder geworden. Das Blut verliert seine Bedeutung, auch das Fleisch kann man nicht mehr ernst nehmen, es ist höchstens noch eine Art Zeitvertreib.

Bei „Blut" assoziiert heute jedermann sofort „Aids", nicht mehr „Lebenssaft" oder „Lebenskraft" wie früher einmal. Wie noch vor gar nicht so langer Zeit. Und ebenso wie das Blut verliert auch das Geschlechtliche seine einstige Bedeutung. Immer weniger Menschen geben sich mit einer einzigen Rolle zufrieden, wo sich ihnen so viele anbieten. Die Sehnsucht nach Veränderung zeigt sich in allem.

Noch ist völlig unklar, wie eine diese veränderte Welt beschreibende Literatur beschaffen sein soll. Eine solche Literatur wird es dann geben, wenn es Menschen gibt, die diese zum Bild gewordene Welt in Worten ausdrücken wollen.

Übrigens findet sich gerade in der Art von Literatur, die dem Kitsch zugerechnet wird, eine Vielzahl von Echos und Spiegelbildern aus der Gefühls- und Gedankenwelt der heutigen Menschen. Diese Literatur wird heimlich gelesen, und gebildete Menschen würden es um keinen Preis zugeben, gilt sie doch als Lesestoff allenfalls für Halbwüchsige und Primitivlinge, naiv, platt und wirklichkeitsfern. Dabei sind dies die Märchen unserer Zeit, wo ständig Gestalt und Rolle gewechselt werden, wo Gut und Böse miteinander im Kampf liegen, wo alles möglich ist. Sie geben den Menschen jene Hoffnung auf Veränderung, die ihnen die akademisch erstarrte Hochliteratur versagt.

Man mache sich also darauf gefaßt, daß dem neuen Jahrhundert eine zauberhafte Blüte großer Kunst auf dem Mist des Kitsches erwachsen wird.

Was mich betrifft, halte ich mich, wenn irgend möglich, fern von allen Kunstereignissen und Kunstunternehmungen. Meistens verursachen sie mir Beklemmung, und ich habe dann das Gefühl, die ganze Welt sei verschwunden und nie wieder bekäme ich ein Fetzchen Himmel zu sehen oder wenigstens ein Stück matschige Erde oder ein paar Bettler. Alles was lebt und woran man Anteil hat, weil man selber lebendig ist, bleibt draußen vor der Tür.

Drinnen tummeln sich mit blasierter Miene die Kunstfreunde und machen einander blauen Dunst vor. Wie großartig dieses und jenes! Haben Sie das schon gesehen? Jenes gelesen? Und dazu die gängigen Geschichten – alle haben sie gehört, und alle haben sie allen weitererzählt. Alle wissen, daß Kunst und Kultur ein Muß sind, denn ohne sie ist man nur ein plumper Barbar. Und alle pflegen sie die stillschweigende Übereinkunft, daß alles, was im Namen der Kunst daherkommt, auch Kunst ist. Mag dabei noch so sehr Publikumsverschaukelung und Augenwischerei mit im Spiel sein. Oder herablassende Gleichgültigkeit gegenüber der Not und dem Leid anderer Menschen. Hauptsache, es ist Kunst, und Kunst ist letzten Endes ja alles. Der aufgewärmte Kram von gestern ebenso gut wie der neue Kram von heute, den das Publikum sich aufschwätzen läßt.

Während beispielsweise vor etlichen Jahrzehnten Leute wirklich betroffen und schockiert waren, wenn auf einem Gemälde oder einer Bühne ein nackter Hintern zur Schau gestellt wurde, kann es heute so gehen wie vor wenigen Jahren in Berlin, wo mitten in der Vorstellung etliche jüngere Zuschauer ein Pfeifkonzert begannen und riefen: Schon wieder Ärsche! Schönen Dank! Kennen wir schon!

Die Zwischenrufer verließen schließlich den Saal, und wer blieb, waren ältere Ehepaare aus dem Osten. Die sahen tatsächlich noch etwas, was die anderen nicht mehr zu sehen vermochten: Botschaft, Aussage, Idee – all das, was die nackten Hintern einst bedeuteten und jetzt nicht mehr.

Diejenigen, die da protestierend abzogen, sahen sich schlicht und einfach betrogen. Man hatte ihnen für ihr Eintrittsgeld Plunder angedreht, den sie nicht haben wollten. Das übliche Zeug, das einem überall nachgeschmissen wird. So wie überhaupt immer mehr Leute statt Kultur wertlosen Ramsch bekommen, mit dem sie nichts anfangen können. In Tallinn ebenso wie in Rom, in Berlin ebenso wie in Venedig und New York. Überall derselbe Krampf und derselbe blaue Dunst.

Die deutschsprachige Kulturwelt ereiferte sich vor einigen Jahren über Karlheinz Stockhausen, der für die New Yorker Katastrophe und die Terroristen bewundernde Worte gefunden hatte: „Davon können wir in der Musik nicht einmal träumen, daß Leute zehn Jahre lang üben wie verrückt, total fanatisch für ein Konzert, und dann sterben. Was da geschehen ist, ist das größte Kunstwerk, das es jemals gegeben hat.“ Dabei wissen die Leute, die sich damals mit frommer Miene über Stockhausen empörten, sehr genau, daß es nicht den mindesten Anstoß erregen würde, wenn jemand es unternähme, im Dienste der Kunst ein Tier oder einen Stock Bienen zu verbrennen. Das wäre völlig normal. Allenfalls, daß einige sich mokieren würden: Schon wieder so eine Verbrennung! Kennen wir doch schon! Vielleicht haben sie alle miteinander nur Lust auf einen Brand, der alles je Dagewesene in den Schatten stellt. Und danach auf noch einen größeren, denn es gibt ja nur wenige Menschen, die diesen großen Brand in New York in Wirklichkeit, mit eigenen Augen gesehen haben und um keinen Preis noch einmal etwas dergleichen sehen wollen. Der Rest der Welt dagegen kennt nur die unglaublichen Bilder und lechzt insgeheim nach noch unglaublicheren Bildern, denn man hat sich daran gewöhnt, daß alles nur Bild ist, und hat schon so viele Katastrophen gesehen, daß man kein richtiges Interesse mehr aufbringt, falls sie nicht sehr groß sind und direkt vor der Haustür stattfinden.

Vielleicht ähnelt das Bild, das uns noch etwas sagen könnte, dem Gemälde „Hof eines Irrenhauses", das ich mir in Rom im Museum der modernen Kunst häufig angeschaut habe, wobei ich allerdings stets versäumte, mir den Namen des Malers aufzuschreiben oder einzuprägen. Dieses Bild wäre der Rede nicht wert, wenn darauf nichts anderes zu sehen wäre als dieser Hof mit seinen – übrigens vortrefflich gemalten – Irren, die sich zähnefletschend im Staub wälzen oder unter den trostlosen gestutzten Bäumen mißtrauisch um sich lugen, eine riesige Menge von Irren zwischen einer riesigen Menge von Bäumen, Bänken, Staub und Lumpen. Doch dann ist da in einer oberen Ecke des Bildes wie zufällig ein Fenster, in dem spiegeln sich der reine blaue Himmel und eine weiße Wolke. Der Himmel selbst ist nicht zu sehen, dafür sind die Mauern zu hoch. Wenn dieses Fenster nicht wäre, hätte das Bild für den Betrachter nichts Anrührendes. Irre, Staub und Lumpen gewinnen ihre Bedeutung, ihre direkte Appellwirkung nur durch dieses Fetzchen blauen Himmels – die nebensächlichste Sache der Welt, solange man in Freiheit ist, doch für einen Gefangenen Gegenstand der sehnsüchtigsten Aufmerksamkeit. Und Gefangener seiner Zeit und seiner Lebensumstände ist schließlich ein jeder von uns.

Aus dem Estnischen von Horst Bernhardt

Radek Knapp

Der Rettungsanker von Pan Samochodzik

Als ich zehn war, führte mich mein Großvater in sein Zimmer. Mein Großvater, der kaum Bücher las, war Schuhmacher und daher ein kräftiger Mann. Er kippte den oberen Teil der Couch nach hinten, und ich erblickte im Inneren des Bettes Stapel von verstaubten Büchern. „Such dir was aus“, sagte er. Ich stieg hinein und griff so schnell ich konnte nach jenen Büchern, die schöne Umschläge hatten.

„Beeil dich“, sagte mein Großvater, „mein Arm schläft ein.“ Als ich hinauskroch, schnappte das Bett hinter mir zurück wie eine Falle. Von da an wiederholte sich das Ritual einmal im Monat. Ich hatte nur soviel Zeit, solange der Arm meines Großvaters nicht einschlief. Angesichts dessen, wie wenig Zeit das war, hatte ich großes Glück.

Gleich das erste Buch, das mir in die Hände fiel, war ein Volltreffer: „Pan Samochodzik i templerariusze“. Übersetzt: „Pan Samochodzik und die Tempelritter“.

Der Autor Zbigniew Nienacki war einer von jenen Autoren, die mit dem kommunistischen Regime gut auskamen und gelegentlich sogar offen sympathisierten. Er war ein Opportunist, Kettenraucher und liebte die frische Brise über den masurischen Seen.

Auf einem alten Photo trägt Zbigniew Nienacki eine Brille mit starken Gläsern, die ihn ein wenig wie einen Maulwurf ins Objektiv schauen lassen. Er hat sich gerade auf die Couch im Zimmer seines Gartenhäuschens gesetzt, das spärlich eingerichtet ist. Er trägt funkelnagelneue Tennisschuhe kommunistischer „Machart“ und einen dicken Pulli mit Reißverschluß. Sein Mund ist leicht geöffnet wie bei Menschen, die leichte Atemprobleme haben, ein Hinweis auf seine spätere Herzerkrankung, der er schließlich erliegen sollte.

Der Held in Nienackis Romanen hieß Pan Samochodzik, was frei übersetzt „Herr kleines Auto“ bedeutet. Pan Samochodzik war ein grauer, unscheinbarer Beamter des Warschauer Kunstministeriums, der seinen lieben Tag am Schreibtisch verbrachte. Hin und wieder flatterte auf seinen Schreibtisch eine mysteriöse Nachricht von einem verborgenen Schatz. Dann verließ er sein Büro, holte sein Auto aus der Garage und fuhr dorthin, wo „das Abenteuer" auf ihn wartete. Und das waren meistens die Masuren oder die Gegend um die Marienburg. Mit jedem Kilometer, den er sich von Warschau und seinem Büro entfernte, „füllte sich seine Lunge mit frischer Luft" und „der Kopf wurde klarer". Pan Samochodziks Wagen (der ihm auch seinen Spitznamen gab) war nicht gerade eine Luxuslimousine. Äußerlich eher ein Wrack, die Kreuzung eines „Kanus mit einem Zelt", war es das ewige Spottobjekt auf allen Tankstellen, an denen Pan Samochodzik vorfuhr, wenn er Benzin brauchte. Aber der Wagen war wie sein Herrchen. Außen grau und unscheinbar, aber unter der Motorhaube schlummerte der Motor eines Ferrari. Zwölf Zylinder beschleunigten den Wagen in Sekundenschnelle auf zweihundert Stundenkilometer, wobei Pan Samochodzik nie wehmütig anzumerken vergaß, wie sehr ihm der hohe Benzinverbrauch auf die Brieftasche drückte. Dafür konnte das Auto sogar schwimmen, weil es hinten eine eingebaute Schiffsschraube besaß. Die Abenteuer von Pan Samochodzik verliefen immer nach gleichem Muster. Er hatte sogar immer Feinde, die sich ähnelten. Entweder war es ein ausländischer Spion, der aus dem kapitalistischen Westen kam oder der hochbegabte, gut aussehende und vermögende Rivale namens Batura, mit dem er früher mal zusammen Kunstgeschichte studiert hatte. Zu seinen Freunden zählten immer die Jugendlichen, drei davon aufgeweckte Pfadfinder. Und dann waren da noch die Frauen.

Die unerreichbare Schönheit aus dem Westen. Die spitzbübische Göre, die Pan Samochodziks hoffnungslose Liebe zu der ersteren durchschaute und sich über ihn lustig machte. Und die dritte – eine „weibliche Frau", die am Ende immer bei Pan Samochodzik blieb, ohne daß man je erfuhr, was nachher geschah. Viel später schrieb Zbigniew Nienacki dann noch ein Buch für Erwachsene, in dem er sich als Erotomane outete, aber das ist eine andere Geschichte.

Was aber war so besonders an Pan Samochodzik? Nienacki hat in seinen Geschichten eine Zeit festgehalten, die heute eine ganze Generation von Polen immer noch für die beste ihres Lebens hält. Die Kindheit. Und zwar nicht irgendeine Kindheit, sondern eine nahezu perfekte Kindheit: die unter einer Diktatur. Wie war ihm dieses Kunststück gelungen? Autoritäre Systeme haben nun mal eine kostbare Eigenschaft, die Kindern zugute kommt. Die Diktatur macht aus Erwachsenen unreife Menschen, indem sie die Eigeninitiative unterbindet, den materiellen Besitz eingrenzt und schließlich eine irreale Wirklichkeit anbietet. Pan Samochodzik pflegte diese Unreife. Egal, ob er den „Goldenen Handschuh" suchte oder das Tagebuch eines Naziverbrechers, er zeigte schnell Symptome einer Flucht vor der Adoleszenz. Er verfluchte die Mücken, schwärmte aber über die Natur, bekanntlich der allerliebste Zufluchtsort der Unreifen. Wenn er mit einer Frau redete, hatte man das Gefühl, er unterhält sich mit seiner Mutter. Er beschrieb überaus einfühlsam (wie es nur Kinder und Jugendliche können) die Fahrt durch die von Weizenfeldern gesäumte Straße nach Marienburg (Malbork). Zbigniew Nienacki hat den Untergang des Kommunismus nur noch bruchstückhaft erlebt. Glück oder Pech? Würde sich Pan Samochodzik heute als ein Opfer eines zum Kindsein verurteilten Volkes bezeichnen? Müßte er zugeben, daß er auf dem Photo das Gesicht eines Mannes hat, der alt, aber nicht erwachsen geworden ist?

Neben dem Autor hängt auf dem Photo ein alter, ausgedienter Rettungsanker. Darauf steht in schwarzer Krakelschrift geschrieben: Pan Samochodzik. Poland. Zbigniew Nienacki braucht ihn nicht mehr. Aber die Kinder von damals brauchen immer wieder Pan Samochodzik.

László Márton

Das denkende Reh und der schreibende Holzwurm

Wie ein Hund folgt seiner Herrin die junge Rehgeiß, die seit drei Jahren – nachdem sie während der Erntezeit die Mutter verlor und von einem befreundeten Landwirt der gnädigen Frau geschenkt wurde, die sie mit einer Milchflasche aufzog – ebenfalls im Haushalt des Alfred K. lebt. Sie ist völlig zahm und hört auf den Namen Liesel; sie darf sogar ins Haus. Wie schade, daß die Eingangstür von niemandem geöffnet wird, während das Gartentor sperrangelweit offen steht! Eine kleine Kostprobe vom geplanten Wunder am Ende unserer Geschichte ist, daß Liesel wie ein Mensch zu denken anfängt. Ganz plötzlich, ohne Vorspiel, ohne Vorzeichen. Eine menschliche, allzumenschliche Frage keimt im frisch gebackenen Verstand auf: Ob der Tschembörlein schon wieder nachgibt? Die Eingangstür gibt dem Druck der Rehgeiß nicht nach, die Tür ist also kein Tschembörlein.

Wie sagt man richtiger: der Tschembörlein oder besser das Tschembörlein? Das Tschembörlein ist ein tschechisches Bier, es wurde zwar nachgegeben, aber schließlich doch ausgesoffen, kein Tropfen ist von ihm übriggeblieben. Solche Gedanken sind für eine Rehgeiß freilich etwas ungewöhnlich, auch wenn der Denkprozeß keine Schwierigkeit für sie bereitet. Aber das vertraute Schnarchen der gnädigen Frau ertönt schon wieder. Seit ihrem Unfall vor zwei Jahren verbringt Hedwig K. die meiste Zeit mit Schlafen; sie hat heftige Schmerzen im Schenkel, die erst aufhören, wenn sie schläft. Sie döst mit einem Likörglas in der einen Hand, mit einer qualmenden Zigarre in der anderen. Sie will die restliche Zeit durchschlummern; das Leben ist ein pseudocalderonischer Traum für sie. In diesem Traum hat sich ihre nie geborene Tochter in ein Reh verwandelt, während sie, die Schlafende, in den Augen der jungen Rehgeiß anfängt, der verlorenen Rehmutter zu ähneln. Mutter und Tochter finden keine gemeinsame Sprache, aber der Traum der kinderlosen Frau verbreitet sich über das erwachende Bewußtsein des nicht geborenen Kindes. „Ein Feuersturm verbrennt den Tisch, den Schrank, das Bett. Flammen schlagen aus dem Fenster, sie werden von einer roten Feder gezeichnet. Die Feder entschwindet in die Nacht, sie fliegt von Stern zu Stern, sie zeichnet mit roter Farbe in den schwarzen Himmel. Man kann sie nicht aufhalten, sie zeichnet und schreibt unaufhörlich, und aus der einzelnen Feder wird ein Vogel, ein Feuervogel, der uns mit Glut und Asche überschüttet. Die Sirenen heulen. Die große Glocke im Turm kündet Unheil." Soviel wollte der Traum sagen, aber er findet keine Worte. Trotzdem ahnt nun Liesel, wer die zwei Besucher sind, hinter denen die Eingangstür zufiel: Es sind die Boten von Claus Patera und sie führen etwas Unerhörtes im Schilde! Claus Patera ist eine zentrale Gestalt im ungeschriebenen Roman und in Wirklichkeit ein ehemaliger Schulkamerad des Alfred K. Der gnädige Herr besuchte doch das Gymnasium in Salzburg, ohne jedoch die Maturitätsprüfung abgelegt zu haben! Nach dem Abitur führte Claus Patera ein abenteuerliches Leben, gelangte durch einen glücklichen Zufall in den Besitz eines unermeßlichen Reichtums, den er zur Gründung eines Traumreiches irgendwo im Orient verwendete. Die genaue Stelle können die zwei Boten erst später angeben, nachdem Alfred K. auf ihr Angebot eingegangen sein wird: „Claus Patera, absoluter Herr des Traumreichs, beauftragt mich …" – … und mich auch! – „… als Agenten, Ihnen die Einladung zur Übersiedlung in sein Land zu überreichen, damit Sie durch Ihre Furcht- und ANGSTtätigkeit zum Weiterleben des Traumreichs beitragen. Es lebe unser Traumreich!"

Unser Traumreich, wem soll es gehören? Wer steckt hinter dem Wort „unser", wer sind „wir"? Liesel, in deren spitzen Ohren Pateras Worte noch widerhallen, erstarrt vor ANGST. Ein Traumreich irgendwo im Orient? Hierzulande ist das Traumreich auch ohne Träume Wirklichkeit geworden. Es ist kein Geheimnis, wie der absolute Herr des deutschen Traumreiches heißt. Er heißt überhaupt nicht Patera, er trägt einen im ehemaligen Oberösterreich bodenständigen Namen, soviel weiß sogar eine Rehgeiß. Und im Orient wird das sowjetische Traumreich ausgebaut, ebenfalls ohne Patera. Das denkende Reh versucht sich das sowjetische Traumreich vorzustellen: Sowjetmensch und Sowjetmacht, Sowjetalltag und Sowjetarmee, Sowjetboden und Sowjetbehörde, Sowjetstern und Sowjetstraflager. Das denkende Reh sieht etwas, was man eigentlich nicht sehen kann: Ein Tropf mit Rippen, also ein Rippentropf sitzt in einem Flugzeug und fliegt, und er trifft einen Moskauer Molch, der heißt Molchotow. Eine Friedenshymne ertönt, dann ein weiser Spruch in lateinischen Worten, „Si vis bellum para pacem“: Friedenspakt und Friedenspfeife, Friedenskampf und Friedenskuß, Friedensfront und Friedensfreund. Molch und Rippe teilen die Welt unter sich auf. Liesel will weglaufen, sie möchte die Welt, die aufgeteilt wird, verlassen, sie möchte sich in ein Sternbild verwandeln, mit roter Farbe in den schwarzen Himmel zeichnen. Das Gartentor steht offen, der plötzlich aufgeflammte Verstand erlischt ebenso plötzlich in der tierischen Seele. Wir rufen ihr nach, aber sie hört uns nicht mehr: „Hallo Liesel, bleib doch mit uns in dieser Geschichte! Läufst du weg, wirst du abgeknallt!“

Ein ohrenzerreißendes Knallen ist zu hören. Aber keine Besorgnis! Kein Wilderer treibt sein Unwesen in der Gegend: Liesel kann ungestört weiterlaufen und den Raum unserer Geschichte endgültig verlassen. Auch Alfred K. erschoß sich nicht, obwohl er seit anderthalb Jahren einen Revolver zu diesem Zweck bereithält und den Schweigener Kreisarzt zu fragen pflegt, nicht ohne jegliche Koketterie, ob er sich, hinsichtlich der gegenwärtigen Zustände, nicht vielleicht umbringen sollte. Nach dem 13. März des vergangenen Jahres erschien in der Neuen Freien Presse eine besondere Rubrik für Personen, die aus „unbekanntem Grund“ Selbstmord begingen, aber neuerdings gibt es auch die Neue Freie Presse nicht mehr, und Selbstmörder aus unbekanntem Grund sind keiner Druckerschwärze würdig. Auch der Krieg brach nicht aus, der kommt erst nächste Woche, dann aber geht es wirklich los, freilich nicht in Zweifel bei Schweigen. Nur keine ANGST: am Tag unserer Geschichte fließt in Zweifel kein Blut. Die rote Flüssigkeit, mit der die Decke der Speisekammer vollgespritzt wurde, ist kein Blut. In der Speisekammer befindet sich ein Kasten voller Saftflaschen, und der gärende Saft hat sich wieder einmal vulkanisch entladen. Jemand muß schnell mit dem Putzlappen kommen und die Spuren der spontan-eruptiven Performance zum Verschwinden bringen. Aber kommt jemand? Können wir wirklich eine Person in dieser Geschichte erblicken?

Das Bügeleisen steht auf dem Tisch, neben dem Einweckglas mit dem Schlammbeißer oder Wetterfisch, der in unserer Geschichte Strindberg heißt. Vor fünf oder zehn Minuten bügelte Cilli ein zerknülltes Blatt Papier, das der gnädige Herr weggeworfen hatte. Hat er wieder angefangen zu zeichnen, hat er insgeheim während der ganzen Zeit gezeichnet? Ach nein: Das Papier ist nur ein großes Zeitungsblatt, unter dem man ein knisterndes Geräusch hört. Ein Holzwurm wohnt in der Tischplatte, an der Alfred K. die Gänsekiele verbraucht, obwohl er keine Briefe mehr schreibt und seine zeichnerischen Ideen längst tot sind. Doch der Holzwurm lebt und wirkt weiter. Er knistert und knabbert in der Tischplatte, tickt wie eine ewige Uhr, diktiert immer noch den Roman, der weder geschrieben noch gedruckt wird. Etwas Romanartiges entwickelt sich trotzdem. Sind die krummen Holzwurmgänge in der Platte identisch mit den Wendungen einer platten Handlung? Haben die Aushöhlungen im Holz eine romanhafte Bedeutung? Sind sie Holzwege eines Sujets? Sind sie Schlupfwinkel für verfolgte Romanfiguren? Für einen gescheiterten Romancier? Ach, wie gern würde sich Alfred K. in einen Holzwurm oder eine Romanfigur verwandeln! Er möchte sich in der Tischplatte verstecken. Er möchte den unbekannten Freund, den Holzwurm, die verwandte Seele treffen. Der Holzwurm soll die Reinkarnation eines Holzschneiders aus dem 16. Jahrhundert sein, der damals Holzwurm hieß, Hans Holzwurm der Ältere, und jetzt sein Leben als wirklicher Holzwurm weiterführt. Er versucht immer noch den Widerspruch aufzulösen, mit dem alle Graphiker behaftet sind, die sich bemühen, eine sich stets wandelnde Geschichte in einem starren Augenblick festzuhalten. Seine Holzwurmtätigkeit ist eine Synthese von Holzschnitzerei und erzählender Prosa. Fängt der Holzwurm an, seinen Holzschnitt auszuführen, so entsteht aus den Geräuschen der phonetische Körper eines ungeschriebenen Romans; fängt er an, seinen Roman zu entwerfen, so entsteht feines gelbes Mehl, das ANGSTmehl, welches entweder weggefegt, weggeblasen, wegdiskutiert wird oder Spalten, Ritzen und Löcher im Holz füllt. Sowohl die Fiktion als auch die Tatsachen werden von der Ironie aufgefressen, und was übrigbleibt, ist die zernagte Platte mit einer verlorenen Sprache.

Fabjan Hafner

Süderweiterung – Norderweiterung

Die Wiedereroberung keines Neulands

Tito ist tot, lang lebe Tito:
Gemeinsam sind wir stark,
aber gewinnen kann immer nur einer

Lange war das Deutsche für die Südslawen die bevorzugte Eintrittskarte in die außerslawische Welt. Das älteste erhaltene slawische Sprachdenkmal überhaupt, die nach ihrem Aufbewahrungsort so genannten, um das Jahr 1000 entstandenen „Freisinger Denkmäler" (vor allem der mittlere, umfangreichste Textzeuge, die „Adhortatio ad poenitentiam"), weisen auffällige strukturelle Parallelen zum zeitgenössischen Deutschen auf. Der Text läßt sich mit ein bißchen nationalphilololgischer Verve als altslowenisch deuten, woraus die Hypothese abgeleitet werden kann, er müsse aus einem slowenisch-deutschen Sprachkontaktraum von einem zweisprachigen Verfasser stammen; Maria Wörth unweit von Klagenfurt war einer der aussichtsreichsten Kandidaten für diese Ehre. Ein halbes Jahrtausend später war der Protestantismus die nächste massiv deutsch geprägte geistliche und geistige Bewegung, die der Entwicklung der Schriftsprache, zumal unter den nördlicheren Südslawen, einen entscheidenden Impuls gab. Das Bekenntnis selbst konnte, als zu unslawisch verpönt, sich freilich nicht auf Dauer durchsetzen.

Das südslawische Schrifttum war lange kirchlich dominiert, die Zersplitterung auf regionale Standards tat ein Übriges um die Herausbildung einer weltlichen Literatur zu verzögern. In der Romantik war der slowenische Linguist Bartholomäus (oder Jernej) Kopitar Direktor der Wiener Hofbibliothek. Er regte Vuk Stefanović Karadžić an, eine gemeinsame Schriftsprache für die Serben und Kroaten zu entwickeln. Kopitar korrespondierte fleißig mit zahlreichen Geistesgrößen seiner Zeit, so auch mit Goethe, der gemeinsam mit Therese Albertine Luise von Jakob, kurz Talvj, die bosnische Nationalballade „Hasanginica" ins Deutsche übertrug. Wien war zu k.u.k.-Zeiten auch ein intellektuelles

Zentrum für die Tschechen, Slowaken, Slowenen und Kroaten, wobei vor allem die Südslawen die Nutznießer des regen innerslawischen Austauschs in der damals gemeinsamen Hauptstadt waren.

Das nach dem Ersten Weltkrieg gegründete Königreich der Serben, Kroaten und Slowenen wurde als SHS abgekürzt, was sich vortrefflich auch als „sie hassen sich“ lesen ließ. Ab 1929 lautete der Name des Staates zwar „Jugoslawien“; die zentripetalen Kräfte, die es sechs Jahrzehnte später zerbrechen lassen sollten, waren jedoch weithin am Werk. Mit dem Kriegseintritt Jugoslawiens im Jahr 1941 war das Deutsche für die Jugoslawen zur Feindsprache geworden und blieb es in den Nachkriegsjahrzehnten auch weiterhin.

Das galt natürlich auch umgekehrt: Jener Leutnant der Wehrmacht, der Texte des ZK-Mitgliedes Prežihov Voranc übersetzte und im Dritten Reich publizierte, war eine rare, mutig-übermütige Ausnahme; später wurde er immerhin Ordinarius an einem Slawistischen Institut. Denselben Prežihov Voranc lobte nach dem Krieg auch der einschlägig punzierte Josef Friedrich Perkonig, der immerhin versuchte Abbitte zu leisten, indem er sich seines slowenischen Vaters besann und gemeinsam mit Herta Kralj (wiewohl ohne nennenswertes Echo) die linksliberalen Slowenen Ivan Tavčar und Ivan Cankar übersetzte.

Erst der Nobelpreis für den kroatisch-stämmigen Bosnier Ivo Andrić im Jahr 1961 – der in der Zwischenkriegszeit jugoslawischer Diplomat gewesen war, Mitglied der serbisch-königlichen Akademie wurde, antiösterreichisch gesinnt war, gegen den kroatischen Nationalismus auftrat und später im kommunistischen Nachkriegsjugoslawien hohe Ämter bekleidete – brachte die lange ersehnte internationale Aufmerksamkeit. Eingeweihte munkelten, die Auszeichnung verdanke er zu einem nicht geringen Maß der elegant-eloquenten Übersetzung von Ernst E. Jonas. Ebenfalls mehrfach für den Nobelpreis vorgeschlagen wurde der ehemalige Partisan Mehmed „Meša“ Selimović, ein bosnischer Moslem, dessen Roman „Der Derwisch und der Tod“ in der Tat den Vergleich mit Andrić' „Die Brücke über die Drina“ nicht zu scheuen braucht. Auch der nach allgemeinem Dafürhalten größte kroatische Autor des 20. Jahrhunderts Miroslav Krleža wurde fleißig übersetzt, aber selbst die Neuausgabe einiger Schlüsselwerke im Taschenbuch brachte nicht das erhoffte breite Echo. Eine kritische Distanz zur Obrigkeit kann keinem der drei genannten Autoren nachgesagt werden. Die politische

Emigration wiederum richtete ihr Augenmerk allzu exklusiv auf die alte Heimat, um international breitere Publikumsschichten ansprechen zu können. Die Hausse der südslawischen Aktien nach dem Nobelpreis hielt indes nicht lange an. Bald hieß es nüchtern, die slawische Welle sei „verebbt".

Als müßte sich ein Kreis schließen, betrat in den frühen achtziger Jahren ein halbslowenischer Kärntner den Plan: Peter Handke. Auf der Suche nach seinen slawischen Wurzeln übersetzte er die Werke zweier Mitinsassen des Bischöflichen Knabenseminars Tanzenberg, insgesamt vier Bände Gedichte von Gustav Januš und (gemeinsam mit Helga Mraćnikar) den Roman „Der Zögling Tjaž" von Florjan Lipuš. Damit löste er einen singulären Boom der Kärntner slowenischen Literatur aus: Nie zuvor und nie mehr seither wurde soviel geschrieben, übersetzt und verlegt. Handkes Vermittlerrolle blieb auf Kärnten beschränkt, auch wenn er sich positiv über Prežihov Voranc und Srećko Kosovel, zwei Autoren aus Slowenien selbst, geäußert hatte: Zu weiteren Steigbügelhalterdiensten ließ er sich nicht herbei.

Seine Sympathien wanderten südwärts. Er verglich den bosnisch-serbischen Politiker, Psychiater und Lyriker Radovan Karadžić mit dem Autor und Herausgeber der Literaturzeitschrift „manuskripte", Alfred Kolleritsch („I haaß Kolaric, du haaßt Kolaric, warum sogns zu dir Tschusch?"), fand anerkennende Worte für Miodrag Pavlović, Milorad Pavić, Dragan Velikić und Aleksandar Tišma. Nun sind diese Autoren zwar sämtlich Serben; und überdies allesamt solche, deren Opera an prominenten Orten auf Deutsch erschienen sind. Dadurch wäre das Fehlen von Kalibern wie dem Erzähler Borislav Pekić oder dem Dichter Aleksandar Ristović, die im englischsprachigen Raum „household names" sind, erklärlich, wohingegen die Nichtnennung Bora Ćosić' wohl politisch motiviert sein muß; immerhin wird auch Dobrica Ćosić, der weniger mit seinen literarischen Texten als durch das berüchtigte Memorandum der serbischen Akademie der Wissenschaften und Künste Bekanntheit erlangte, mit keinem Wort gewürdigt. Der Erwähnung wert erachtet Handke den mythenkundigen Großlyriker Pavlović; den postmodernistischen Mediävisten Pavić, dessen „Landschaft in Tee gemalt" sich entlang der Titopfalzen durch Jugoslawien arbeitet; den im kroatischen Pula aufgewachsenen Eruditus Velikić, der seit gut einem Jahr Serbien-Montenegro als Botschafter in Wien vertritt; und

Tišma, den Sohn eines Serben und einer ungarischen Jüdin, dessen beklemmende Gestaltung der Zeitgeschichte übrigens in Serbien gar nicht so hoch geschätzt wird wie hierzulande.

Dieses Phänomen bedarf noch der eingehenden Beleuchtung: Nicht ohne Grund werden im Ursprungsland oft Texte hochgehalten, die sich einer Vermittlung entziehen, weil sie auf Umstände Bezug nehmen, die als bekannt vorausgesetzt werden, auf Probleme, die anderswo bereits gelöst sind oder nie welche waren. Dafür erfüllt so manch banales Werk allein die Tatsache der Übertragung in einen anderen Kontext mit dem Reiz des Exotischen. Mindestens zweierlei Maß muß also angelegt werden: Daher sind profunde Kenner und Experten mit Innensicht oft enttäuscht über die Karriere ihrer Empfehlungen. Nationale Klassiker stoßen jenseits der Grenzen auf ratloses Unverständnis, während Kleinmeister geschickt Nischen auszufüllen wissen. Bitter mag auch die Erkenntnis sein, daß attraktive, aktuelle Genre- und Unterhaltungstexte ästhetisch weit wertvollere Texte international mühelos überflügeln. Die Schere von Klasse und Masse geht auf, im internationalen Literaturzirkus vollführt man diesen heiklen Spagat mit nonchalanter Eleganz.

Die jüngsten Jugoslawien-Kriege brachten noch eine weitere Trennung mit sich: eine ganz mechanisch-manichäische in Gut und Böse, die zunächst nach rein nationalen Kriterien durchgeführt wurde. Serbien sollte wieder einmal „sterbien", wohingegen den anderen Ethnien, die nichtslawischen mit eingeschlossen, plötzlich ein Podium geboten werden sollte. So erschienen nicht nur Fachbücher, sondern auch belletristische Werke schon zum jeweils schwelenden und erst recht zu jedem eskalierenden Konflikt. Das bedeutete auch eine Chance für neue Namen und jüngere Gesichter, deren Texte außer ihre Provenienz mit den politischen Verstrickungen nichts gemeinsam hatten. Verlage wie die Kärntner slowenischen Häuser Wieser, Drava und das Wiener-Südtiroler Haus Folio nahmen sich dieser Generation an, während die Verlage in Frankfurt, Hamburg, München und Berlin sichtlich bewährte Autoren präferierten. Rotzig-fetzige Töne gab es aus Zagreb zu hören, vom hier aufgewachsenen Zoran Ferić und vom aus Sarajevo zugewanderten Miljenko Jergović, die Rock-Pop-Prägung als neue Universalie zumindest der Westlichen Welt wurde in ihr Recht gesetzt.

Im nunmehr dreigeteilten Bosnien – wobei die Trennlinien eben keine fein säuberlichen sind, sondern schmerzlich mitten durch Landstriche, Orte und Menschen gehen – sind die Moslems als Ethnie ohne Muttervolk; stehen dafür aber als Glaubensgruppe im Ruch, die Speerspitze eines islamischen Fundamentalismus zu sein. Dževad Karahasan floh aus Sarajevo, war über ein Jahrzehnt Grazer Stadtschreiber und hat es inzwischen zum Suhrkamp-Autor gebracht; Abdulah Sidran schrieb Drehbücher für den jungen Emir Kusturica, während Izet Sarajlić, der bosnische Erich Fried in seiner Heimatstadt, mit der ihn viel mehr als sein Name verband, blieb und an seiner Trauer über den Krieg und dessen Folgen kläglich zugrunde ging.

Apropos Fried: Der Anteil der Juden an der jugoslawischen Literatur ist ein beträchtlicher: Filip David und David Albahari, der erste im Ausland so gut wie unbekannt, der zweite verdienterweise immer stärker anerkannt; Josip Osti, der ehemalige Leichtathlet, bei dessen erster Hochzeit sein damaliger Freund Radovan Karadžić Trauzeuge war und der seit langem in Slowenien lebt; von Tišmas Kishon-Schicksal, gerade im deutschsprachigen Raum die größte Zustimmung zu finden, war schon die Rede; und schließlich Danilo Kiš, der schon in den siebziger Jahren mit dem Nationalismus scharf ins Gericht ging und sich als letzten Jugoslawen sah, woran er in der Pariser Emigration vor seiner Zeit zerbrach.

Den Slowenen, die es in die Fremde gezogen hatte, gelang es hingegen kaum je sich zu entwurzeln. Der engagierte Sozialdemokrat Ivan Cankar schrieb zwar in Ottakring seine klarsichtigsten Texte, doch nach zehn Jahren Wien zog es ihn unwiderstehlich in die Heimat zurück. Lojze Kovaćić, als Sohn eines emigrierten slowenischen Kürschners und einer Welschschweizerin in Basel geboren, wurde 1938 als Zehnjähriger mit seiner Familie nach Jugoslawien abgeschoben, zu dem er sich zeit seines Lebens seine Fremdheit, die staunende Distanz des Unbehausten bewahrte, der sich das Heimkehrer-Epos „Die Zugereisten", ein monumentaler Brocken schonungslos ungefilterter Erinnerungsprosa, verdankt. Drago Jančar hatte in den frühen siebziger Jahren Emigrantenliteratur in mehr als einem Exemplar nach Jugoslawien eingeführt, weshalb er wegen „feindlicher Propaganda" belangt wurde. Seiner Gefängniserfahrung im Sozialismus verdankt sich seine Dissidentenhaltung, die er in den achtziger Jahren noch durch eine prononcierte Mitteleuropa-Begeisterung diversifizierte. Auf die Realität nach der Unabhängigkeitserklärung kann er sich allerdings keinen belletristischen Reim machen. Der bisher einzige Wende-Roman stammt vom katholisch-konservativen Jani Virk. Brane Mozetič und Suzana Tratnik sind kreativ-engagierte Vertreter der Schwulen- und Lesbenszene und als solche auch international präsent. Tomaž Šalamun und Aleš Šteger sind versierte Live-acts mit hoher sozialer Kompetenz, wodurch auch eine so wenig marktgängige Ware wie Lyrik an Frau und Mann zu bringen ist. Habilitiert und sprachgewandt haben Andrej Blatnik und Aleš Debeljak ihre stärksten Impulse aus den USA erfahren; auf dem Weg ihres Werkens in die USA ist Europa nur eine Zwischenstation.

Und wo bleiben bei all dem die Frauen? Wenn sie nicht gerade verschmachten (wie bis vor kurzem) oder ihren leiblichen Gelüsten mit Worten Ausdruck verleihen, die an Deutlichkeit nichts zu wünschen übriglassen, was beides internationales Aufsehen zu erregen bisher nicht geeignet war, schreiben sie höchst eindrucksvoll von ihrem Herkommen. Die Kroatin Dubravka Ugrešić, inzwischen in Amsterdam vor Anker gegangen, hat sich von einer ironischen Postmodernistin zu einer schonungslosen Chronistin der eigenen, wenig erfreulichen Situation als Persona non grata hüben wie drüben gemausert. Die Slowenin Maruša Krese weiß über ihre Lebensstationen seit den siebziger Jahren – London, Tübingen und Berlin, gegen den Begriff „Exil“ verwehrt sie sich –, über zwei gescheiterte Ehen und zwei schwerkranke Kinder in einem heiteren, gelassenen Parlando zu berichten, das ihre südslawische Herkunft fast vergessen macht. Die Dalmatinerin Marica Bodrožić hat ihre Schreibsprache gewechselt, bearbeitet in ihrem jüngsten Roman sensibel und bilderreich das große Thema der Gastarbeiter, die weggingen, weil sie meinten zurückkehren zu können. Für die in Deutschland geborene Jagoda Marinić mag die Herkunft nur ein Hintergrundrauschen sein, es bleibt dennoch eine unüberhörbare Grundierung.

Die Autorinnen und Autoren

Klaus Amann. Geb. 1949 in Mittelberg, Vorarlberg. Studium der Anglistik und Germanistik in Wien. Professor für „Geschichte und Theorie des Literarischen Lebens“, Leiter des Robert Musil-Instituts für Literaturforschung/Kärntner Literaturarchiv an der Universität Klagenfurt. Publikationen zur Literatur des 19. und 20. Jahrhunderts, Gegenwartsliteratur und österreichischen Institutionengeschichte. Seit 2004 Präsident der Internationalen Erich Fried Gesellschaft. Lebt in Klagenfurt. W: P. E. N. Politik. Emigration. Nationalsozialismus (1984); Österreichische Literatur der dreißiger Jahre (Mithg. 1985); Der Anschluß österreichischer Schriftsteller an das Dritte Reich (1988/1996); Österreich und der große Krieg 1914–1918 (Mithg. 1989); Die Dichter und die Politik (1992); Michael Guttenbrunner (Mithg. 1995); Literatur und Nation (Mithg. 1996); Ingeborg Bachmann und die literarische Öffentlichkeit (1997); Autobiographien in der österreichischen Literatur (Mithg. 1998); Gert Jonke (Hg. 1998); Werner Kofler (Hg. 2000); Wut und Geheimnis (m. Peter Handke 2002); Kärnten. Literarisch (Hg. 2002); Freund und Feind (Mithg. 2005).

Horst Bernhardt. Geb. 1950 in Bad Hersfeld, Hessen. Studium der Allgemeinen Sprachwissenschaft, Slawistik, Finnougristik, osteuropäischen Geschichte und Islamwissenschaft in Göttingen und Berlin. 1982 Übersiedlung nach Finnland. Freier Übersetzer und Lehrbeauftragter der Universität Vaasa. Mitarbeit an Jahrbuch und Buchreihe TRAJEKT. Lebt als Mitarbeiter eines Übersetzungsbüros in Turku. Literarische Übersetzungen aus dem Finnischen (Veijo Meri, Hannu Salama, Paavo Haavikko), Schwedischen (Peeter Puide), Estnischen (Viivi Luik, Emil Tode, Jaan Oks), und Lettischen (Amanda Aizpuriete, Aleksandrs Caks).

Ivan Binar. Geb. 1942 in Boskovice, Mähren. Lehrer, Porzellanrestaurateur, Journalist, Schriftsteller (Romane, Erzählungen) und Übersetzer. 1971–1973 als Aktivist des „Prager Frühlings“ in Haft. 1977 Emigration nach Wien und München. Arbeit für Radio Free Europe in München. 1989 Rückkehr nach Prag, wo er auch heute lebt. 2002–2004 Vorsitzender der tschechischen Schriftstellergemeinde in Prag. Seitdem freier Schriftsteller und Übersetzer. W: Wer ist, was war Herr Gabriel (1979); Rekonstruktion (1985); Die Kunstkitterei (1997); Deutsch-tschechischer Almanach (Mithg. 2002).

Marica Bodrožić. Geb. 1973 in Dalmatien, heutiges Kroatien. Lebt seit 1983 in Deutschland. Studium der Kulturanthropologie, Slawistik und Psychoanalyse in Frankfurt/M. Lebt als freie Schriftstellerin in Berlin. Auszeichnungen u. a. Hermann-

Lenz-Stipendium 2001, Förderpreis zum Heimito-von-Doderer-Literaturpreis 2002, Förderpreis zum Adalbert-von-Chamisso-Preis 2003, Förderpreis zum Adalbert-Stifter-Preis 2005. Erzählungen, Romane, Gedichte (auch in Anthologien). W: Tito ist tot (2002); Der Spieler der inneren Stunde (2005).

Bertolt Brecht. Geb. 1898 in Augsburg, gest. 1956 in Berlin. Physik-, Medizin- und Literaturstudium in München. 1923 Dramaturg an den Münchner Kammerspielen. 1924 Übersiedlung nach Berlin, Regisseur an Max Reinhardts Deutschem Theater. Entstehung marxistischer Lehrstücke. 1933 Flucht über Prag, Wien und Zürich nach Svendborg in Dänemark. Arbeit für den Deutschen Freiheitssender. 1936–1939 mit Lion Feuchtwanger und Willi Bredel Mithg. der Moskauer Zeitschrift „Das Wort". 1940 Flucht über Schweden nach Finnland und in die Sowjetunion. 1941–1947 in Kalifornien, Umzug nach Zürich. 1948 Rückkehr nach Ost-Berlin. Gründet mit seiner Frau Helene Weigel das Theater „Berliner Ensemble". Auszeichnungen u. a. Kleist-Preis 1922, Nationalpreis erster Klasse für Kunst und Literatur der DDR 1951, Internationaler Stalin-Preis 1954. Lyrik, Drama, Erzählung, Satire. W: Werke. Große kommentierte Berliner und Frankfurter Ausgabe. Hg. von Werner Hecht u. a. (2003).

Irena Brežná. Geb. 1950 in Bratislava. 1968 Emigration in die Schweiz. Studium der Slawistik, Philosophie und Psychologie an der Universität Basel. Psychologin in der medizinischen Forschung, Russischlehrerin und Dolmetscherin, Schriftstellerin, Journalistin für Schweizer und deutsche Medien („Die Weltwoche", „Tages-Anzeiger", „Neue Zürcher Zeitung", „Freitag") und den Rundfunk. 1975–1987 Koordinatorin von Amnesty International, Einsatz für die Freilassung sowjetischer politischer Gefangener. 1996 Kriegsberichterstatterin in Tschetschenien, darüber zahlreiche Texte, und Engagement in humanitären Frauenprojekten. Auszeichnungen u. a. Theodor-Wolff-Preis 2002. Lebt in Basel. W: Die Schuppenhaut (1989); Karibischer Ball (1991); Biro und Barbara (1989); Falsche Mythen (1996); Die Wölfinnen von Sernowodsk (1997); Die Sammlerin der Seelen (2003).

István Eörsi. Geb. 1931, gest. 2005 in Budapest. Studium der Ungarischen und Englischen Literatur, Schüler von Georg Lukács. 1956 wegen Beteiligung am Ungarnaufstand zu acht Jahren Haft verurteilt, 1960 amnestiert. 1978–1982 Dramaturg am Theater in Kaposvár. Berufsverbot. 1983/84 Stipendiat des DAAD in Berlin. 1986 Rückkehr nach Ungarn. Übersetzerische und herausgeberische Tätigkeit. Artikel und Essays zu aktuellen politischen Themen u. a. in der „FAZ", „taz", „Lettre International", „Sinn und Form". Lebte als freier Schriftsteller, Journalist und Übersetzer in Budapest und Berlin. W: Ich fing eine Fliege beim Minister (1991); Meine Tage mit Gombrowicz (1997); Hiob und Heine (1999); Der rätselhafte Charme der Freiheit (2003).

Hans Magnus Enzensberger (Ps. Andreas Thalmayr). Geb. 1929 in Kaufbeuren, Allgäu. Schriftsteller, Übersetzer, Redakteur. Studium der Literaturwissenschaft und Philosophie in Erlangen, Freiburg im Breisgau, Hamburg und an der Sorbonne in Paris.

Bis 1957 als Hörfunkredakteur in Stuttgart. Teilnahme an Tagungen der „Gruppe 47“. 1965–1975 Herausgeber der Zeitschrift „Kursbuch“. 1980 Gründung der Zeitschrift „Transatlantik“ mit Gaston Salvatore. Seit 1985 Herausgeber der Buchreihe „Die Andere Bibliothek“. Gedichte, Stücke, Essays. Lebt seit 1979 in München. Auszeichnungen u. a. Georg-Büchner-Preis 1963, Heinrich-Böll-Preis 1985, Erich-Maria-Remarque-Friedenspreis 1993, Heinrich-Heine-Preis 1998, Prinz-von-Asturien-Preis 2002. W: verteidigung der wölfe (1957); landessprache (1960); Poesie und Politik (1962); blindenschrift (1964); Politik und Verbrechen (1964); Der kurze Sommer der Anarchie (1971); Untergang der Titanic (1978); Die Furie des Verschwindens (1980); Ach, Europa! (1987); Zickzack (2000); Die Geschichte der Wolken (2003); Dialoge zwischen Unsterblichen, Lebendigen und Toten (2004); Die Elixiere der Wissenschaft (2004).

Julia Franck. Geb. 1970 in Ost-Berlin. 1978 Übersiedlung mit der Familie nach West-Berlin. Studium der Altamerikanistik und Neueren deutschen Literatur an der Freien Universität in Berlin. Arbeit als Hilfsschwester, Kellnerin, Phonotypistin u. Regieassistentin beim Hörfunk. Journalistische Arbeiten u. a. für FAZ und „Süddeutsche Zeitung“. Auszeichnungen u. a. Marie-Luise-Kaschnitz-Preis 2004, Roswitha-Preis 2005, Stipendium der Villa Massimo in Rom 2005. Erzählungen, Romane. W: Der neue Koch (1997); Liebediener (1999); Bauchlandung (2000); Lagerfeuer (2003).

Erich Fried. Geb. 1921 in Wien, gest. 1988 in Baden-Baden. 1938 Flucht nach London. Arbeit als Bibliothekar, Milchchemiker, Fabrikarbeiter. Mitglied der Exilorganisation „Young Austria“. 1943 erster Gedichtband, „Deutschland“. Nach 1945 Mitarbeiter an neugegründeten Zeitschriften, in den frühen 50er Jahren bis 1968 politischer Kommentator der deutschsprachigen Sendungen der BBC. 1963 bei der „Gruppe 47“. Erste Übersetzungen von Stücken Shakespeares. 1966 löste der Gedichtband „und Vietnam und“ langandauernde öffentliche Diskussion über das politische Gedicht aus. Zahlreiche Vortragsreisen, Mitwirken an Diskussions- und Solidaritätsveranstaltungen, Parteinahme in vielen politischen Fragen, als Folge Verleumdungen, Zensur und gerichtliche Klage. Auszeichnungen u. a. Preis der Stadt Wien für Literatur 1980, Bremer Literaturpreis 1983, Österreichischer Staatspreis für Übersetzer 1986, Georg-Büchner-Preis 1986. Lyrik, Essays, Reden, Übersetzungen. W: Gesammelte Werke. Hg. von Volker Kaukoreit u. Klaus Wagenbach (1993).

Fabjan Hafner. Geb. 1966 in Klagenfurt/Celovec. Autor in beiden Kärntner Landessprachen, Übersetzer aus dem Slowenischen, Literaturwissenschaftler. Mitarbeiter des Robert Musil-Instituts für Literaturforschung der Universität Klagenfurt. Lebt in Feistritz im Rosental / Bistrica v Rožu (Südkärnten). W: Indigo (1988); Gelichter + Lichtes (1991); Freisprechanlage. Brezrocno govorjenje. Vivavoce (2001).

Reto Hänny. Geb. 1947 in Tschappina, Graubünden. Volksschullehrer, Bühnenarbeiter am Stadttheater in Chur, Studium der Germanistik, Ethnologie und Kunstgeschichte in Zürich. Nach Jugendunruhen im September 1980 Umzug nach Berlin. Lebt in Zollikon bei Zürich. Zahlreiche Preise, u. a. Max-Frisch-Werkjahrpreis der Stadt Zürich 1985, Ingeborg Bachmann Preis 1994. Essays zu Kunst und Literatur. W: Ruch. Ein Bericht (1979); Zürich, Anfang September (1981); Flug (1985); Am Boden des Kopfes. Verwirrungen eines Mitteleuropäers in Mitteleuropa (1991); Helldunkel. Ein Bilderbuch (1994); Frühling (1997).

Ernst Jandl. Geb. 1925 in Wien, gest. 2000 in Wien. Studium der Germanistik und Anglistik an der Universität Wien. 1949 Lehramtsprüfung. 1950 Promotion zum Dr. phil. Bis 1979 Gymnasiallehrer in Wien. 1952 erste Veröffentlichungen in der Zeitschrift „Neue Wege", 1956 erster Gedichtband „Andere Augen". Ab 1954 Zusammenarbeit mit Gerhard Rühm, H. C. Artmann und Friederike Mayröcker. Auftritte mit Jazz-Formationen. 1973 Mitbegründer, ab 1975 Vizepräsident und 1983–1987 Präsident der Grazer Autorenversammlung. 1979–1985 Vizepräsident der IG Autoren. Auszeichnungen u. a. Großer Österreichischer Staatspreis 1984, Georg-Büchner-Preis 1984, Erich-Fried-Preis 1991, Friedrich-Hölderlin-Preis 1995. Lyrik, Theaterstücke, Hörspiele. W: Gesammelte Werke. Hg. von Klaus Siblewski (1985).

Elfriede Jelinek. Geb. 1946 in Mürzzuschlag, Steiermark. Studium der Kunstgeschichte und Theaterwissenschaft in Wien. Orgel-Studium am Wiener Konservatorium. Seit Mitte der 60er Jahre schriftstellerische Tätigkeit. 1972 Umzug nach Berlin, Mitarbeiterin der Zeitschrift „Die schwarze Botin". 1973–1992 Mitglied der Grazer Autorenversammlung, 1974–1991 Mitglied der Kommunistischen Partei Österreichs. Hörspiele, poetologische Essays, Romane, Theaterstücke, Übersetzungen aus dem Englischen und Französischen (u. a. Thomas Pynchon, Georges Feydeau). Zusammenarbeit mit KomponistInnen wie Patricia Jünger, Hans Werner Henze und Olga Neuwirth. Lebt in Wien und München. Auszeichnungen u. a. Heinrich-Böll-Preis 1986, Georg-Büchner-Preis 1998, Heinrich-Heine-Preis 2002, Else-Lasker-Schüler-Dramatikerpreis 2003, Lessing-Preis für Kritik 2004, Nobelpreis für Literatur 2004. W: wir sind lockvögel baby! (1970); Die Liebhaberinnen (1975); Die Ausgesperrten (1980); Die Klavierspielerin (1983); Oh Wildnis, oh Schutz vor ihr (1985); Lust (1989); Wolken. Heim (1990); Die Kinder der Toten (1995); Ein Sportstück (1998); Gier (2000); Der Tod und das Mädchen I–V (2003); Bambiland. Babel (2004).

Yaak Karsunke. Geb. 1934 in Berlin. Von 1955 bis 1957 Max-Reinhardt-Schauspielschule in Berlin. Mitbegründer und Herausgeber der Zeitschrift *„kürbiskern"* (1965–1968). Seit 1969 freier Schriftsteller. 1990 bis 1999 Gastprofessor für „Szenisches Schreiben" an der Hochschule der Künste in Berlin, wo er heute lebt. Lyrik, Theaterstücke, Drehbücher. Deutscher Krimipreis für „Toter Mann" 1990, Erich Fried Preis 2005. W: Kilroy & andere (1967); reden & ausreden (1969); Bauernoper / Ruhrkampf Revue (1976); da zwischen (1979); auf die gefahr hin (1982); Toter Mann (1989); gespräch mit dem stein (1992); hand & fuß (2004).

Radek Knapp. Geb. 1964 in Warschau. Lebt seit 1976 in Wien. Philosophiestudium an der Universität Wien. Freier Schriftsteller. Auszeichnungen u. a. Nachwuchsstipendium für Literatur des BMfUK 1992, Literaturpreis des ZDF-Kulturmagazins „aspekte" 1994, Förderpreis zum Adalbert-von-Chamisso-Preis 2001. W: Der Bericht (1989); Franio (1994); Ente à l'orange (1996); Herrn Kukas Empfehlungen (1999); Papiertiger (2003); Gebrauchsanweisung für Polen (2005).

Marina Koreneva. Geb. 1956 in Leningrad. Literaturwissenschaftlerin, Übersetzerin, Drehbuchautorin. Arbeitet am Institut für russische Literatur (Puschkin-Haus) der Akademie der Wissenschaften St. Petersburg. Lebt in St. Petersburg. Übersetzungen u. a. von Nietzsche, Hesse, Rilke, Handke, Nadolny, Sebald. W: Nietzsche in Rußland: Geburt eines Mythos (1996); Werbung ums Glück: Dostojevskij und Moeller an der Bruck (1998); Die Geschichte der russischen Literatursprache im Spiegelbild der übersetzten Literatur in Rußland (2000); „Ehre" und „Würde" als Verhaltenscode in der russischen Kultur (2002); Russischer Krininalroman: Geschichte eines Genres (2005).

Viivi Luik. Geb. 1946 in der Nähe von Viljandi (Estland). Ab 1965 Tätigkeit als Bibliothekarin und Archivarin in Tallinn. Seit 1967 hauptberufliche Schriftstellerin, Mitglied im estnischen Schriftstellerverband. Lebte 1993–1997 in Helsinki, 1998–2003 in Rom. Zahlreiche Auszeichnungen, u. a. 1996 Berlinaufenthalt als DAAD-Stipendiatin. Debüt als Lyrikerin 1962, erster Gedichtband 1965. Seitdem zehn Gedichtbände, außerdem Essays, Kinderbücher und Romane. W: Der siebte Friedensfrühling (1991); Die Schönheit der Geschichte (1995).

Heinz Lunzer. Geb. 1948 in Wien. Studium der Geschichte, Literaturwissenschaft und Kunstgeschichte an der Universität Wien. 1969/1970 akademischer Auslandsaufenthalt in den USA. Seit 1979 Leiter der Forschungs- und Dokumentationsstelle für neuere österreichische Literatur (seit 1991 im Literaturhaus) in Wien. 1994/95 im vorbereitenden Kuratorium des Österreich-Schwerpunkts auf der Frankfurter Buchmesse. Vorstandsmitglied der Internationalen Erich Fried Gesellschaft. Zahlreiche Publikationen und Ausstellungen zur österreichischen Literatur und Exilliteratur. W: Joseph Roth (Mithg. 1989); „Was wir umbringen". „Die Fackel" von Karl Kraus (Mitverf. 1999); Horváth (Mithg. 2001); Peter Altenberg (Mitverf. 2003).

Gila Lustiger. Geb. 1963 in Frankfurt/M. Autorin, Übersetzerin und Verlagslektorin. 1982–1986 Studium der Germanistik und Komparatistik an der Hebräischen Universität Jerusalem. 1987 Umzug nach Paris, wo sie mit ihren zwei Kindern lebt. W: Die Bestandsaufnahme (1995); Aus einer schönen Welt (1997); So sind wir (2005).

Giwi Margwelaschwili. Geb. 1927 in Berlin als Sohn georgischer Emigranten. Anfang 1946 zusammen mit dem Vater vom sowjetischen Geheimdienst in die Ostzone entführt, im Herbst 1947 nach Georgien verschleppt. Studium der Germanistik, Arbeit als Deutsch- und Englischlehrer. Erste Romane und philosophische Arbeiten. Kontakt zu Heinrich Böll. 1971 Berufung an das Philosophische Institut der Georgischen Akademie der Wissenschaften. Wegen Kontaktes mit Wolf Biermann bis 1987 Ausreiseverbot. In der Perestroika-Zeit wiederholte Besuche in der DDR und in Westdeutschland. 1994 deutsche Staatsbürgerschaft. Auszeichnungen u. a. Stipendium der Heinrich-Böll-Stiftung und des DAAD, Brandenburgischer Literatur-Ehrenpreis für sein Gesamtwerk 1995, Kunstpreis Berlin 1997, Gustav Regler Preis 2002. Lebt in Berlin. W: Muzal (1991); Das böse Kapitel (1991); Kapitän Wakusch (In Deuxiland, 1991; Sachsenhäuschen, 1992); Der ungeworfene Handschuh (1992); Leben im Ontotext (1993); Gedichtwelten – Realwelten (1994).

László Márton. Geb. 1959 in Budapest. Studium der Hungarologie, Germanistik und Soziologie. 1983 Debüt mit einem Band Erzählungen. 1983–1990 Lektor beim Helikon-Verlag (Budapest), seither freier Schriftsteller und Übersetzer. Übertragungen barocker, romantischer und klassischer Literatur ins Ungarische (u. a. Novalis, Kleist, Goethe). Romane, Erzählungen, Dramen und Essays. Auszeichnungen u. a. DAAD-Stipendium in Berlin 1998/99, Belles Lettres-Preis 2001. Lebt in Budapest. W: Die fliehende Minerva oder Die letzten Tage des Verbannten (1997); Die wahre Geschichte des Jacob Wunschwitz (1999); Die schattige Hauptstraße (2003); Im österreichischen Orient (2005).

Gregor Mayer. Geb. 1960 in Graz. Studium der Philosophie und Mathematik in Graz und Wien. 1987 Übersiedlung nach Budapest. 2001–2003 in Belgrad, 2003–2005 in Bagdad, seit 2005 wieder in Belgrad. Tätigkeit als Korrespondent für die Deutsche Presse-Agentur (dpa) und das österreichische Nachrichtenmagazin „profil“. Darüber hinaus Veröffentlichungen in „Der Standard“, „Die Weltwoche“, „Kommune“, „Le Monde Diplomatique“ (deutsche Ausgabe) u.v.m. Übersetzungen aus dem Ungarischen (István Eörsi).

Johannes Muggenthaler. Geb. 1955 in Bühl, Baden. Lebt als Schriftsteller und bildender Künstler in Prien am Chiemsee. Zahlreiche Ausstellungen von Photoarbeiten in Museen und Galerien, u. a. im Lenbachhaus in München, Museum Moderner Kunst in Wien. Verfasser von Romanen, Theaterstücken und Erzählungen. W: Liebe und Schulden (1989); Wie man sich glücklich verirrt (1995); Regen und andere Niederschläge oder Die falsche Inderin (2002); Der Idiotenhügel (2004).

Christoph Ransmayr. Geb. 1954 in Wels, Oberösterreich. 1972–1978 Studium der Philosophie und Ethnologie an der Universität Wien. 1978–1982 Kulturredakteur der Monatszeitschrift „Extrablatt“. Reportagen und Essays u. a. für „Transatlantik“, „Merian“ und „Geo“. Seit 1982 freier Schriftsteller. Zahlreiche Reisen. Lebt in West Cork, Irland. Auszeichnungen u. a. Großer Literaturpreis der Bayerischen Akademie der Schönen Künste 1992, Franz-Kafka-Literaturpreis 1995, Prix Aristeion 1996, Friedrich-Hölderlin-Preis der Stadt Bad Homburg 1998, Bertolt-Brecht-Literaturpreis der Stadt Augsburg 2004. W: Strahlender Untergang (1982); Die Schrecken des Eises und der Finsternis (1984); Die letzte Welt (1988); Morbus Kitahara (1995); Der Weg nach Surabaya (1997); Die dritte Luft oder Eine Bühne am Meer (1997); Die Unsichtbare (2001); Die Verbeugung des Riesen (2003); Geständnisse eines Touristen (2004).

Christa Rothmeier. Geb. 1948 in Altenmarkt, Niederösterreich. Studium der Slawistik und Romanistik in Wien und Prag, Promotion zur tschechischen Avantgarde-Kunst der 20er Jahre. Seit 1976 freiberufliche Universitätslektorin, Publizistin, Redakteurin und literarische Übersetzerin. Übertragungen aus dem Tschechischen u. a. von Ivan Blatný, Petr Borkovec, Ivan Binar, Jakub Deml, Bohumila Grögerová, Zbyněk Hejda, Jan Skácel. Auszeichnungen: Kulturpreis des Landes Niederösterreich für literarische Übersetzung 1997, Premia Bohemica 1999, Österreichischer Staatspreis für literarische Übersetzung 2000, Artis Bohemiae Amicis 2003, Karel-Čapek-Preis 2005. Lebt in Klosterneuburg bei Wien. W: Mähren (Hg. 1997); Die entzauberte Idylle (Hg. 2004).

Hamid Sadr. Geb. 1946 in Teheran. 1968 Politisches Exil in Österreich. Studium der Chemie und Politikwissenschaften an der Universität Wien. 1979 Paris-Aufenthalt. 1995 österreichische Staatsbürgerschaft. Lebt in Wien. Seit 1967 Mitglied des (immer noch verbotenen) Schriftstellerverbandes des Iran, seit 1980 Mitglied im Rat des „National Movement of the Iranian Resistance". Mehrere Auszeichnungen, u. a. Österreichisches Staatsstipendium 2000. Romane, Erzählungen, Essays. W: Gesprächszettel an Dora (1994); Der Gedächtnissekretär (2005).

Gaston Salvatore. Geb. 1941 in Valparaíso, Chile. Sohn italienischer Einwanderer, Neffe von Salvador Allende. Jurastudium. 1965 Auswanderung nach Deutschland. Studium der Soziologie und Politologie an der Freien Universität in Berlin. Als enger Freund Rudi Dutschkes in der Studentenbewegung aktiv. 1969 wegen „Landfriedensbruch" in Haft, danach Niederlassung in Italien. Schreibt seit seiner Auswanderung Deutsch. 1980 Gründung der Zeitschrift „Transatlantik" mit Hans Magnus Enzensberger. Auszeichnungen u. a. Gerhart-Hauptmann-Preis 1973, Kleist-Preis 1991. Lebt in Venedig. W: Intellektuelle und Sozialismus (1968); Büchners Tod (1972); Fossilien (1976); Freibrief (1977); Waldemar Müller (1982); Stalin (1985); Über den Umgang mit schönen Frauen (1997); Lektionen der Finsternis (1988); King Kongo (1991); Venedig (1995); Wolfgang Neuss (1995); Heß und andere Stücke (1998); Einladung zum Untergang (2000).

Peter Schneider. Geb. 1940 in Lübeck. Studium der Germanistik, Geschichte und Philosophie in Freiburg, München und Berlin. In den 60er Jahren avancierte er zu einem Wortführer der Studentenbewegung, im Zuge einer wachsenden kritischen Distanz dazu erschien 1973 seine Erzählung „Lenz". Lehrer an einer Privatschule, freier Rundfunkmitarbeiter, schließlich freier Schriftsteller. Seit 1985 Gastdozent an amerikanischen Universitäten, u. a. Stanford und Princeton. Erzählungen, Romane und Drehbücher. Lebt in Berlin. W: Atempause (1977); Messer im Kopf (1979); Der Mauerspringer (1982); Deutsche Ängste (1988); Paarungen (1992); Vom Ende der Gewißheit (1994); Das Versprechen (1995); Eduards Heimkehr (1999); „Und wenn wir nur eine Stunde gewinnen…“ (2001); Das Fest der Missverständnisse (2003); Frauen im Schatten der Götter (2004); Skylla (2005).

Egon Schwarz. Geb. 1922 in Wien. 1938 Flucht über Prag und Frankreich nach Bolivien und Ecuador, dort Schulbesuch. Studium der Deutschen und Romanischen Philologie an der Ohio State University und der University of Washington in Seattle. Professor an der Washington University in St. Louis, jetzt emeritiert. Ehrendoktor der Universität Wien 1997 und der Universität Örebro in Schweden 2002. Zahlreiche Publikationen zur spanischen, deutschen und österreichischen Literatur und Kultur, v.a. zur deutschsprachigen Literatur des 19. und 20. Jahrhunderts und der Exilliteratur. Arbeit als Literaturkritiker (FAZ) und Essayist. Lebt in St. Louis, Missouri. W: Das verschluckte Schluchzen (1972); Keine Zeit für Eichendorff (1979, u. d. T. „Unfreiwillige Wanderjahre“ 2005); Literatur aus vier Kulturen (1987); „Ich bin kein Freund allgemeiner Urteile über ganze Völker“ (2000); Die japanische Mauer (2002).

Ruth Schweikert. Geb. 1965 in Lörrach, Baden-Württemberg, aufgewachsen in der Schweiz. Studium der Germanistik, Theaterausbildung, verschiedene Theaterprojekte. Beiträge in Anthologien und Literaturzeitschriften. Auszeichnungen u. a. Bertelsmann-Stipendium 1994, Suhrkamp-Stipendium 1996. Lebt in Zürich. Erzählungen, Romane. W: Erdnüsse. Totschlagen (1994); Augen zu (1998); Ohio (2005).

Ursula Seeber. Geb. 1956 in Innsbruck. Germanistikstudium in Innsbruck und Wien. Mitarbeiterin der Dokumentationsstelle für neuere österreichische Literatur in Wien und Verlagslektorin, seit 1993 Leiterin der Österreichischen Exilbibliothek im Literaturhaus. Lebt in Wien. Arbeiten zur österreichischen Literatur und Exilliteratur. Exil-Ausstellungen (mit Alisa Douer): „Die Zeit gibt die Bilder“ (1992); „Wie weit ist Wien?“ (1995); „Kleine Verbündete“ (1997). W: Ein Niemandsland, aber welch ein Rundblick! (Hg. 1998); Frauen aus Wien (1999); Altes Land, neues Land (Mithg. 1999); All right, what's left (Mithg. 2001); Asyl wider Willen (Hg. 2003); Geteilte Erinnerung (Mithg. 2003); Anna Mahler (Mithg. 2004); Fred Wander (Mithg. 2005).

Aagot Vinterbo-Hohr. Geb. 1936 in West-Finnmark, Norwegen. Samische Autorin. Medizinstudium in Österreich, Ärztin. Auszeichnung: The Norwegian Debutant Award 1987. Novellen und Gedichte in norwegischen, schwedischen und englischsprachigen Anthologien, Rezensionen und Diskussionsbeiträge in literarischen Zeitschriften und der Tagespresse. Lebt in Trondheim. W: Palimpsest (1987); Kjærlighetsfuge (1991).

Alexander von Bormann. Geb. 1936 auf Menzlin, Vorpommern. Literaturwissenschaftler und Publizist, 1971–2002 Professor für Neuere deutsche Literatur an der

Universität Amsterdam. Präsidiumsmitglied der Erich Fried-Gesellschaft seit ihrem Bestehen. Lebt in Amsterdam. W: Volk – Nation – Europa. Zur Romantisierung und Entromantisierung politischer Begriffe (Mithg. 1998); Erich Fried: Gedichte (Hg. 1993); Romantisches Erzählen (Mithg. 1995); Goethe und das Zeitalter der Romantik (Mithg. 2002); Romantische Religiosität (Hg. 2005).

Beatrice von Matt-Albrecht. Geb. 1936 in Basel, aufgewachsen in Stans, Nidwalden. Dr. phil., Literaturkritikerin und Publizistin. Studien in Zürich, Paris und Cambridge. Bis 1995 Feuilletonredakteurin der „Neuen Zürcher Zeitung". Auszeichnungen u. a. „critic in residence" an der Washington University, St. Louis (1995). Mitarbeit bei kulturellen Organisationen, u. a. ab 1998 Stiftungsrätin der Schweizerischen Kulturstiftung Pro Helvetia. Bücher zur Schweizer Literatur. Lebt bei Zürich. W: Meinrad Inglin (1976); Unruhige Landsleute (Hg. 1980); Lesarten (1985); Antworten (Hg.1991); Frauen schreiben die Schweiz (1998); „Abends um acht" (Mitverf. 1998); Köpfe, Klänge und Geschichten (Mitverf. 2004).

Ernest Wichner. Geb. 1952 in Guttenbrunn, Banat. Studium der Germanistik und Rumänistik an der Universität Temeswar. Gründungsmitglied der Schriftstellergruppierung Aktionsgruppe Banat (1972–1975). 1975 Übersiedlung in die BRD. Studium der Germanistik und Politologie an der Freien Universität in Berlin. Autor (Gedichte, Erzählungen), Literaturkritiker, Übersetzer aus dem Rumänischen. Lebt in Berlin und leitet seit 2003 das Berliner Literaturhaus. Auszeichnungen u. a. Förderpreis zum Marburger Literaturpreis 1987, Förderpreis zum Anton-Gryphius-Preis 1991. W: Steinsuppe (1988); Alte Bilder (2001); Die Einzahl der Wolken (rumänisch/deutsch 2003); Rückseite der Gesten (2003).

Textnachweise

Bertolt Brecht: An die Nachgeborenen [1939]. In: Die Gedichte von Bertolt Brecht in einem Band. Frankfurt/M.: Suhrkamp ©1981, S. 722–725.

Bertolt Brecht: [Kälbermarsch]. In: Die Gedichte von Bertolt Brecht in einem Band. Frankfurt/M.: Suhrkamp ©1981, S. 1219 f.

Hans Magnus Enzensberger: Verteidigung der Wölfe gegen die Lämmer [1957]. In: HME: Die Gedichte. Frankfurt/M.: Suhrkamp ©1983, S. 84 f.

Hans Magnus Enzensberger: Middle Class Blues [1964]. In: HME: Die Gedichte. Frankfurt/M.: Suhrkamp ©1983, S. 188 f.

Erich Fried: Artfremd [1967]. In: EF: Gesammlte Werke. Gedichte 1. Berlin: Wagenbach ©1993, S. 409.

Erich Fried: Status quo [1981]. In: EF: Gesammlte Werke. Gedichte 2. Berlin: Wagenbach ©1993, S. 523.

Reto Hänny: Freiheit für Grönland – schmelzt das Packeis. Tirade. In: RH: Zürich, Anfang September. Frankfurt/M.: Suhrkamp ©1981, S. 129–148.

Ernst Jandl: Zehn-Jahre-Pamphlet [1955]. In: EJ: Gesammelte Werke. Bd. 1. Gedichte 1. Darmstadt, Neuwied: Luchterhand ©1985, S. 74 f.

Ernst Jandl: the flag [1964]. In: EJ: Gesammelte Werke. Bd. 1. Gedichte 1. Darmstadt, Neuwied: Luchterhand ©1985, S. 474.

Elfriede Jelinek: Fataler Denkzettel. In: Frankfurter Allgemeine Zeitung, 31.5.2005, Fernausgabe S. 35.

Yaak Karsunke: aufruf in letzter minute. In: YK: gespräch mit dem stein. Berlin: Rotbuch ©1992, S. 26.

Yaak Karsunke: ziemlich frei. nach Brecht. In: YK: gespräch mit dem stein. Berlin: Rotbuch ©1992, S. 67.

László Márton: Das denkende Reh und der schreibende Holzwurm. In: LM: Im österreichischen Orient. Ottensheim an der Donau: Edition Thanhäuser ©2005, S. 17–23 und 29 f.

Christoph Ransmayr: Weinte sonst niemand? In: Die Welt, Berlin, 14.2.2004, Beilage S. 7 [Rede zur Verleihung des Bertolt-Brecht-Literaturpreises der Stadt Augsburg, 10. 2. 2004].

Gaston Salvatore: Libertad Lamarque. In: GS: Anleitung zum Umgang mit schönen Frauen. Hamburg: Europäische Verlagsanstalt ©1997, S. 29–37.

Peter Schneider: Die Beseitigung der ersten Klarheit. In: PS: Atempause. Versuch, meine Gedanken über Literatur und Kunst zu ordnen. Reinbek bei Hamburg: Rowohlt ©1977 (dnb.86), S. 207–234 [hier abgedruckter Auszug S. 211–221].

Egon Schwarz: Europa, das gibt es nicht. In: Die Zeit, Hamburg, 14. 5. 1993, S. 54 [vom Autor geringfügig bearbeitet].

Aagot Vinterbo-Hohr: Palimpsest. Auszüge aus: AVH: Palimpsest. Karasjok: Davvi Media ©1987, S. 14–18 und 66–69 [bisher unpublizierte Übersetzung ins Deutsche durch die Autorin].

Beatrice von Matt: Polemiker aus Verzweiflung. Albin Zollingers geistige Landesverteidigung. In: Neue Zürcher Zeitung, 1.11.1997, Beilage S. 65 [u. d. T. „Humanist aus Überzeugung, Polemiker aus Verzweiflung. Albin Zollingers geistige Landesverteidigung"].

Alle anderen Beiträge werden in diesem Band erstmals publiziert. Wir bedanken uns bei allen Autorinnen und Autoren und den Verlagen für die Abdruckgenehmigungen.

Dank

Dank gilt allen Kolleginnen und Kollegen der Dokumentationsstelle für neuere österreichische Literatur, im besonderen Anne Zauner, die die Agenden der Erich Fried Gesellschaft im Haus betreut, Teresa Haider für Recherchen und das umsichtige Lektorat, Veronika Zwerger für Recherchen und organistorische Betreuung, Silvia Bartl und Astrid Wallner für die fototechnische Beratung, Ulrich Freisleben, Claudia Alzinger und Winfried Wessely für technische Unterstützung. Nadja Grössing und Claudia Zecher von der Übersetzergemeinschaft im Literaturhaus waren mit ihren Kontakten eine große Hilfe.

Wir danken weiters:
Erich Hackl, Wien
Fabjan Hafner, Robert-Musil-Institut, Klagenfurt
Brigitte Hilzensauer, Wien
Victoria Lunzer-Talos, Wien
Herbert Ohrlinger, Zsolnay Verlag, Wien
Georg Pichler, Madrid
Katharina Raabe, Suhrkamp Verlag, Frankfurt/M.
Christa Rothmeier, Klosterneuburg
Marita Ruiter, Galerie Clairefontaine, Luxemburg
Karin Schneuwly, Literaturhaus, Zürich
Beatrice von Matt, Dübendorf